皇道無間

（二）

陳永騰著

文學叢刊
文史哲出版社印行

皇道無間 目次

第一冊

第二冊

第三冊

第八章 驚覺失策底局自主難悔棋 陰謀奪權魑魅孫文簽密約

八國聯軍後，兩宮逃到西安，躲入中國內陸，各國追兵不及，所幸並未罹難。連續下旨，令李鴻章北上與各國簽約和談。李鴻章此時疑心生暗鬼，拖延時間不願北上。但慈禧連續降旨催促，他已經不可能不北上簽約。簽訂辛丑和約，又賠了主權與更多的錢。

西安兩宮暫居處。

老公公李蓮英令小太監們大聲高喊：「聖母皇太后皇上起駕回京。」當地督撫令民眾在兩旁跪送。然而街道一陣騷動，議論紛紛，慈禧太后已經聽到民間不滿之聲，於是令李蓮英傳達諭旨告訴眾人，說皇上有旨意，全部平身免跪。眾人紛紛起身，然而議論之聲仍然不絕於耳。途經陝西與山西交界處暫居，而北京李鴻章病重將死，派人送來密信上表給慈禧太后。

原本慈禧認為這不是公文，不想閱讀，而猶豫再三還是讓李蓮英拆封，並且讀信。讀完之後李蓮英出房門，喜上眉梢，對所有小太監們說：「老佛爺有旨意，到山西找戲班

子唱戲！所有相關人等通通有賞。」小太監們一陣欣喜。

然而聽到此消息的大臣，都面有憂色。如今大清局勢衰頹，才賠款連連好不容易巴國同意退兵，但各國駐京都有軍隊，並且聽聞俄羅斯已經大舉集結兵力在北境，似有大舉越國界南下之勢。怎麼老佛爺還有心情聽戲？

「黑龍江將軍壽山上奏，黑龍江北烏蘇里江東，皆有大批俄羅斯軍隊集結。以密約的鐵路大舉運兵，而八國軍隊搶掠京師後，日俄兩國關係緊張。似皆對我大清龍興之地有所企圖……」

慈禧太后打斷。

李蓮英說：「老佛爺，大臣們似乎都很不滿意，尤其李中棠簽了和約，以及北境那條鐵路。奴才也不敢打斷老佛爺聽戲的興致，但不得不轉述大臣們的憂慮。」

慈禧說：「他們想講什麼哀家都知道。不過就是憤怒李鴻章簽約。你可以轉告他們，原先哀家也很生氣，李鴻章從同治年開始，練兵造船打仗，全部紙糊的老虎。搞得我們大清現在變成這樣。前些日，李鴻章病重之下送來一封信你也唸了，雖然信的內容不可以告訴任何人，但你可以轉告大臣們一件事。就是沒有李鴻章，大清朝靠你們，可能救亡在洋鬼子手裡。我們的復仇，還得靠李鴻章。叫他們不用這樣怪腔怪調，李鴻章說他大限將至，回京城之後他的後事，兩宮都要一起操辦，恢復他的榮譽。至於他們不懂就罷，也許只能等後世明眼人來辨證此是非黑白。」

李蓮英於是保守的轉告隨行大臣。

俄國趁著中國遭八國聯軍之禍，企圖重演當年英法聯軍攻北京之時，對中國的趁火打劫。而且這次的打劫，已經不是只佔中國的領土便宜，而是要徹底吞掉中國。

沙皇尼古拉二世認為，大英帝國自從佔據印度與埃及兩個古文明區塊之後，資源與人口充足，能夠大量提升綜合國力，所以成了世界超強，把其他歐洲國家都比了下去。所以埃及與印度，被稱為大英帝國王冠上最閃亮的兩顆明珠。而俄國國土雖大，卻大多都是荒涼寒冷的不毛之地，人口稀少，底氣不足。倘若把中國這個龐大的古文明區塊整個併吞，那麼就不止有古文明區塊與充沛的人力資源，俄國領土與中國區塊是陸地聯成一體形式，鐵路網線一鋪設，就可以建立強大的向心力，是直接的版圖，不像大英帝國只能搞分散零碎的海外殖民地，容易產生離心，形勢上將更勝大英帝國一籌。

如此一來，俄國一但兼併中國成功，就可以把號稱日不落的大英帝國給壓下去，歐洲列強只能目瞪口呆，對俄國這個超級龐然大物，膽顫心寒。

於是近乎動員全國最精銳兵力，除了派兵加入八國軍隊進攻北京。另外出動二十餘萬大軍，藉著中俄密約的運輸之便，大舉運兵進入中國東北，是為先遣，另一支二十多萬人的大軍，直接越過黑龍江大舉南下，而在北京的部隊，分兵北上，控制山海關。並以海軍遠東艦隊，大舉進逼旅順，控制渤海海灣。對東北滿清故土，展開戰略包圍。

另外，鑑於這次要兼併的領土，與當年黑龍江以北不同，已有大批的漢民居住，所以俄國也動員俄羅斯人民，在大軍之後，準備移民於此，以鞏固俄國在這裡的政治統治，作長久兼併領土，黃白人種，整體混種為國的打算。

俄軍兵臨城下，黑龍江將軍壽山率軍奮起抵抗，滿漢軍民動員起來，與之連番激戰，但整個關外兵力與武器都不足，臨時拼湊的軍隊，根本不是俄軍對手，最後壽山兵敗自殺，以身殉國。俄國大軍一路打不停，中國軍隊陷入各自為戰，苦苦抵抗，但節節慘敗，主要城池全部陷落，滿清皇朝的龍興之地，以及太祖太宗的皇陵，全部淪入俄國人的鐵蹄之下。中、日兩國同時震盪，各自對俄國提出抗議。

李鴻章此時病重，繼八國之後，繼續接著與俄國大使談判。

俄國先後三管齊下，一面參加八國聯軍應付列強，一面動員近攻中國東北，另外一手趁勢逼迫簽訂辛丑和約後的李二先生，要他割讓中國東北全境給俄國。

李鴻章此時已經，病倒在床上。但是俄國使節仍然死拉著病倒的李鴻章，要他立刻同意割讓中國東北。李鴻章拼命打太極拳，沒有說好，也沒有說不好，總算連請帶拱，把俄國使節勸退。

老僕人端藥，進到李鴻章房門口，看到李鴻章不斷咳嗽，但面色詭異，似有所得。

李鴻章笑著說：「老舍啊！本督任務達成囉！這俄國人已經滿腦子要吞併中國，終於也要行動了，接下來有好戲可看囉！」說罷繼續咳嗽。

老舍說：「大人，政治我不懂，您身體不行了，快喝藥吧。」

李鴻章忽然一陣暈眩，喃喃說：「不必了。本督終於辦到，那宋朝的秦先生，都無法想像的事情，呵呵：：誰能知道我們這一類人，是中國真正的：：真正的功臣：：：」說罷倒在床上，病逝。

李二先生雖死，他所說的局，真的已經開始。既然俄國大軍已經攻佔中國東北，中國承認不承認都已經不重要。當俄國沙皇聽聞大軍順利攻佔整個中國東北，且直抵山海關到北京一線，外加打聽出各國都沒有對中國其他領土出兵的消息後，大為欣喜。

日夜盯著中國地圖，準備鞏固中國東北之後，還要大舉入關，一塊一塊把其他中國的領土也都全部分片吃掉。最終併吞全中國，建立『黃色俄羅斯區塊』，與俄國本土聯成一體，建立黃白混種的超級大帝國。則其疆土之廣，將直追成吉思汗及其子孫建立的蒙古帝國。

沙皇尼古拉二世已經有些陶醉，他彷彿已看到，俄國兼併全中國之後，所有歐洲列強恐懼的神情，還有大英帝國相形見絀的窘態，只要他拉下臉來，所有歐洲列強都要低頭。

尼古拉二世的黃色俄羅斯整體戰略計畫是對的，但可惜走錯路線，倘若俄國精銳部隊分成兩路，一路打入新疆進入中國內地，沿途佔據整個古絲路要道，另外一路打入蒙古往山西河北進發，最後在中原地區黃河流域會師，局面將截然不同。這條路雖然不富裕，甚至行軍中都會產生許多傷亡，但只會碰到中國軍隊的抵抗，而不會有第三國的干

擾。而且中原地區一但被攻破，站穩腳跟後，其他中國地區就將勢如破竹，可能中國全境都會快速地被併入俄國版圖。但俄國高層普遍短視，急著沿中俄密約的鐵路來中國，要快速佔領遠東港口，與物產資源豐厚之地，並用艦隊來威嚇第三國的干預，所以改採先佔滿洲，後佔其他地區的錯誤路線。

亡絕和尚在日本故都京都冥思，檢討自身對中國判別的錯誤，籌劃著未來的變局。雖然亡絕還不知道，到底錯在何處，但已經打算作亡羊補牢之計，睦仁急忙派密使招他回東京密商。亡絕不喜歡搭火車，慢慢地走回東京。此僧擁有很高的漢學素養，在中俄問題上，內心是偏向於中國的。先前曾建議睦仁，不要參加聯軍進攻北京，強調唇亡齒寒，日本反而應該幫忙中國，對抗西洋列強。但因日本大使被義和團所殺，日本皇家正想要中國替日本受禍，日本民間輿論與各界，都煽動鄙視仇恨中國的言論，自然不可能跳進來反替中國受禍，去對抗諸多列強，從而拒絕了這項建議。

於是這次，亡絕雖然奉詔，但故意走得很慢。一回東京，睦仁馬上與他單獨面談。東京皇宮密室。

亡絕一到密室，始終沉默不言，睦仁已經沉不住氣，主動開口致歉。見到天皇都主動致歉，亡絕才冷冷地說：「既然我等在維新之初，最先的佈局，就是要中國來替日本吸引外患，以保日本的安全，迫使中國承認日本皇名之後，共同合作驅逐西洋勢力。而今我們卻反跟著西洋列強，對中國的北京發動侵略。倘若中國垮了，就等於與維新之初所佈局者，相互違背，短視而不明唇亡齒寒之理。陛下倘若對中國的問題，聽了內閣那些人的意見，心意已決，貧僧就不打算多說了！」說罷雙手合十，閉上眼睛。

睦仁再次致歉，並急著說：「上次拒絕了大師的建議，不明唇亡齒寒之理，硬要參加聯軍進攻北京之役。造成俄國趁機大舉攻佔滿洲，逼近朝鮮，面臨如此嚴重的後果，朕在此再次向大師致歉，請大師見諒。而今的危局，日本朝野議論紛紛，意見分歧，朕不知道該如何面對。有建議跟俄國和談，瓜分中國者，有建議與其他國家聯合，共分中國者。當然也有建議，與俄國開戰者，不過要與白種人國家開戰，大多數人都有恐懼，朕也以為此派意見很危險。大師以為該如何是好？請大師再次教導，朕這次肯定會聽從大師您的意見。」

亡絕說：「陛下對於中國的問題，仍然沒有看透。首先，貧僧先要問，鑒於李鴻章先前到歐洲與俄國人簽下密約，企圖聯俄制日，而今又東南各省自保，以致北京失陷，並簽下辛丑和約，引來俄國這次大舉入侵，清朝發源地被俄國攻佔，中國局面再次焦爛。陛下是否願意看到，中國被俄國佔領，皇朝覆滅，東亞文化的發源地破敗，黃種人被鄙視，而日本與諸多具有野心的西洋勢力為鄰？」

睦仁沉靜思量了幾分鐘，搖頭說：「不可以！若中國被俄國滅亡，文化滅絕，人種遭到歧視，與諸多強國為鄰。離開了兩千年與中國『長短相較』的形勢，我日本皇統根基也將被動搖，日本的滅亡也是遲早之事！」

經過八國聯軍的錯誤選擇，睦仁終於想通。

亡絕微笑道：「那就對了！中國強大，以及中國滅亡，對眼前的日本都不利。然中國強大，日本仍然可以仿效過去，予以周旋而存活，甚至可以利用它的盛衰起伏，以利日本長存。但中國被徹底滅亡，日本也就跟著進入死地，沒有餘裕。所以與俄國共同瓜分中國之說，就不用去考慮。何況若不打一仗，俄國人看日本，也不過就是黃種亞洲小國。至於外援，英國對於俄國當年利用英法聯軍，佔領黑龍江以北中國大片領土，而自己結盟法國跟中國苦戰許久，卻所獲甚微的結果，十分不滿。這次俄國又故技重施，必然更加憤怒，支持日本與之一戰。這問題並不難解，且攸關日本皇統未來，請陛下不要多慮。」

睦仁皺眉苦臉地疑問：「話雖如此。但涉及現實，俄國兵力比日本多，武器也比日本強，又先發制人，佔領了滿洲，建立諸多防禦工事，還有強大的海軍艦隊，停靠在旅順等重要港灣。甚至俄國國土廣大，資源豐厚，還有更多的後援。如此絕對不利的態勢，請教大師，我日本如何在諸多不利條件之下戰勝？」

亡絕點頭說：「其實這也不難解。從時機而論，先發佔領滿洲的俄國，表面上佔有優勢，實際上與我日本一樣，是遠道進入異國作戰，且落於被動，等著我日本去打。我日本表面上落於後手不利，實際上具有主動出擊之機，可以用近發之強，尋找俄軍軟肋猛擊！所以戰爭之開端，我日軍當把握由近而發之勢，不宣而戰，猛攻俄軍軟處！此處即在俄國的海軍！至於陸地戰術上的劣勢，貧僧倒可以建議，引用一法，可彌補戰力較弱的缺陷。只是這方法有點巧損。」

睦仁急問：「什麼方法？」

亡絕說：「當年為了推動維新，用了一批激進年輕武士，除掉幕府與諸藩等守舊勢力，之後又想辦法將之排除，落實『三據為假，一柱成真』之機關。而今那些激進武士，該是再拿來運用的時候了！只要把這批不得志的激進份子，再加以組織一次，安插到軍中，引導尊皇強國激進瘋狂的思想，給年輕的基層士兵。如此備戰不用一年，我日軍的戰鬥力將呈現，無理智的激化的狀態，近發之內，必然無敵。如中國武術詠春拳中的奧義，『一寸長一寸猛，一寸短一寸險』，以我日軍之險，破俄軍之猛。當然這激化狀態，除了戰線距離不能太長，時間上也只能是短期，有利速戰速決。若是長期作戰，士兵們意志逐漸消沉，產生厭戰之心，這反而是不利的狀態。」

睦仁問：「若俄國意圖打長期戰呢？我日本豈不就得陷入這不利態勢？」

亡絕笑說：「長期戰？不會的。首先，俄國為了利益而發動戰爭，在中國東北長期作戰，既不得當地的人心，其主力還要越西伯利亞蠻荒之地而來，耗費上就比日本更甚。另外一層，陛下試想，一個白種人組成的大國，若接二連三在戰場上敗給亞洲黃種人組成的小國，歐洲其他國家將有何反應？俄國沙皇與歐洲各皇室都有姻親往來，恐怕他們丟不起這個臉！屆時我們找其他國家介入調停，給他一個下台階，沙皇看到台階就會下。」

睦仁喃喃輕聲地說：「那就傾全國之力，與俄國一戰。但是從形勢上來看，滿洲是清國皇家發源地，清初時封閉而不讓漢人移居。俄國國土廣大，資源豐厚，日本後發。敢問，若不是『長期戰爭』，而是進入『長期競爭』，又有何策可施？」

亡絕說：「陛下已經說到了重點。經過此仗，清國內部就算再腐敗，相信也會改變對滿洲的政策，否則祖宗之地必將不保，努爾哈赤在天之靈也不會原諒他們。其實早在他們遭遇到英法聯軍，俄國侵占黑龍江以北，烏蘇里江以東的廣大領土後，他們就已經警醒，開始放內地漢族流民去滿洲墾荒，充實關外經濟與政治力量，以保祖宗之地。所以經過此戰，更積極使關內的漢民移居滿洲，是清國內部為保滿洲，必然會有的舉動。若如此，俄國要用廣大的形勢來滲透滿洲，改以長期競爭，恐怕也難以得逞。所以長期因素，反而要由清國對滿洲的態度，這項客觀形勢來出發！」

睦仁聽了，見獵心喜地說：「此戰若是獲勝，同時阻止他們繼續移居漢民！廣大移居日本國民！將滿洲納為日本之土！大師以為如何？」亡絕瞪大眼睛，雙手合十，大聲地說：「那就要看陛下，是否有入主中國的決心！」

這一說，睦仁呆滯了片刻，喃喃自語。然後輕聲地問：「你認為呢？」

亡絕答道：「對日本而言，中國與世界各國不同。貧僧對於這問題思索很久，日清戰爭之前所害怕的，日本被中國併吞的可能性已經沒有了，但是反過來併吞中國的局面卻隱隱若現！但是這對日本而言，對神武天皇皇統長久延續而言，陛下認為這兩者有差別嗎？」

睦仁心中一怔，沉默不語。

亡絕接著說：「滿清之所以封閉關外近兩百年，關鍵就在於，當年滿人強盛時，康熙皇帝一眼看出中國的歷史慣性，對未來心生疑懼，不管滿人當時有多強，遲早會改朝換代。希望子孫將來能跟元順帝一樣，逃出長城，回到關外。但是當年康熙皇帝失算了！元順帝之所以能北逃，除了客觀的地理氣候，原本就阻隔了大量漢民追蹤到蒙古之外，最主要的因素就是，朱元璋只求自己權力穩固，防範自己漢人，不圖遠略，只接受遼東，甘肅，雲貴之地，元朝所開拓的疆土，不讓徐達等人去追擊元順帝，趁勝併吞整個蒙古，更無經略蒙古所征服的中亞甚至歐洲的雄心！害得子孫不得不再建長城，疲於應付蒙古部落的騷擾！將來推翻滿清的漢人，不一定是朱元璋這種人，且基於時代背景改變，封閉政策根本無用。而今答案更加揭曉，威脅滿清祖宗之地者，反而在外國的侵略勢力。倘若日本兼併了中國，陛下還能施展封閉日本四島的策略嗎？以現在的文明經濟形勢，以大和民族比滿蒙兩族，漢文化更高的程度，乃至以地理資源等客觀形勢而言，恐怕是不能夠吧？」

睦仁更是沉默難言。等了很久才小聲地說：「以我皇家機關之深沉周密，也未必不能徹底征服中國，改變其改朝換代的特性。但問題事涉深遠，不是當前該討論者。目前先就依大師所言，此戰只要打走俄國人，暫時不阻擾清國對滿洲移居漢民，也不作兼併領

土的打算。入主中國之事，還要考慮……」

亡絕說：「不只不要阻擾，還要提示清國上下官員，樂觀促成！因為無論陛下或陛下的子孫，將來是否決定要入主中國，跟這些漢民都無關係。日本若要長期抵制俄國在亞洲行動，他們就是彌補不足的關鍵者！」

這次出兵，戰前就定調不能併吞滿洲，日本等於白白替中國打仗，是一樁賠本的買賣，睦仁因此臉露不快。亡絕見了雙手合十，知道睦仁這樣的態度，若經過御前會議討論，肯定會變調，如同當初八國聯軍之役一般，繼續犯下錯誤。於是說：「其實這次俄國攻佔滿洲，給貧僧多年的疑惑，有了一絲的答案。」

睦仁問：「什麼疑惑？」

亡絕說：「滿洲如今已經有了許多漢民，俄國這次移民滿洲，與當年佔領黑龍江以北完全不同，這次等於奠定黃種人與白種人混種為國的基礎。俄國沙皇又有食髓知味，佔領全中國，建立黃色俄羅斯的計畫，這與當年蒙元滅宋，滿清入關，統治漢族之前的形勢，何等相似？俄國人口遠比中國人口少，又俄國目前的內部情況，政治腐敗，民心浮動，實際上是外強中乾。倘若沙皇佔領全中國的計畫完成，從中國大陸的極南邊，中亞大草原，經西伯利亞，到歐洲的半壁江山，廣大的歐亞板塊，將會出現黃白混種的超級巨國，這當中文化人種之混雜，會比蒙元與滿清入主中國開疆拓土的時期，還要更大規模，連歐洲都會捲進來！而整個外強中乾又空虛的俄國底層，都將會被數量眾多的中國漢民混入充填，實力大增。而我日本就算躲過這次危險。陛下試想，依照現在世界的經濟形勢，交通形勢，政治形勢，與前兩者的差異，經一百年演變後，必然更快速融合成一體，極可能不會出現蒙古帝國分裂瓦解的狀況。那麼這個超級巨國，一百年後會是什麼面貌？會是俄國？還是中國？日本又將跟這個超級巨國之間是什麼關係？」

睦仁一聽，目瞪口呆。原來中國這個大年體制，把自己搞成國不成國，極可能是要找替身，重演過去異族入主的歷史！日本歷代皇室自弱自割，忍受嘲笑，尋找實權者當替身，不就是師從此道？

亡絕又接著道：「人類歷史上，白種人與黃種人相互之間，都曾經互相侵入過對方。白種人的入侵，在中國歷史上早已不是第一次。據我日本派往中國西部的學者，詳細考證其文物，在中國陝甘到新疆，幾千年前就是歐洲人種居住之所，魏晉時期五胡亂華之時，所謂的胡羯，正是西域的白種人，趁著中原大亂進入中國，建立過政權。唐末的沙陀人，也是西域中亞人種。漢人與這些人種的相互統治糾纏，最終仍然是漢族佔大多數，這些不同人種都逐漸消失，所在領地最終也被併入中國。這個混亂過程，對中國來說無所謂，他們可以等待變局，把整個歐亞大陸塊一起吞食，但最後對日本來說，恐怕整個局面，就不再是皇家機關所能預料得到的！」

睦仁一聽心寒膽顫，不快之色退去，轉而說：「法師不用再多說，朕全都聽你的便是。不管御前會議會是什麼結論，朕要拼出一切，與俄國死戰到底！他們別妄想吞併中國！」

睦仁忽然發現，自己雖然嘴巴上說阻止俄國兼併中國，但內心卻湧起另外一個矛盾的念頭，到底現在是要阻止俄國兼併中國？還是阻止中國吞食俄國？

不管怎麼說，出兵與俄國開戰是肯定的，不然中國與俄國合併之後，下一個肯定就是輪到日本，日本再怎麼喊脫亞入歐，在歐美各國眼裡，日本始終是亞洲黃種人。

於是日本激烈抗議，日俄兩國雙邊談判，最終破裂，日本給俄國下達最後通牒，但沙皇從根本上看不起日本，不予理會。日本遂出動全國精銳部隊出擊。

六門書評－這旁支系統還頗早發現，局勢可能會出乎他們意料之外，沒有辦法繼續以鄰為壑，只能被迫站出來迎戰變數。然而從當時的宣傳，以及事後對中國的態度，這日本心陰流烏龜王八局，仍是迷惑於西方文明崛起的假象，並沒有看透真實底局。即便有所感應，但又礙於天皇與官民之間，存在皇家機關與權術的巨大鴻溝，不可能同心一致應變。加上長期皇族高高在上，別說再次學習其本源文明中國的知識份子，即便日本明智之人也不能為天皇所用。只能繼續攀慕西方文明奇技淫巧之能，直到西方文明衰頹中國文明重新逆轉。最後會發現，一切計算不過就是龜殼裡面的算計，或許在部分時空能夠精算一切，然而格局尺度放大，才會發現其判斷當中夾雜諸多假象，以及他們所不知道的因因果果。

光緒二十九年年尾，中國北京。

對於八國聯軍進北京，滿洲老家被俄軍攻佔，這一連串打擊，讓大清江山岌岌可危。

當初李鴻章到歐洲聯合俄國，誆騙朝廷以俄制日的政治騙局，引來滿清龍興之地被俄國人攻佔的惡果，無人可以收拾。所以御駕還朝北京之後，雖然下詔罪己，承認以往的一切過錯，宣布要維新以收拾人心，但朝廷威信一去不返。

眾人不知道，為何李鴻章如此禍國殃民，在去世之後，大清朝廷的核心還是得褒獎他？西方各國的外交官褒獎李鴻章，那是因為他願意喪權辱國簽約，方便西方各國滅亡中國的企圖。而大清朝廷褒獎他，眾人認為，是他幫清朝苟延殘喘，不顧國家萬民之願，然而事實不是這麼簡單。李鴻章作了一件事情，是不可能記錄在案，但卻是配合中國真正聖上的計畫。

李鴻章一死，兩宮「哭失聲」，慈禧太后對外只能稱讚他是「再造玄黃」之人。贈太傅，晉一等肅毅侯，諡文忠。賜白銀五千兩治喪。原籍和立功省建祠十處。京師祠由地方官員定期祭祀。清代漢族官員京師建祠僅此一人！連當年替大清打下江山的范文程、洪承疇等等漢臣，都沒有這種待遇，敗壞大清江山的漢臣，卻能得此殊榮。

李鴻章到底做了什麼？皇道無間有三部，可待後表。

當下眼前厄運仍在發酵。群臣議論紛紛，但仍拿不出一策，來挽回俄國入侵東北的頹勢。慈禧太后在祖廟哭泣，群臣跪在祖廟外，也都痛哭失聲而不敢言。

李連英走出門外喊：「聖母皇太后有旨，宣醇親王載灃，北洋大臣兼直隸總督袁世凱晉見。」兩人遵旨入內，見到太后含淚哽咽，兩人不敢多言。慈禧太后擦乾眼淚，維護

儀態，緩緩說：「閒話就休說，俄匪佔了我大清龍興之地，已有數載，日本倭人則要興兵與之開戰。兩國都想爭奪我大清祖宗之地，在這樣下去老家不保。將軍達桂、副都統程德全上奏，請准全體開放關外之地，將河北與山東之民，大舉移往關外。你們兩人有什麼意見？」

醇親王載灃不敢言，袁世凱遂起奏：「早在咸豐十年之時，俄國就趁著英法聯軍攻佔北京之際，撕毀尼布楚條約，佔領黑龍江以北烏蘇里江以東廣大土地。當時的黑龍江將軍特普欽，就已經奏請開放，改變聖祖封閉關外的政策，讓關內漢民移居關外，充實人口與兵力，以抵禦俄國人。朝廷當時雖然批准，但是累積至今，沒有積極的鼓勵作用，人口數量仍不夠多。而今當更積極開放，預備建立行省，有效地管理，使河北、山東之民更多地移居關外，包括塞外蒙古，新疆西藏等地，皆如此泡製，將關外視同內地，以保我大清江山。以此方能抵禦洋人，豆剖瓜分我大清的野心，保疆土不失，社稷不亡。」

慈禧太后說：「這意見張之洞等人也提過，既然你也贊成，看來也只能這麼做！滿漢一體，已經是無可逆轉的大局了。」袁世凱謝恩。

慈禧太后長嘆一口氣，接著說：「自從庚子年拳亂之後，英國圖謀西藏，日俄兩國更甚，圖謀我大清龍興之地，各國野心家，意圖把我大清當成豆剖瓜分之地。太祖、太宗陵寢遭到踐踏！要是祖宗開拓的疆土真的失守，成了洋人奴役之地，哀家百年之後，哪有顏面去見祖宗神靈？」說罷又是淚水汪汪。

兩人同時下跪磕頭說：「臣無能，臣有罪！」

慈禧太后說：「這不關你們的事。哀家雖然愚昧，但這幾十年眼見朝廷內部之複雜傾軋，有些事情，至今已是心理有數。但還有些事情，恐怕這一兩百年之內，都很難解釋清楚。如歷代史書所云，得留給後代明眼人評說。」這暗指李鴻章。

接著道：「現在也只能移居大量漢民，讓洋人吃下去也消化不了，還是得吐回來！再利用洋人各國之間的矛盾，讓他們相互制衡，我們保住元氣，融合各族子民團結，等待大清中興良機。」

兩人稱是。然而過不幾年，慈禧太后病死前一天，所有反對過維新的朝廷官員，害怕光緒親政後報復，遂群起鼓動彌留狀態的慈禧太后，毒殺了他，大清朝的最後一口氣都換不過來，壽命也走到了盡頭。

六門書評—在撰寫本文之初，尚以為光緒皇帝被害死，為大清朝慈禧太后或袁世凱不能容下政治敵人。而實際上只是表象原因，真實狀況為有清朝固定氣數限制，其在皇太極登基稱帝改元崇德，清朝能存在多久就已經固定不多不少，不能讓其重新用新制掌權。而此限制，也正是西方各強盜國家在這段時間大舉入侵的原因。另外必須其死的原因，亦有光緒皇帝觸動到中國人集體意識的禁忌。到底是何禁忌？本書的主角之一，與他一樣，都是連結到大洋彼岸的花旗國，若真讓他們與此死敵交好，華夏文明亡國滅種之命運就不可避免。故十四年後重視此文，整個事件原因已經透析至底。

同年，日本軍隊經過一年多激進份子的激化，戰力大增，激進勢力大為抬頭，加上精神團在國內不斷操作，所有的報章篇幅不斷煽動，都圍繞著對俄國開戰，終於連帶舉國亢奮，從上到下都有黷武之勢，要與俄國決一死戰。

日俄兩國談判破裂後，一九零四年二月八日，日軍不宣而戰，艦隊突然偷襲旅順口的俄國軍艦，海戰開始，日俄戰爭爆發。而後兩國相互宣戰。

俄國海軍見日本海軍火砲猛烈，於是堅壁不出戰，依靠旅順的砲台群，躲在旅順天然良港內，死守不出，等待救援。日軍只能靠陸軍配合，打掉這個龜縮頑抗的猛獸。

陷入狂暴化的日本陸軍，分從朝鮮過鴨綠江，以及海運，大規模登陸中國東北。海戰打得如火如荼之時，陸戰也接著爆發。

雙方在遼陽與旅順一線激戰。但俄國數十萬大軍與更大規模移民，在中國東北盤據三年，建立根基，有所準備，防禦工事穩固，日軍進攻非常艱困。尤其旅順西線的二零三高地，俄國軍隊除了工事穩固，且擁有日軍沒有的手榴彈與重型機關槍等先進武器，把日軍打得傷亡慘重。然而因『精神意志』灌輸，陷入激進尊皇死忠，近乎瘋狂的日軍，前仆後繼決心死戰到底，以二十八個連隊，每隔十五分鐘梯次衝殺，指揮官乃木希典的兩個兒子都在此戰死。日軍復以重炮猛轟，然後繼續肉搏衝殺，打得異常瘋狂，此高地俄國守軍最終全軍覆沒。接著日軍重炮猛轟旅順俄軍的要塞，殲滅死守港灣內的俄國第一太平洋艦隊。接著二龍山戰鬭，再次大破俄軍，迫使俄軍投降。日軍在傷亡慘重下攻破旅順，旅順會戰結束。

俄軍雖大敗了兩回合，但仗恃自己兵多械精，立刻從北滿持續增援，黑溝台與奉天再次爆發大會戰。日軍以四個軍二十五萬兵力，迎戰三十七萬俄軍。日軍以寡擊眾採取迂迴包抄，切斷俄軍補給線，雖然裝備劣勢人數又少，但狂暴化死戰的精神讓俄軍恐慌，日軍在會戰中組織嚴謹，行動迅速，拼死衝殺，異常瘋狂，俄軍接二連三慘敗，思鄉情緒蔓延，士氣低落，無力再戰，最終也兵敗潰走。

俄國沙皇不信邪，要拼到最後一回合，把最強的艦隊押上去。從歐洲繞了大半地球，來到亞洲支援的俄國波羅的海艦隊，終於到達東亞，在對馬海峽與日本聯合艦隊激戰。最終俄國波羅的海艦隊的結局，如同中國當年的北洋艦隊一般，被全部殲滅，艦毀人亡。

俄國海陸兩軍，接二連三全部慘敗，幾乎輸個精光，無一勝績，比甲午戰爭時的中國還要難堪。不過日本內部，基本上也如當年甲午戰後一般，戰略資源消耗殆盡，同意停火談判。於是美國介入調停，俄國承認戰敗，沙皇為了面子，表示只要不賠款，其他都好說。

雙方討價還價，一開始俄國就提出，與日本合作，共分中國東北領土，但日本拒絕。反逼俄國割讓庫頁島南部領土給日本。而中國東北的權益問題，基於滿清政府早已在此，有大量的漢民移居，且日本反對俄國兼併滿洲的任何領土。只能改以劃分不平等條約之權益，加以討論。

基於日軍戰鬭範圍都在滿洲南部，俄國量日本小國，最多只能在南滿活動，便把滿洲一分為二，北滿經濟權益俄國不讓，只退出南滿，把經濟權益讓給日本。而日本則堅持俄國的移民，必須全數撤離滿洲，不能佔據滿洲任何領土，俄國只能同意。雙方遂簽約和談。

東京再次陷入狂歡。

但日本隱藏著另外一股失控的動向。日比谷公園大規模集會，一群激進份子認為和平太廉價，要求政府撕毀條約繼續跟俄國打下去。這動向雖然在日本政府頒發戒嚴令，逮捕鬧事份子後，強壓下去，日本皇室尚沒將之放在眼裡。但一些中國的『鬼』，卻早已看到了這股動向，趁機跳了進來，跟這群日本激進份子銜接上，且打入了這個圈子內，運作著下一個階段的變局……

樸茨茅斯條約簽立後第二年，滿清政府趕緊在東北建立奉天、吉林、黑龍江三省，開始重新派官駐軍，並從山東河北，更大規模移民過去，後被稱為『闖關東』。俄國鑒於在亞洲全面戰敗，無法阻止中國建省與重新駐軍。雖希望與日本合作，阻止中國繼續移民。但日本僅計畫保留一萬六千人在旅順，反逼迫俄國移民全數遷走。對中國移民與駐軍，竟置若罔聞。

見到中國開始亡羊補牢，移居漢民到滿洲，日俄戰爭建功最大的日本名將兒玉源太郎，也不甘示弱，他認為滿洲沒有給俄國人佔領，都是日本的功勞。於是主張滿洲應當也移居日本人，奠定日本將來兼併滿洲的基礎，初期預計移民五十萬人。但奇怪的是，兒玉源太郎的主張一出，立刻遭到撤職，日本大規模移民滿洲的計劃擱淺。日本內部某些激進份子，從而感到疑惑，但此時尚無人注意這種失控的矛盾動向。

如此，原本損失最大的中國，從而沒有國土損失。反倒龐大的俄國賠了領土，慘敗給亞洲小國日本，還因此爆發了農民革命，歐洲列強嘲笑。俄國沙皇真是賠了夫人又折兵，面子裡子都丟了。

見到日本如此死死頂住中國領土，沙皇不得不放棄在東亞的擴張計劃，把注意力改放在歐洲，跑去親近法國，與英法結盟，建立三國協約，以保障歐洲最大國的地位。但最後在第一次世界大戰，俄國因而被法國當憨大郎使喚，對德國的戰爭中不斷被法國消費，以致羅曼諾夫王朝因而垮台。

在日俄戰爭之後，松島賢三在東京的二哥，寄信到九州給他，說松島洋之助在對馬海戰中陣亡，松島賢三沒有機會再看到他大哥，於是痛哭了一陣，從而對戰爭頗具反感。

在九州娶妻生子，以經商維生。然而樹欲靜而風不止，松島賢三人生命運的高潮才要開始。

過了幾年，他先後從報紙上看到兩則重要新聞。

第一則是，日本正式兼併朝鮮，將朝鮮消滅納為日本版圖。

第二則是，中國武昌發生了兵變，帶動各省騷亂。在自強運動，維新運動與義和團反擊，三次力挽狂瀾的行動都失敗之後，中國百姓已經無法靜默，遂演變成為改朝換代的怒濤。投機的袁世凱，為李鴻章的黨徒，當然毫無忠義可言。測知了風向，見狀大好，前次背叛光緒皇帝，這次要來背叛整個大清皇朝。

先表面奉承旨意，令北洋軍隊南下，連破各省軍隊的抵抗，作出要剿滅叛亂的事態，趁機恢復整個北洋軍的兵權。面對北洋軍的凌厲攻勢，鬧叛變的各省軍頭大為驚慌，若袁世凱堅持一路打下來，他們就是造反的賊人，鬧不好全部都會處死。

所幸袁世凱實際上是一手壓制各省軍閥，趁機緊抓兵權，另一手展現自己的實力，暗通各省軍頭，逼迫他們跟自己合作，擁護他袁世凱為大總統。作為條件交換，由他袁世凱在北京逼迫清廷退位。各省軍頭見到北洋軍連戰連勝，自知南方各省軍力，就算加在一起，也不是北洋軍的對手，遂暗中輸誠。

袁世凱與各省實力派軍閥達成秘密協議後，遂在北京逼宮，密令北洋軍的前鋒將領曹錕，通電北京，要求皇帝退位，全國改制為共和。清朝隆裕皇太后頂不住槍砲威脅，全國的漢人軍頭都反了，滿人大多漢化，已毫無反抗之力。滿清皇族急成一鍋粥，但也拿不出一策應對，隆裕皇太后遂被迫代替宣統皇帝下詔退位。

奉旨朕欽奉隆裕皇太后懿旨：

前因民軍起事，各省響應，九夏沸騰，生靈塗炭。特命袁世凱遣員與民軍代表討論大局，議開國會、公決政體。兩月以來，尚無確當辦法。南北暌隔，彼此相持。商輟於塗，士露於野。徒以國體一日不決，故民生一日不安。今全國人民心理，多傾向共和。南中各省，既倡義於前，北方諸將，亦主張於後。人心所向，天命可知。予亦何忍因一姓之尊榮，拂兆民之好惡。是用外觀大勢，內審輿情，特率皇帝將統治權公諸全國，定為共和立憲國體。近慰海內厭亂望治之心，遠協古聖天下為公之義。袁世凱前經資政院選舉為總理大臣，當茲新舊代謝之際，宜有南北統一之方。即由袁世凱以全權組織臨時共和政府，與民軍協商統一辦法。總期人民安堵，海宇乂安，仍合滿、漢、蒙、回、藏五族完全領土為一大中華民國。予與皇帝得以退處寬閑，優遊歲月，長受國民之優禮，親見郅治之告成，豈不懿歟！欽此。

又接著頒發兩項詔書，以免眾人疑惑：

古之君天下者，重在保全民命，不忍以養人者害人。現將新定國體，無非欲先弭大亂，期保乂安。若拂逆多數之民心，重啟無窮之戰禍，則大局決裂，殘殺相尋，必演成種族之慘痛。將至九廟震驚，兆民荼毒，後禍何忍複言。兩害相形，取其輕者。此正朝廷審時觀變，恫吾民之苦衷。凡爾京、外臣民，務當善體此意，為全局熟權利害，勿得挾虛矯之意氣，逞偏激之空言，致國與民兩受其害。著民政部、步軍統領、薑桂題、馮國璋等嚴密防範，剴切開導。俾皆曉然於朝廷應天順人，大公無私之意。至國家設官分職，以為民極。內列閣、府、部、院，外建督、撫、司、道，所以康保群黎，非為一人一家而設。爾京、外大小各官，均宜慨念時艱，慎供職守。應即責成各長官敦切誡勸，勿曠厥官，用副予夙昔愛撫庶民之至意。

前以大局阽危，兆民困苦，特飭內閣與民軍商酌優待皇室各條件，以期和平解決。茲據覆奏，民軍所開優禮條件，於宗廟陵寢永遠奉祀，先皇陵制如舊妥修各節，均已一律擔承。皇帝但卸政權，不廢尊號。並議定優待皇室八條，待遇皇族四條，待遇滿、蒙、回、藏七條。覽奏尚為周至。特行宣示皇族暨滿、蒙、回、藏人等，此後務當化除畛域，共保治安，重睹世界之昇平，胥享共和之幸福，予有厚望焉。

這避免了改朝換代將捲起的血腥，又將當年滿清先祖開疆拓土，各族融合之偉業，全數上繳華夏子民。清朝在雄才偉略中興起，也在這雍容大度之中滅亡。滿清入關以親王攝政，孤兒寡母開始，也以親王攝政，孤兒寡母告終。中國兩千多年連續的帝制，連帶『暫結』。

但是詔書所厚望的「共和之幸福」，並沒有出現，反而災難的烏雲，皸罩在華夏大地上……

因為李鴻章說的局，被日俄戰爭給打亂了，所以產生了另外一個局，這個局對於當時的中國人，將是個災難，但又必須要如此。大家看了清朝最後的上喻，以為中國的帝制結束，國政將是一番新氣象，中國準備走西方的政治制度。實際上中國根本完全沒有改變，西方的制度更不可能深根中國，因為李鴻章所說，中國真正的皇上，現在才頒下了真正的上喻。這個上喻，誰都無法抗拒。

孫文在國外聽說袁世凱逼宮，滿清宣布退位的消息，也見狀大好，立刻搭船飛奔回國，在南京籌組臨時政府，接手李鴻章當年在東南各省，分化游離的基礎，藉此混亂之機搶得頭籌，強奪領導權。這可是他等了多年的最佳時機。但各省軍閥並不聽他號令。

另外一邊，真正滅亡滿清的袁世凱，更不願意讓這突然從國外跑回來的通緝犯，搶奪全國政權，拒絕與他妥協，不承認他在南京的臨時政府，必要時將用武力把他轟走。

孫文於是假意同意前往北京談判，實則意圖發動內戰。先對外表態，中華民國承認前朝簽下的一切不平等條約，請求外國支援軍火，並利用南方軍閥企圖割據一方的心理，從挑撥滿漢對立，改為挑撥南北對立，極力主張對袁世凱開戰。但是國民黨內以宋教仁為主的勢力，與南方各省軍閥，都自知不是袁世凱對手，於是通電一致反對，要求孫文去北京跟袁世凱談判妥協，卸掉臨時大總統的位置。孫文眼見無人願意支持他，臨時政府只能唱空城計，只好依宋教仁的要求，去北京跟袁世凱談判。

袁世凱自然對來鬧場的孫文頗為反感，認為他是純粹利用皇帝退位，局面渾沌，眾

人疑惑之際，跳出來先聲奪人，外加混水摸魚的小丑。

民國元年，北京。

孫文到此投遞了名片，求見袁世凱已經三天。但袁世凱根本不把他放在眼裡，故意不做回應，一直到第四天的午後，才懶洋洋請他入府見面。雖然清朝已經滅亡，孫文早已經剪掉髮辮，但袁世凱因民國真正的位置沒有確認，所以他還留著髮辮，故意身穿大清朝廷賜的蟒袍官服。

兩人入座後，僕人看茶，然後退下，孫文喝了一口茶，面露不自然地微笑，拱手作揖道：「袁大人，鄙人來京三天，一直求見無門。不知您是否還公務繁忙。若有打擾之處，請多見諒。」

袁世凱也對飲一口茶，淡淡一笑說：「本帥再怎麼繁忙，也不及你孫先生十分之一。」袁世凱故意以軍營軍中的自我稱謂，來吐孫文，暗示真正有軍隊實力的人是我袁世凱。

孫文苦笑說：「袁大人說笑了。鄙人無才無德，沒什麼大事要鄙人去忙的。」

袁世凱忽然拱手一側，對天作揖了一下，說：「我大清皇上剛退位不久，你孫先生就在海外四處串連，然後搭船飛奔回國，利用局面混亂，人心猜疑，渾沌不明之際，籌組臨時政府，自己就跳上了臨時大總統的位置。各省督撫都還沒搞清狀況，各國洋人也都不明所以。閣下便已經把總統大印刻好，開始封官拜爵，對各國洋人們四處宣告承認對外一切條約。閣下還真把自己當國家元首了，怎麼能說你不比本帥還忙乎？」

見袁世凱擺臉色，孫文笑不出來，但仍恭敬地說：「袁大人誤會了，鄙人奔走革命二十年，內心嚮往民主共和之制。當年李鴻章李大人督兩廣，北京鬧拳亂之時，也曾經寫信對鄙人透露，他與袁大人您都希望先行共和制憲，然後依照民意，決定最後華夏之國體。武昌起義，清帝退位，鄙人怕全國百姓不明狀況，軍閥變亂，所以先行安定人心。待眾人有其他意見，鄙人自然依照共和之投票程序，退位讓賢。至於刻總統大印之事……」言及此，低沉語氣露出微笑說：「這是先替袁大人您打點，鄙人若有考慮不周，請袁大人見諒。」

袁世凱白了孫文一眼，實在懶得跟孫文多扯，笑說：「刻印這件事情不勞孫先生費心，北京的大印不會比南京的差。至於投票程序？這是西洋人的玩意，我大清沒有這種程序，過度到民國也是皇太后制喻，不需要那種惺惺作態，耍猴的玩意。本帥敢擺明了對你說，本帥從頭到尾都沒有承認臨時政府，將來中華國體及大總統一職，自有全國百姓公評決斷。對外的說法，我會給你孫先生一個面子，你自動宣布退位，本帥對臨時政府不以置評，國法上就不予追究此事。別忘了，我曾經是北洋大臣，你只是個通緝犯。」

孫文聽了袁世凱言下之意，是擺明著要把他孫文掃地出門，連個一官半職都撈不到，內心大為光火，但自己沒有袁世凱的實力，當然不敢撕破臉，趕緊說：「袁大人這麼說，鄙人非常惶恐。大清朝廷已經滅亡，而此次朝代更迭，我革命黨人是有大功的。宣統繼位之初，醇親王解除了大人的一切職務，若沒有武昌起義，大人現在還未必能復出掌權，

豈能一下就把我等革命黨，全盤抹殺？」

袁世凱說：「革命黨的功勞歸革命黨，與孫先生關係也不大，更何況真正逼清帝退位的是我袁項城。難道革命黨人有拿著槍砲，帶兵打到北京來乎？有在紫禁城逼迫皇上退位乎？沒有我袁項城長久以來暗中協助，乃至現在裡應外合，率兵在北京行動，大清朝廷早就把你們革命黨剿滅光了，還談什麼功勞？」

孫文默然。

見到孫文伏了軟，袁世凱也就不咄咄逼人，揮揮手說：「好啦，過去的事情就不提，革命黨的貢獻本帥也沒全盤抹殺。看看眼前現實吧。現在全中國最有力量的是我袁項城，只要本帥一聲令下，數十萬北洋精銳部隊，就可以開赴南京，解決一切問題。不過戰爭並不是本帥樂見，孫先生此行來北京之前，也曾寫信給我，不也是希望能代為周旋南方議會？我已經通電南方，若要定都南京，恕難從命，與其你孫大總統辭職，不如我袁世凱退居。但倘若真逼本帥退居，我大清宣統皇上就當復位，屆時本帥只有奉皇上旨意提兵南下，替大清朝廷剿滅叛亂。」說罷，雙手又在一旁對天拱手作揖。

遷都南京是孫文的毒計，孫文策動黃興，不承認先前定都北京的投票結果，用暴力強迫議會重新投票，要袁世凱南下，只要袁世凱一答應，離開了北京，那他的實權就將被架空。袁世凱久經官場，當然能看出當中陷阱，但又想要利用議會拱他當大總統，所以來一個反制，故意製造兵變不肯南下。

孫文說：「遷都南下是議會投票決議，袁大人不肯南下就職，鄙人該怎麼讓賢？」

這回換袁世凱聽了大為光火，這孫文簡直是條毒蛇，嚴正地回答：「且不說遷都南京是你孫先生違反第一次投票決議，讓黃興用暴力逼迫那群呆子議員，再次投票翻案。就算真的是那些呆子議員投票出來的結果又如何？本帥為何要承認這結果？南京根本不能建都。你孫先生是否忘記了，西藏，蒙古兩個廣大地方，當初跟大清朝的關係？倘若遷都南京，就是先破壞了兩地方民族的協議，破壞了各族團結。他們就會認為，南京政府是純漢人叛亂所成立的政府，違反宣統退位詔書的上諭，將使這蒙回藏各族對中國國體猜疑，產生離心。難道要為了你們革命黨人的陰私，就要破壞中國兩百多年五族一家的結果？中國可不是只有漢族之中國，是漢滿蒙回藏苗等各族之中國。難道你要中國放棄國土主權？於公於私，本帥都斷難接受。你們南京議會同意我在北京就職最好，倘若不同意，我袁世凱還是要在北京自己就職。大不了一翻兩瞪眼，繼續用槍砲來解決問題。相信幾個月前，南方的實力派軍閥，被我北洋軍打得落慌而逃，已經領教過我北洋軍的厲害了。看要不要本帥繼續下令，打到南京來解決問題啊？」說罷拿起茶杯再喝一口。

談到武力解決，孫文氣沮。現在袁世凱還願意跟你牽扯什麼議會，拉扯什麼共和投票，代表他袁世凱至少目前還要裝個偽君子，還肯跟你先禮後兵。倘若逼急了他，出現小人嘴臉，真的動用武力。你孫文手上沒有軍隊，連南方各省軍閥都不是他對手，拿什麼跟袁世凱爭？

孫文趕緊放低身段說：「袁大人當然是目前中國最有實力的。既然您高瞻遠矚，深知五族共和的重要，鄙人又豈有違逆國體大義之理，北京就職之事，鄙人全力支持。中國首都自當在北京，以凝聚各族人民對國家之向心力。」

袁世凱微微點頭：「孫先生，您這句話才說得中肯。」

孫文見他緩和，轉而語氣更低沉地說：「鄙人嚮往共和已久，希望自己能當全民之公僕，還望袁大人當上大總統之後，能讓鄙人有效力之處。」

袁世凱冷了一下，心思：這孫文不止是個造反的賊寇，沒想到還是個政治禿鷹，擠著要分食清朝滅亡後的成果。先前拉扯了什麼革命黨，什麼共和議會之語，原來是要拉抬他自己的身價，最後求官。

袁世凱淡淡一笑說：「孫先生這麼說，才像是在談正事，若孫先生有意，正式的中華民國政府成立之後，本帥會給孫先生您一個職務。不知道孫先生您對哪一個位置有興趣？南方民主議會的會議長如何？」

這孫文皮笑肉不笑地道：「所謂民主議會，明眼人皆知，哄哄不懂事的老百姓罷了，其實那只是聾子的耳朵，好看而已，並不實用。先前鄙人不過請黃興持槍帶人鬧場，那些猴子議員們還不都乖乖聽命，像一群呆頭鵝一樣好使。我革命黨對袁大人您有復出掌權之大功，若您就職大總統後，還會再設國務院總理一職，在下願效犬馬之勞。」說完之後，轉而肉笑皮不笑，頗有嚴肅之態，但眼神露出希望的神情，望著袁世凱鼻息。

袁世凱拉下臉，這孫文胃口還真不小，冷冷答道：「革命黨的大功，宋教仁還排在閣下之前，若用革命黨人，閣下還不能佔先。至於國務院總理我已定唐紹儀。孫先生既然嫌議員沒有實權，那我就安排一個能說話算數的實權位置。」

沒有總理之位，孫文先是失望，但不好馬上拉臉，作揖問：「袁大人打算安插鄙人於何處？」

袁世凱說：「民國初建，國家急需建設，以期能跟列強並駕齊驅，不如孫先生就當鐵道部的專員，在全國各地奔走，作些測量定站之工作，那真的是說話算數，指定哪一站在何處，就在何處。我想這也蠻適合孫先生四處奔走的革命之情。」

孫文聽了怒火中燒，眼皮青筋跳動，內心直呼這袁世凱太汙辱人了，國務院總理不給就罷了，給個一省方面大員，也是勉強可受，說這樣的話，代表自己已爭不到任何滿意的位置。但目前尚無翻臉的本錢，只好先答應下來。

於是正色作揖說：「既然袁大人有令，鄙人就先回去準備鐵路工作，以期不讓袁大人失望。鄙人告退。」於是起身離開。

袁世凱望著他悻悻然離開，知道他內心不滿，淡淡說：「孫文小人。」

孫文走出了袁世凱府邸，過了一條街，往地上吐了一口水，握拳怒目說：「呸，讓我當鐵道專員，袁世凱。你以為我不知道，你也在作皇帝夢嗎？我們走著瞧吧！」

情況仿若當年袁世凱離開李鴻章府。小人之間明裡暗去可見一般。

於是孫文回南方，佈置政治計謀，準備跟袁世凱為敵。袁世凱表面風采迎接，實際上暗中轟走孫文，出了一口惡氣，但實則大大失策。如今局面混亂，你袁世凱權力未穩，這種狀況與常態相反，寧願得罪君子，也勿得罪小人。這四處奔走的孫文，見多識廣，恐怕不是當時本土知識份子能夠比擬，必有可學習之處。而今主動找上門來要官，倘若不先滿足他的權力慾望，慢慢再把他的底氣放光，他肯定會利用亂局，不斷施放暗箭，讓你袁世凱永無寧日。更何況，從甲午戰爭到戊戌政變的表現，也證明袁世凱自己也是一隻烏龜王八。

南北眾人終於將跑來鬧場的孫文趕走，東南各省遂通電支持袁世凱擔任大總統。來鬧場唱空城計的孫文，雖碰了一鼻子灰離開，但他可不是什麼省油的燈，絕不會善罷甘休。

袁世凱終於在北京成立中華民國，繼位為總統，是為中華民國第一任大總統。而日本政府則對中華民國存保留態度，並宣佈無論將來中國國號為何，一律鄙視稱為支那。滿清宣佈退位後的日本東京，多數日本人民都還陷入，日本擠身世界強國的欣喜中，皇家的地位也更加崇高。但是在這強盛的表面下，尊榮安逸的日本皇家，內心卻隱藏著深深的不安……

皇家密室除了病重的睦仁，與亡絕之外，亡絕還帶來了徒弟迷海和尚加入密談，同時請皇室親屬當書記官，以免病重的睦仁忘記所承諾之事。此時因為睦仁糖尿病，身體狀況欠佳，已經不能多談政略。但是中國帝制瓦解的消息，震撼了日本皇室，皇室成員們都主張，脫離與中國文化的一切關係，徹底脫亞入歐，改與歐洲皇室建立密切關係，病重的睦仁以此意見問亡絕。

亡絕說：「中國革命推翻了帝制，這思想看似不起於中國，實際上還是中國人自身的問題。再說清楚一些，是中國改朝換代的慣性作祟，銜接美國革命或法國革命的語言而已，並不會給中國衰弱的命運造成改變，反而會讓各路人馬，覬覦權力，引來亂局。但說脫離與中國文化的一切關係，貧僧認為萬萬不可，因為歐洲革命風潮不亞於中國，其皇室也不是穩固不倒。況且我日本皇室傳諸萬世不滅的文化，就是來自中國，後代子孫若沒有了這個文化底蘊，皇統萬世不滅的智慧……」

說到這，發現睦仁面帶苦痛，似乎病情發作，亡絕趕緊停止建言，在旁的御用醫務人員趕緊上前。

睦仁忍著痛，遣退皇家醫務人員，喘氣說：「朕忍得住，你接著說。」

亡絕已經有些擔心，怕睦仁就當場發病在密室，只好簡潔地說：「陛下保重，面對中國皇權瓦解，是否會影響日本的皇權，貧僧認為不至於。貧僧只有一言，萬萬不可切斷兩國文化的臍帶關係，不然過去一百二十一代天皇，辛苦建立維護皇權的老莊思想，皇家機關秘術，後代子孫基於思想改變，就無法繼承，那麼日本皇統才會出現真正的危機。」

睦仁苦著臉問：「可我日本皇權，仿效於中國，甚至以中國的特性來建立外部的安全

局勢。若堅持文化臍帶關係不斷，中國皇權已倒，能否復活還不知道。未來日本子民在思想當中，該如何自處？如何讓日本臣民知道，日本皇統在未來仍有必要延續？」

亡絕加快說話速度：「陛下應當記得，兩千年來，皇祖皇宗們遭遇大局不利時，皆採取道家龜息養生之術，自身化為虛無模糊的形式存在，拋出實體，自弱自放，如莊子所言『罔兩問景』。具體的做法，應當將皇權與神權結合，如同維新變法一樣，先復古而後維新！不以事實的文化傳遞，而以宗教方式，徹底地鞏固大家對天皇地位的思想起點。從此天皇具備神格。」

睦仁微笑著點頭說：「改為與神權結合？就這麼辦，人類的社會，不管怎樣演變，永遠會心靈空虛，自然永遠脫離不了宗教，不管這宗教是什麼形式……對了……你認為中國革命之後，會有轉弱為強的契機嗎？」

剛才才說的話，睦仁又反覆再問，可見病情危急，亡絕加緊搖頭說：「不會，事實剛好相反！剛才貧僧有說，這只是改朝換代的慣性作祟。之後必然陷入政治紛爭，你爭我奪，甚至貧僧猜測會有割據的情況出現。倘若歐洲列強趁此介入，中國反而會因此出現更大危機。如先前所言，日本入主中國的契機隱隱作現。關於此點，貧僧身體狀況也大不如前，自知圓寂之期不遠，該是退休的時候，讓徒弟迷海，來任皇家參謀。」

睦仁同意了這項要求，長嘆說：「朕會把這些交代下去……觀皇祖皇宗遺留的文獻，還有制定下來的祖制，都恐懼改朝換代，反對子孫們入主中國。但朕身於時代巨變的浪潮中，總是會好奇，以我皇家機關的周密，若進入中國，到底能不能改變他們改朝換代的特性。你當年所說，併吞中國與被中國併吞，這兩者之間到底有何不同啊？朕怎麼越看越相似呢？」

亡絕也陷入了迷惘，日本到底該不該征服中國，亡絕其實內心並沒有真正的答案，只是一個模糊的猜度，因為他到現在，仍然沒有想透，中日兩國的局勢，到底是何者『復歸於無極』？而今只能希望繼任的迷海和尚，能夠想透這當中的問題。

但是現在有更重要的事情，必須要做最後建言，於是說：「陛下，皇族會議有了結論。雖然明治維新改變了日本國體，但是這只是變革政治面貌，並非變革政治根本。不管什麼時代，大道都是一致的，皇統傳承的『時節規範』，仍然要遵守。如此方能，一冬一春，彌屈復伸，一起一伏，無往不復。也方能如莊子所言，小年不知大年，為皇統傳諸萬世之基。陛下百年之後，繼任的儲君，應當要如先祖一般，要『自我架空』，把實權丟出去，讓替代者來承擔盛衰起伏！回歸老子所云：『太上僅知有之』也就是在與神權結合的當下，繼位者應當不過問政事了。這也正呼應剛才所建議的，莊子『罔兩問景』的哲理，天皇陛下退為面目不清的罔兩，自弱自放，以利長存。」

睦仁緩緩的說：「『罔兩問景』，是啊……皇族內部會議時，長輩也跟朕提過了。老子說『太上僅知有之，其次親而譽之，其次懼之，其次侮之』這朕知道……嘉仁他也知道……日本人都認為，朕是近代這幾位天皇中，最有能有為的天皇，可誰會知道，實際上朕是

最差勁的一個了……也該是要退為『罔兩』的時候了……」

亡絕怕睦仁身體狀況不好，遂即早退出。

六門書評－可不是你想退為罔兩，就可辦到。就在你明治即將駕崩。日本心陰流烏龜王八局的罔兩龜即將誕生。王八局有罔兩龜在身邊，那將糾纏不休。而且這個罔兩龜只是型態上當你的龜兒子，實際上根本不是心陰流，那將有可能藉著罔兩問景之勢，把日本糾纏到崩潰。最後發現這龜兒龜孫，竟然是你日本的龜祖宗。

同年夏天，日本明治天皇駕崩，兒子嘉仁繼位，以中國經典易經中「大亨以正，天之道也」一句，改元大正。明治天皇進入神格，建立明治神宮。之後的天皇都被說為『半人半神的混合體』。原本為人，忽而為神，從而原本日俄戰爭過後，又當用完即丟的激進份子，在塑造神格的政治需要下，被保留並默許他們發展下去。

日本大正二年，國會議事堂。

剛繼位的嘉仁天皇，在議事堂上復發他的腦病，將詔書捲起來當望遠鏡，窺探眾議員，引起眾人的驚愕。從而大家都認為，嘉仁無法像睦仁一樣有作為，恐怕只能當虛位元首，實權將由其他人掌握。所以憲法賦予天皇至高無上的地位，但他只批准奏章，別無他事。

而實際上他這腦病在年輕時代就已經痊癒，這是他身負『時節規範』重任，晉身神格後要自我架空，要拋出實有，復歸虛無，尋找芻狗，替其盛衰。最終一冬一春，彌屈復伸，一起一伏，無往不復，從小年變成大年。以『罔兩』的虛無形式存在，操控整體實有的走向。原本這個以無制有的道家長生秘訣，是日本皇家遵守了近兩千年的規範，這項舉動並沒有錯誤，也是最高竿的政治選擇。但是在中國兩千多年皇權倒台，中日兩國關係改變之詭異背景之下，這個自我架空的動作，竟然趁間跳進來『中國鬼子』，來當『魑魅』，『魍魎問景』成了『魑魅魍魎共同問景』，引來日本皇家完全意料不到的結果。

因為，有一個更大年的體制，操作著更大規模的以無制有。

次年九月初。

一名自稱松島康夫的人，是他同宗的血親，跑來找松島賢三。賢三此時已經有兩子三女，賢妻津村久美子，正帶陪著這些孩子，在院子裡頭玩耍。由於康夫反覆提起自己是賢三的同宗。

賢三便說：「閣下是我的同宗又如何？我的親二哥在東京，我都甚少去看，閣下又有何見教？」康夫見他臉色不太對，發現若不說明來意，會被當作來糾纏討錢的無賴而被驅逐。於是說：「在下是飯野吉三郎的秘書，您聽過飯野先生嗎？」賢三瞪了他一眼，略點點頭說：「好像有聽說過。但很抱歉，在下跟浪人組織沒有什麼關係，扛出飯野吉三郎又如何？」

康夫並不介意他出言不遜，還鞠躬道：「飯野先生想請閣下走一趟，因為有來自於支那的客人，要與飯野先生密談，而閣下會支那的官話，也熟知支那人的心理，所以務必

請您幫忙。」

松島賢三當下起疑，這飯野吉三郎是日本精神團總裁，其組織成員，多為好亂樂禍，投機求利的浪人所組成，不斷提倡日本應該進攻中國稱霸亞洲。這些精神團組織，追溯最早，在明治維新初期，為了掃除守舊的阻力，就已經開始形成。甲午戰爭過後，曾經被壓制過一段時間，但隨著俄國入侵中國東北，日本要大打一場日俄戰爭，以及中國皇權垮台後，塑造天皇為半人半神混合體的政治需要下，這些人又開始大肆活躍，甚至勢力藉此伸入軍方，以及各輿論媒體。所以松島賢三對他很是反感。但中國人為何要找飯野這種人密商？又是哪些中國人與日本精神團成員往來？這反而引起了賢三的興趣。

便追問：「支那人找飯野先生做什麼？」康夫微笑不好回答。

賢三遂說：「請閣下把詳細經過說清楚，支那人是誰？找飯野先生做什麼？飯野先生找我又做什麼？怎麼會找上我的？你不說清楚，那就別怪我下逐客令了。」

康夫笑著鞠躬，然後說道：「日本監察院檢察官鈴木宗言，以及池亨吉，介紹了一個叫做孫文，別名叫中山先生的人，給飯野先生，希望透過飯野先生與日本軍方取得合作的關係。例如：取得革命用的軍火，勸說政府支持他在支那的革命。而飯野先生知道問題複雜，又牽涉支那的事情。先前在東京認識松島藏太，聽他說您熟悉支那之事，所以願意高薪聘請您當顧問。」

松島賢三有些疑惑，當下就問：「孫文這個人我聽說過，支那的清政府還沒有垮之前，在南方屢次組織暴力革命與暗殺，逃亡海外。又時常去英、法、美國等列強求援，更時常來日本政界串人事，名聲很壞。可現在支那革命不是已經成功了嗎？中華民國不是已經成立了嗎？還到日本來做什麼？」

康夫笑著說：「依我推測，只要支那的大總統不是他，他就會認為『革命尚未成功，同志仍須努力』。至於對清政府的暴力革命，他只在後面煽動別人去行動，自己從未到過前方冒險應戰，目的只在於，建立他孫文在革命圈子中的名聲，等待支那變局出現，趁機奪權。就在前些時候，他聽聞袁世凱要當大總統，局面不斷向袁世凱傾斜，他以臨時政府的名義，煽動中國南方的軍閥發動內戰，但是沒有成功。這次來日本，可能就與這件事有關。具體細節我就不清楚了，得先生當了顧問，自己去找答案。」他頗善於抓住人的好奇心，轉為引誘對方同意。

松島賢三頗為訝異，以前認為孫文的革命，目的只是推翻皇權帝制，實踐所謂共和的理想，現在看來，事情沒這麼簡單。當下同意聘僱要求，安頓好家人之後，接著跟著松島康夫到了東京，先與飯野吉三郎會面，三人在他和式住家品茶。閒聊了幾句，兩人交互認識之後，飯野吉三郎就切入了正題。

飯野對賢三說：「有了松島賢三先生為師，在下的心就定了。支那的事情，就不會落人圈套。」

賢三笑著問：「飯野君說落人圈套，是怎麼回事？」

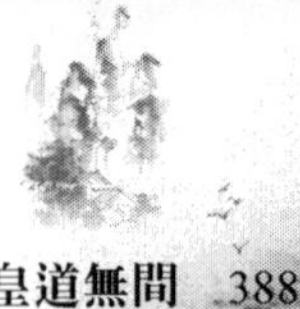

飯野說：「賢三先生有所不知，我聽聞這孫文狡詐異常。早在支那革命成功之前，他先後對法國承諾，若幫助他革命成功，他願意把廣西與海南島的礦產權，交割出去。對英國則同意交割雲南與西藏廣大土地。而來日本則說，東三省滿洲與蒙古則任由我日本取之，他可協助列強瓜分支那的利益。以致日本不少友人，曾經金援他兩萬日圓，名義是給『同盟會』發行『民報』使用，這可是日本工薪階級，工作一千個月才有的薪資。可事後聽民報的主編章炳麟說，他只拿到了兩千日圓，一萬八千都被孫文拿去當個人經費使用，以致於兩人鬧翻，章炳麟憤而退出同盟會。另外他在中國已經有妻有妾，竟然還在日本娶了一個，年紀比他小很多的妾侍，生了女兒，過不久回支那又另結新歡。與他自己在支那國內，說的革命理念，完全背道而馳。可見孫文……或稱孫逸仙……也有叫他中山樵的……總之我感覺他是個，表裡不一的騙子。你認為我們該怎樣應付這種人呢？」

松島賢三微笑著說：「這種說一套做一套的偽君子，從古至今，所有的國家都有。他或許是個騙子，但是組織暴力革命卻是事實，所以他的騙術，也只能是騙他自己同胞。而在外國所承諾，協助列強瓜分支那利益的事情，他若真的當上了大總統，他不敢不履行的。大凡這種四處奔走尋找機會，不惜出賣國家與同志的人，善於左右觀望，也必然欺善怕惡，且有大量的黑箱案底。以我日本當前的實力，他答應的任何事情，只要留有字據與人事為證，他哪一天若有實踐的權力，則不敢不兌現。所以等一會兒會面，飯野君儘管跟他敞開心胸對談，把他有什麼底全都撈出來，能讓他承諾多少事情，盡量承諾。」其實松島賢三倒是想套出孫文到底有什麼底細，故意說飯野喜歡聽的話。

飯野哈哈大笑，點頭說：「聽先生一席話，我的疑惑全然消失。等一會兒，請多幫忙注意，這孫文想要耍什麼滑頭。」

不久，監察院檢察官鈴木宗言的助理，來到飯野家，表示孫文已經到了鈴木宅，在等待三人大駕光臨。於是三人驅車前往鈴木宗言住宅，屋內有池亨吉、鈴木宗言、飯野吉三郎、松島康夫、松島賢三、孫文與其助理陳其美。

會談開始，眾人先閒談當今中國與日本的各自局勢，松島賢三則以飯野的顧問身份，與陳其美隨意拉家常。

原本與中國人談話，松島賢三應該提一提，自己曾經在北京，幫助中國對抗八國聯軍的事情，甚至可以提到自己祖上是中國人的事。不過松島賢三直覺這兩人，就是中國人常說的『漢奸』。自己是日本人，卻去跟中國漢奸談愛中國？這實在相當弔詭。所以松島賢三對這些事情，絕口不提。談了約二十分鐘，才聽到了重點。

飯野吉三郎主動問起：「我記得幾年前，閣下在清政府還沒垮台之際，在日本承諾過，若閣下革命成功，『黨國體制』完成，以黨控國的計畫能夠實踐。中國滿蒙廣大領土要割讓給日本，這承諾，如今是否還有效？」

孫文露出詭異地微笑，答道：「先前鄙人宣布就任臨時大總統時，透過森恪，給貴國

政府發了密信，就重申了這項承諾。只要日本支持我革命黨對袁世凱開戰，鄙人將兌現割讓滿蒙，與關內經濟利益特權。這代表鄙人向來表裡一致，強調誠信，所以當然有效！」說道此，還不斷地微微點頭。

飯野又問：「但閣下主導臨時政府之時，卻連南方各省的軍閥都沒有搞定，談何滿蒙？」

孫文回答說：「早在中華民國成立之前，鄙人就數次造訪日本。透過日本友人對日本政府承諾過，滿、蒙割讓給日本的事，而今中華民國雖然成立，卻被袁世凱竊據總統之位，南方各省的軍閥，又不肯聽我建議，對袁世凱開戰。而貴國對於清政府倒台，是否直接支持我黨，意見又多有紛歧，以致於這幾項承諾遲遲無法履行。不過飯野君不用擔心，鄙人估計，滿清政府倒台，袁世凱根基未穩，各省的野心份子必然會藉機割據。袁世凱要鞏固中央，必與南方各省實力派軍閥有利害衝突，內戰遲早會掀起。倘若貴團能協助串聯日本各界實力派軍政要人，積極參與支那的事務，助鄙人『第二次革命』，何止滿蒙？廣西、海南島甚至雲南，都可以談，到時候貴團能獲得的利益，自然不在話下。」

話雖動聽，但飯野吉三郎可不是省油的燈，從這話中聽到了一絲破綻，於是尖銳地問：「我聽聞閣下，也曾經把廣西、海南之地，承諾給法國當殖民地，甚至把雲南、西藏許諾給英國當殖民地，而今又把這條件拿到日本來談，不覺得這是一物兩賣嗎？」

比喻買賣，孫文聽了皮笑肉不笑，右手食指，摸了摸八字鬚，然後說：「這如同拍賣古董，價高者得而已。英法兩國只顧經濟利益，不願意配合鄙人在支那的政治行動，對他們的承諾自然就失效。銀貨兩訖就是正當交易。難道拍賣市場上的人，都要被罵做一物兩賣？」

孫文用著流利的日本語，說出這段話時，松島賢三大為吃驚，這傢伙還真是無賴兼無恥，跟著日本人把自己的祖國稱為支那也就罷了。還在這把中國當成是他家的古董。松島賢三熟知中國歷史，這讓他想到了，五代十國的後晉開國主石敬瑭，勾結外邦來幫自己奪權，不但割讓燕雲十六州給契丹，還對契丹主耶律德光，磕頭稱『兒皇帝』。這孫文擺明了就是石敬瑭第二。

飯野追問說：「但閣下現在，似乎還不具備賣此古董的能力啊。」

孫文仍然皮笑肉不笑地說：「有些人不願意賣，有些人願意賣。袁世凱屬於前者，我屬於後者。袁世凱有能力而不願意賣，自然是我與貴團共同的敵人。等打倒了這個共同敵人，一切問題不都解決了嗎？如剛才所言，日本能否獲得滿蒙領土，貴團是否能在日本獲得政治地位，還需要借閣下之力！這也正是我來日本的原因！」

飯野吉三郎總算是點頭，露出微笑。他私下對鈴木宗言說：「自從日俄戰爭之後，我大日本的愛國青年們都非常疑惑，當初我們明明可以趁勢吞併滿洲，為何自動退出？只能說政府內部有軟弱腐敗的官僚。而今我們卻能在這個支那人身上，討到我們想要的東西，豈能不盡力幫助？」

孫文這個『鬼』，已經深得日本激進份子的認可，將之視為進攻中國，稱霸世界的重要棋子。

於是飯野吉三郎決定幫他牽線到日本軍部簽約，同時介紹更多的日本實力派人物，給孫文認識。不過在與政要簽約之前，他得先在此，對飯野立下誓書，表示自己或自己將來的接班人，都要與日本精神團體同進退，如此則日本精神團，將來在日本佔領中國領土的問題上，在孫文與日本政府中實力派人物的簽約上，乃至日本政壇中，都將有相當強的發言權。而飯野等人，以此簽字落款為證，將成為日本開疆拓土的功臣之一。

誓書內容如下：鄙人（孫文）此番欲謀使支那成為真正安全之支那，並為實行之，特仰仗貴團（日本精神團）盡力。就此，當然爾後與貴團一致協力，以圖發展，更尊重貴團精神所在，特作如下保證：在上述行動過程中，或在其後，都完全信賴貴團，以永遠圖求日支兩國之深交與和平，決不許外國擅自損傷兩國之國交。若支那在政治上或經濟上，不得不同外國合作時，則必須事先通告貴團或貴團之指定代表人，應在徵得其同意後，方可實行之，至於兩方具體的合作內容，則以此誓約為本，與日本具有權力實行的官方簽訂……以下雙方簽名。

雙方會談多次，並一同吃飯看日本藝妓表演。而這一天孫文身邊多跟了一個人，此人光頭，頭形如花生，說話滿口浙江口音，經陳其美介紹，原來這人叫做蔣中正，字介石。

松島賢三一看此人，舉止儀態雖尚稱體面，但是言語卻充滿滑頭。推測他跟孫文也是同一流貨色，外表的體面，純係包裝粉飾，乃漂白的地痞無賴。問問這人的來歷，果然是個惡棍流氓出身。

在與飯野吉三郎再次會談後，過幾日，又來了一批日本人跟孫文互通友誼，有些還是孫文的舊識。

有日本浪人組織，黑龍會的頭目，頭山滿。協助孫文革命的黑龍會另一頭目，內田良平。還有曾經協助孫文，刺殺康有為未遂的好友，宮崎滔天等等，皆為聲名狼籍，好亂樂禍的日本人。尤其這頭山滿，其徒子徒孫在軍政界的前途，都很被看好。孫文與他會談，最為殷勤。

趁著他們會談融洽，而鈴木宗言似乎被冷落在一旁，松島賢三對鈴木宗言打招呼。鈴木微笑致意。松島賢三見其友善，遂問：「這蔣中正字介石，到底是何許人也？似乎也與浪人組織頗為熟識。」

雖然松島先前已經約略打聽出，這蔣中正是個惡棍流氓出身，但還是想抓著話題，趁機更深入了解這個，日本黑幫與中國黑幫，共同建立起來的『交際圈子』。

鈴木宗言小聲地回答說：「這蔣中正，或稱蔣介石，其本名叫蔣志清。他是孫文的政治打手，或許該說是政治殺手才對！自稱是在日本士官學校畢業。其實他只是在預備學校讀過，在士官學校因為品行甚差，提早退學，沒有畢業，對外謊稱畢業，是張群同學，實際上造假學歷掩人耳目。因為在日本認識支那黑道人物陳其美，回國後混跡上海黑道組織，青幫，跟青幫的頭目黃金榮拜過碼頭，跟杜月笙，換過帖子。是上海灘上有名的地痞流氓。因為陳其美的關係，所以這蔣介石就跟了孫文，又由黑道漂白，替孫文經手與日本浪人組織之間的關係。為了將來政治前途的名聲，撇清當過地痞流氓的黑箱案底，故意引經據典，用易經文句之言，改名中正字介石。就在去年吧！支那另外一股革命勢力光復會，他們的領導人陶成章，看不慣孫文所作所為，要揭發孫文賣國的真相。孫文惱羞成怒，授意陳其美，密令蔣介石把陶成章暗殺了。事蹟敗露，蔣介石化名為石岡介石，稱自己是日本人而逃來日本，靠孫文在這的人脈關係，由我們日本的組織來庇護。接著就因此參與，孫文的革命黨與我日本黑龍會的人脈圈子。」

當松島賢三聽了，蔣中正字介石，其姓名的由來，頗感訝異。他先前只知道日本的皇族，會引易經或尚書等中國先秦經典，來取皇族男女之姓名。沒想到中國的地痞流氓，也會這樣做。因此他忽然大腦中閃過一個預感，這一群漂過聖賢經典假象的中國地痞流氓，將會跟日本皇家一道，牽動著將來兩國的變局。

於是松島賢三繼續小聲追問：「難道暗殺同志，也是孫文革命行為之一？」

鈴木拍拍他的肩膀說：「這沒什麼好奇怪的，你熟悉支那國情，應該聽說過。支那北方地痞，雖擺明了粗野兇悍，但還可以說理，做壞事被發現，還會慚愧。南方地痞狡詐無賴，還帶虛偽，做壞事被發現則死不認賬，扭曲是非，顛倒黑白，拖人下水，死咬硬扯，逼到最後就血口噴人。就如同他們支那人自己說的『當了婊子還硬要立牌坊』，這孫、陳、蔣三人，就是最典型的支那南方潑痞無賴。現在可以稱得上是政治無賴。孫文在國內，常罵別人：『對外奴顏媚骨，對內到處製造事端』，這句話用在他自己身上，才剛剛好。」松島賢三微微點頭說：「若跟這等人物合作，得小心為上。」

六門書評－日本人隨便罵隨便汙衊也罷！當時日本人確實對蔣中正評鑑很低，甚至以為可以利用之，但蔣中正在日本士官學校的就讀，可不是那麼簡單的事件。所以這個人，當時的日本人看不懂，當時的中國人看不懂，後代兩國的人都還是看不懂。這蔣中正到底是什麼底？即便在他去世之後多年，也沒有人能真正看透，直到改版的今天。

鈴木宗言似乎不滿意剛才被冷落，見到松島與自己交談，似乎說上癮了，於是抖出更多的真相：「這是當然！我還沒說完，他們除了血口噴人，還會做賊喊抓賊。就在陶成章被殺，輿論譁然之際，這孫文竟然通電要抓兇手，陳其美也通電要抓兇手。正準備要嫁禍袁世凱，蔣中正卻露了馬腳，被巡捕房的人發現，立刻通緝。黨內輿論譁然，於是低調跑來日本避風頭。就在今年三月，黨內還有一個名氣、聲望都比孫文還大的人，叫做宋教仁，也與孫文發動內戰的路線不合，力主南方各省應該與北方的袁世凱合作，以清朝遺留的資產為根基，各族中國人共同謀求國家強盛。此說很得人心，黨內的實權逐漸向宋派傾斜，孫文因而失勢，對他恨之入骨。他便指派陳其美，故佈疑陣，在上海僱了失業軍人，應桂馨與武士英兩人，槍擊宋教仁。宋教仁在醫院都還沒斷氣，發電報給袁世凱，稱自己被奸人暗算。而陳其美這邊卻好像未卜先知，立刻帶巡捕抓人搜證，將應桂馨與武士英關入上海監獄，還沒審判，他馬上硬說是袁世凱指使國務院總理趙秉鈞派人幹的。之後不到兩個月，又炸死另外一個挺袁的人，又是以袁世凱之名暗殺。北洋政府還真的派人來上海監獄，要調查殺害宋教仁的兇手，但莫名其妙在提審之前，這兩人就死在上海模範監獄。其實以我的審案經驗，來判斷蛛絲馬跡，這兇手就是孫文無疑。某些支那人也曾懷疑是他，但孫文不管大家的懷疑，就叫嚷著要二次革命，把司法調查的事情模糊焦點，全面政治化，製造對立。此番再次前來日本尋求我們出力相助，相信是他們一系列密謀奪權的環節之一。」

松島賢三聽了瞪大眼，沒想到竟然有這種秘辛。而此時蔣介石眼睛往這裡看，還微微對松島賢三點頭示意。松島賢三心思，要是讓這些人奪權成功，中國百姓將有苦難可受了。

借著日本精神團與浪人組織的人脈，間接推薦，孫文等人又接觸了，相當有前景的政治人物，田中義一、犬養毅等。接著經濟實力派人物，滿洲鐵路株式會社犬冢信太郎與山田純三郎等等。

孫文這一系列串門子，弄得自己在日本軍、政、經、浪人黑幫各界頗有名氣，已經引起日本情報組織特別關注，留下了大量的檔案與證據。

孫文等人在日本期間，飯野派賢三與康夫兩人，隨行導引，康夫則秘密把孫文的行蹤記錄，送交特務機關。孫文交涉的日本官員，從首相大隈重信、陸軍參謀總長、政壇元老、財閥等等都有。反復不斷提出，若他執政，滿洲與蒙古可以割讓給日本酬謝，並簽下許多正式的割讓滿蒙之密約。孫文以黨奪國建立『黨國體制』的企圖，已然被這些日本人摸得一清二楚。只是這些日本軍政人物，對是否要與孫文合作，意見不一。雖說有反對者，但只要有一部分的人願意合作，那麼孫文的目的就算達到。

既然從政治、經濟、外交乃至領土主權等各方面，諸多密約已成，日本各界對他的

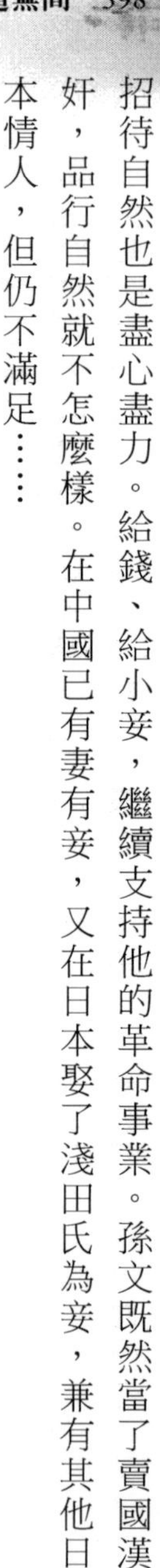

招待自然也是盡心盡力。給錢、給小妾，繼續支持他的革命事業。孫文既然當了賣國漢奸，品行自然就不怎麼樣。在中國已有妻有妾，又在日本娶了淺田氏為妾，兼有其他日本情人，但仍不滿足……

東京風化區。

門外掛著傳統燈籠以為招牌，紅紅綠綠男男女女，前前後後進進出出，三三兩兩醉醉歪歪，嘻嘻哈哈嗤嗤鬧鬧。一個浪人流氓，今村定太郎是這裡的常客，有固定的上等包間。但今天晚上他一來這，發現這一個包間已經被人佔用，所包養的好幾個相好也受他人恩寵，氣得追著老鴇要揍。

「八嘎！八嘎耶路！這一條大街上，誰不知道我定太郎！妳竟然把我的包間給別人？到底是誰？」今村定太郎一發火，這裡的保鑣都不敢動手，只好上前勸阻。

一保鑣擋在他前面笑臉勸阻說：「定太郎桑！不要生氣，我們這裡也是作生意的。」穿著和服的一個中年老鴇說：「是啊！定太郎桑，我另外給你安排更好的。」他抽出腰間武士刀，用力砍在一旁的櫃台上，然後說：「我上個月就給妳一百日元，講好菊子、江子是我包的！誰都不可以碰！妳收了我的錢，竟然還把她們給別人玩？」

老鴇不敢招惹定太郎，趕快九十度鞠躬說：「對不起！我願意退錢。實在是有貴客看上她們，請太郎桑高抬貴手。」定太郎瞬眉怒目說：「到底是誰？妳今天不說出來，我就帶人砸掉妳的店！」老鴇說：「是一個支那人！」

「什麼？支那人！」

老鴇不說便罷，一講是支那人，定太郎氣得發瘋，抓起武士刀要砍，定太郎的左右小弟怕他惹禍，一人抓他的手，另一人抱住他的腰。

保鑣們也都擋在老鴇前面勸架。

老鴇苦臉繼續鞠躬說：「實在是對不起！」

突然外頭騷動，「誰在鬧事？」這時候來了三個日本警察。見到警察來了，定太郎趕緊收起武士刀，不敢說話。老鴇說：「失禮馬賽！警察大人。我們跟今村桑有些誤會。」警察們認識定太郎，走到他面前說：「你想在這鬧事？」定太郎趕緊搖頭，但仍不服氣，說：「她們讓一個支那人，搶我的女人。」一名警察皺眉頭說：「妳的女人？這裡哪一個女人是妳的？登記結婚了嗎？」

這話一說，四周圍觀者笑聲此起彼落。

另一名警察說：「這裡是作生意的地方，有錢就是貴桑，你要拿刀鬧事就跟我們去警局一趟。」定太郎忍氣吞聲，不敢說話。於是鞠躬上繳刀械說：「失禮馬賽！警察大人，請您寬宏大量，這刀械就上繳保管，我們立刻離開這裡。」

警察收下刀械後說：「好，既然你也懂規矩，我們就給你一個面子。刀械上繳，向老闆娘道歉，你人就可以離開。」於是定太郎趕緊帶著小弟們，向老鴇鞠躬道歉，閃身離開。

老鴇之所以這麼坦護孫文，是因為孫文一進門就裝凱子，大聲報出自己的名號，交代自己在中國的革命事業，以及多少日本有力人士捐錢給他，他在這裡的消費，一律加倍來付。這老鴇住在東京，訊息靈通，也有聽說過孫文，知道他在日本黑白兩道都關係亨通，是真有錢的凱子，自然如此袒護。

定太郎常用的包間。

裡頭六個沒穿衣服的日本女人，跟著孫文在大玩遊戲，原來這孫文不只包了菊子與江子，還把其他最貴的頭牌都叫來，喝著清酒，跟這些女人吹牛，自己在中國的革命。

菊子全身光溜溜坐在孫文的左腿上問：「孫桑，革命之後你會在支那當什麼官啊？」

孫文左手摟菊子，右手摟江子，後頭兩個在幫孫文按摩肩膀，前頭兩個幫忙倒酒。

孫文熟悉日語，自然用日本話跟這些女人對談，喝了一口酒，大笑說：「哪是當官？是當皇帝妳明白嗎？」江子說：「皇帝？是天皇嗎？」

孫文笑著說：「沒錯，支那的皇帝就像是日本的天皇，天皇不也常自稱是日本國皇帝？所以皇帝就是天皇。而且我們支那國土比日本大很多，以後我就是支那的皇帝。」江子笑說：「孫桑你吹牛，我聽說支那已經沒有皇帝了。叫做什麼大總統的？」

孫文笑著說：「妳真不懂事，這只是名稱不同而已，權力還是一樣，大總統就是皇帝！想要做什麼就做什麼。」

菊子笑說：「孫桑你當了皇帝，我們怎麼辦？還不早就忘了我們？」

孫文笑說：「胡說，我怎麼會忘了妳們呢？到時候我把妳們接到支那來當我的妃子，有用不完的錢，還給妳們家人當大官。」

所有女人一片歡欣，孫文又吃又喝又嫖，非常開心，直到凌晨。女人們都睡了之後，孫文才驚覺自己的錢沒帶夠。趕緊穿上衣服，想要偷溜出去，走到廊下忽然背後傳出老鴇的聲音。

「孫桑！你還沒付賬呢！」

孫文嚇了一跳，回頭一看老鴇身邊還有好幾個保鑣。原來他們早就埋伏好，等他孫文來付錢。孫文假裝鎮靜，板起臉說：「一共多少錢？」

老鴇拿出算盤擺在櫃台上，推上打下：「江子二十，菊子二十，櫻十五，桃十五……吃的十五，喝的十五，衛浴十元，保險道具十元……總共三百零六日元！」

孫文嚇了一跳，大喊：「怎麼會這麼貴？」

老鴇已經看出他想賴賬，雙手插腰說：「本來加在一起只有一百五十三日元，是你孫桑一進門就說，所有費用你都加倍來付，所以最好的都優先給你使用，把其他客人趕走！我們得罪了那麼多客人，就來服務你孫桑。怎麼？想要抵賴？」

孫文自己來嫖，蔣介石，陳其美等人，被派去日本其他地方串人事，沒有跟在身邊，找不到支應。只好大聲說：「我沒帶到這麼多，下次來一次補給妳！」

說罷就要離開，所有保鑣立刻擋在他面前。

「八嘎！想跑啊！」

孫文被團團圍住，嚇得他瞪大眼，一時無法回應。這娼妓之家最忌諱，情，扯、賴、丐、漏、走，事情了結絕對不顧念舊情，可以立刻變臉，全世界各民族的娼妓風俗皆然。

老鴇說：「孫桑！我們這一行業哪有賒帳賴人情的？可別把你支那人的壞習慣，帶到我們日本來！你今天要是付不出錢，就別想離開這裡！」

所有保鑣當場把孫文架住，孫文左支右唔。

老鴇說：「你不是在我們日本的軍政界都很有名氣嗎？倒是請個人來幫你付賬啊！倘若你請不到人付錢，我可不管你在支那的革命事業有多出名，當場打斷你兩隻腳，再送到警局去！」

經這老鴇一提醒，孫文才趕緊說「等等！有人會幫我付賬！」老鴇疑問：「誰？」孫文說：「你去找頭山滿，他現在人就在東京，是支持我革命事業的好友！」

老鴇抖著和服，扭著屁股走上前說：「喲！我看你這支那人，說大話是說破頭了。剛才跟我的小姐們說，你將來要當支那皇帝，現在怎麼會搬出黑龍會來？想要嚇唬我啊？沒門！」

孫文說：「這是真的，頭山桑，真的是我的好友，妳若不信現在派人去黑龍會傳話，跟他說一個叫做孫文的人，在這裡等他！他一定馬上就到！」孫文反覆提起頭山滿的名號，讓他們不得不有所顧忌。

老鴇說：「好，這可是你說的。」

於是老鴇立刻派人去黑龍會傳話，沒想到不過一小時，一個大鬍子，身穿日本傳統男和服長裙的中年男人真的搭車趕來。

這頭山滿雖然已經被迫辭官，也替黑龍會組訓新頭目後，退出了黑龍會，潛心著作寫書。但是仍然具有相當大的影響力，東京黑白兩道勢力，無人不買他的賬，黑龍會的新頭目，仍然尊他為精神領袖。這頭山滿一來，老鴇就客氣了許多。

頭山滿知道情況之後，激動地大聲訓斥老鴇說說：「八嘎！孫桑是國外來的客人，你們怎麼可以這樣對待？」老鴇聽了，馬上對孫文鞠躬道歉。

這頭山滿也挺義氣，二話不說立刻買單，慷慨地襄助他的『革命事業』。

立刻拿出一千日元，交給老鴇說：「孫桑在這裡的賬全部由我來付，多出來的費用就寄在妳這裡，當作孫桑以後來這的『旅費』，有不夠就找我要，妳要好好招待。」

老鴇收下錢後拼命鞠躬答：「嗨！」

然後孫文與頭山滿，相互微笑鞠躬，大步離去。在東京連番招開會議，繼續商量他在中國的革命大計。這段孫文在日本風化區的驚險記，如同當年他在英國倫敦的「蒙難」一樣，自然也在革命圈子當中廣為流傳。頭山滿因而備受尊敬。

雖然孫文在日本各界受到很不錯的招待，不過久而久之，日本野心家對孫文不斷開出的賣國支票，暫時無法兌現，已經興趣不大，遂直接找袁世凱施壓。既然孫文暫時沒有利用價值，逐漸遭到冷淡待遇，松島賢三也因此，被轉介紹到外務省，擔任約聘工作。

孫文當然知道，自己手下只有黑幫流氓，而袁世凱有數量可觀的北洋軍隊，拼拳頭當然拼不過袁世凱，所以他會找一個拳頭更大的人，來壓袁世凱。只要這目的達到，暫時被人冷落也無所謂。

在日本野心家們，憑藉孫文密約為依據，自行相互串聯之下，終於聳動政府對中國提出二十一條，內容牽涉了經濟、政治、軍事、人事、礦產、交通甚至外交等主權。

收到日本的照會，袁世凱氣得差點吐血。這條約的起因，是辛亥革命時期，南京臨時政府自知自己難承中國大統，於是拼命賣國掏空，與日本簽訂中日合辦漢冶萍公司借款，是為善後大借款。該案規定漢冶萍公司中國不得自行處理，附近礦山不准公司以外之人開採，這一借款案的主謀，正是當時的臨時大總統孫文。而日本以臨時政府簽的條約，重新整理，丟給他袁世凱來承認。

袁世凱當然不願意答應，但又怕日本人因此動武，只好先讓底下的官僚，去打官腔糾纏。

正當日本人跟袁世凱糾纏二十一條時，孫文在日本見陰謀成功，機會來臨，大為欣喜，立刻致函給外務省局長小池張造。內容有中日盟約十一條草案，大致是批評袁世凱竟然不完全與日本合作，袁世凱實質上是反日的，二十一條當中，袁世凱所保留的部份，孫文則完全接受。甚至同意中國將部分領土變為日本殖民地，提供大量資源，要求日本完全支持他孫文奪權，以打倒袁世凱。

致函之後，深怕日本政府跟以前一樣，又沒下文，孫文於是親自跑到東京外務省，跟小池張造密會，在旁有書記者，記錄兩人之間的密談。

小池張造說：「孫桑您是我們日本人的老朋友了，軍政各界您都交友廣闊，在下看了您這個日支盟約十一條草案，足見您對我大日本帝國的友善，不過這十一條內容，跟先前您在日本各界承諾的滿蒙割讓，並沒有直接關係。若將來條約能成，這兩個區塊的條約，是否能夠一併執行，不會互相成為阻礙？」

孫文聽了皮笑肉不笑，摸了八字鬍，他知道小池提出這議題的本意，是怕他孫文四處亂開支票，沒時空沒章法胡亂承諾，最後輕諾寡信，兌現起來會有困難。於是操著流利的日本話說：「小池君太過慮了，我聽聞作大事的人不計小節，滿蒙割讓協定，是疆土的割讓，才是對貴國最有利之處。而這十一條盟約的內容，則是鞏固日中兩國的友好關係，不但不會相互影響，反而是相得益彰。」

小池張造微笑說：「孫桑未免承諾過多，這分明是兩項不同的條約，如何相得益彰？」

孫文說：「小池君試想想，這十一條的內容，大致與貴國目前對袁世凱提出的二十一條內容相當，這條約的實質利益是鄙人現階段，要幫貴國爭取到的。而滿蒙割讓這大事，則是鄙人在取得政權之後要實踐的諾言。只要現階段貴國爭取到這些利益，貴國內部的實力人物自然更能體會到我革命黨對大日本帝國的友好，從而協助我取得政權，實踐滿蒙割讓給日本的承諾。所以這當然是相得益彰。」

話說得非常合理動聽，但小池也不是省油的燈，直接追問：「話是這麼說沒錯，但您說這十一條是現階段要幫我大日本帝國爭取到的利益，然而我聽聞袁世凱不願意答應這條約，孫桑您本人現在又在日本，要怎麼幫助我大日本帝國取得這些利益？未免說得太過，讓人無法相信。」

這小池張造，真太低估孫文的賣國意志了。孫文聽小池這一說，皮肉皆笑，他孫文可是有備而來，於是拿出一份「二次革命合作案」有中日兩文並列寫成，此物一出，小池張造頗感一奇。

內容大致是說，袁世凱拒絕二十一條，即便答應也會暗中抵制，為了要讓袁世凱就範，乖乖承諾簽下條約，在日本與袁世凱談判當中，可以用支援他孫文等革命黨軍火與資金為籌碼，同時出兵助他在中國南方搞二次革命打倒袁世凱。如此若袁世凱同意二十一條，則二次革命就有口實，可以在中國聲討他。若袁世凱拒絕，則二次革命將有日本軍方強大的助力。最終都將把二次革命啟動，日本則可以趁革命黨奪權，中國陷入內戰混亂之時，出兵先行佔領中國東北與蒙古，與革命黨相互呼應，待革命黨奪權完全成功，則可以正式公開或秘密方式與日本簽約，逐步兌現密約的各項條件。

小池張造讀完全文，拍手叫好，他發現這孫文真的是比他本人，還要對大日本帝國更加忠心，微笑的說：「孫桑的這計畫，真的是太好了，對我大日本帝國之友誼可見一般。我可否將此文件，報告上級並提供給特使日置益，以此威脅袁世凱？」這正中孫文的下懷，他笑著擺手示意並答道：「這文件本來就是提供給貴國方便的，所以小池君請便。」

小池露出偽善的笑容問道：「這樣對孫桑，不會造成名譽上的問題嗎？」

孫文嘴角上揚答道：「這小池君不用擔心，這向來是本人一貫的態度。況且現在要擔心名譽的人是袁世凱，而不是我。」兩人一同露出友誼的笑容，對飲了一杯。

孫文一手簽下可恥的賣國密約，另外一方面，卻派其他黨徒回國，煽動輿論，策動胡漢民，柏文蔚，李烈鈞，蔡鍔等南方各省有野心的軍閥，準備聲討袁世凱賣國。

北京，中華民國大總統府。

日本特使日置益，帶著二十一條來親自見袁世凱，這袁世凱本已透過外交部拒絕日方的要求，但日本方面不斷施壓，要求親自跟他談判……

一見面才寒暄沒多久，日置益就拋出二十一條，語氣嚴峻：「袁大總統，這二十一條

的內容，可都是中華民國政府在成立之時，以總統職權簽署的文件，您若還堅持拒絕，那代表毀約的是貴國，如此兩國的關係將趨於險惡，責任可不是在我們大日本帝國！」

袁世凱聽了氣得吹鬍子瞪眼，回答道：「什麼中華民國總統職權簽署？我袁項城從來沒承諾過你們這些東西！」

日置益說：「您難道忘了，中華民國臨時政府在南京成立的事情？當時的臨時大總統孫文，與我們大日本帝國簽訂了一系列條約，這漢冶萍公司的相關文件內容，都蓋有中華民國總統的大印啊！」說到此，拼命指著桌上條約內容中，孫文蓋下的偽政府大印及其簽名。

袁世凱聽了差點吐血，這孫文簡直不輸給他的師尊李鴻章，敢以賣國來達到他奪取政治利益之目的。反駁道：「中華民國在南京的臨時政府，根本是孫文籌組的偽政府，並不是正式的中華民國政府。他所簽署的文件，豈能作數？他的總統大印，中國這麼多省份，哪一個承認了？你們拿著他姓孫簽的文件，跑來找我姓袁的兌現，豈不是可笑？」

日置益有備而來，不怕袁世凱頑抗，於是冷笑著說：「袁大總統怎麼能不承認臨時政府的條約？當初您是清朝的官員，手握最精銳的北洋軍隊，南方的革命黨，串連各省軍閥發動兵變，您不提兵鎮壓，反倒串連南方各省軍人，對大清朝皇帝逼宮，與革命黨聯手建立中華民國。您跟革命黨的合作，早在庚子年拳亂，東南各省自保時期就已經開始，大家有目共睹，沒有革命黨鬧事，您哪有大總統位置可以坐？難道現在就想一刀兩段？」

袁世凱堅定地說：「一刀兩段又如何？貴國所提出的二十一條，根本違背國際公理正義，恕敝國難以接受！」

日置益冷笑說：「國際公理？我只知道，國際之間以實力來說話！」說到這，他還握緊拳頭，擺在自己的臉前，以壯聲勢。又接著說：「您大總統也許是想重演，當年日清戰爭後，三國干涉還遼的故技！但請您仔細看看現實吧！我大日本帝國軍隊，在日俄戰爭時所展現的戰鬥力，歐洲列強都為之恐懼。而歐洲各國現在正相互火拼廝殺，歐洲戰火一發不可收拾，請問有哪國，還敢替貴國干涉我大日本帝國之行動？」

說到此，瞪大眼睛，袁世凱聽了為之氣沮。先前他用武力威脅孫文等革命黨，現在孫文找來更強的武力反過來威脅他！歐洲各國已經開打有史以來最大規模的歐戰，沒有任何一國敢得罪，能把俄國打趴下去的日本。

袁世凱也壯膽說：「貴國若發動戰爭，那就是侵略！若我中國人團結一致，槍口一致對外，貴國畢竟也是小國，我們人口比你們多，土地比你們大，未必我們會輸給你們！」

日置益聽了哈哈笑道：「俄國人都不敢說這句話，沒想到袁大總統敢說。至於袁大總統說中國人團結一致？我看也是辦不到吧！請你看看這個東西！」於是丟出孫文在日本另外簽的，二次革命合作方案。主旨是說，若袁世凱不答應日本的要求，請日本軍方出動軍隊進駐華北，同時支援軍火，人力與資金給他，他將動員中國南方的革命黨人，策動南方胡漢民，柏文蔚，李烈鈞與蔡鍔等軍閥，在中國南方發動政變，展開討袁的行動……

袁世凱看了大驚失色，這孫文比他的師尊李鴻章還要更厲害，不是只玩釜底抽薪而已，還直接賣身投靠，幫外國人打自己人……

日置益看到袁世凱驚愕的表情，呵呵一笑道：「您知道孫文與他的革命黨員，現在就在我們日本！我來貴國之前，他還特別寫信給我，只要我大日本帝國採取軍事行動，他將動員所有革命黨人，帶著我大日本帝國支援的軍火與資金，到貴國南方組織二次革命，與南方反對大總統的人合流，共同行動！請問大總統，您將怎樣把全中國人團結一致？」

袁世凱聽了怒氣攻心，但無可奈何。真是成也革命黨徒，敗也革命黨徒！

不過明眼人也不會同情袁世凱，以前袁世凱在百日維新時叛變，搞光緒皇帝的鬼，又在八國聯軍時扣住當時中國最精銳的新軍，在山東加入東南自保，拒絕增援京師，拆滿清政府的台。為了自身權力，坐視民族危機。如今風水輪流轉，現在輪到別人來搞他袁世凱的鬼，拆他北洋政府的台，刻意製造民族危機，這算因果報應而已。

日置益更加強語氣說：「以孫文為首，貴國的這些革命黨人，與我大日本帝國不少有力人士，交情匪淺。若中國政府不能跟我大日本帝國表達友誼，承認這些條約，那我大日本帝國也不能阻止此輩人物，來擾亂中國的政局！」

袁世凱被逼到牆角，裡外都撐不出氣勢，難以招架，支吾道：「我才是中國名副其實的總統，而貴國的天皇並沒有給我正式的照會，恕我無法回答你這些話！」

日置益說：「袁大總統，您難道真不知道我大日本帝國的政治規範？天皇陛下有絕對的權威，但現在對政治並不過問，一切當然也是以我大日本帝國利益為出發點。這些條約自然會由內閣，對貴國提出正式照會！您若不能簽約，那恐怕就要兵戎相見了！」

袁世凱搖頭對侍從說：「我得開會討論再給貴國回覆！送客！」

日置益知道，袁世凱是招架不住的，遂面露微笑，離開大總統府。

自一千多年前，隋煬帝收到「日出處天子，致書日沒處天子無恙」之國書，大為不滿之後，從此日本天皇，不敢出現在中國皇帝的面前，只能躲在日本島上稱皇。曾幾何時，中國皇名自毀，中國領導人想見日本天皇，都成了困難，還被日本底下的小鬼頭糾纏，無法脫身，有道與無道的差別，逐漸顯現。

但這一切又都是假象……

過兩日，袁世凱把外交部長陸征祥與次長曹汝霖找來，詢問交涉結果。

陸征祥說：「報告大總統，我們已經不斷拒絕日本人的要求，但是日本以武力威脅，不斷糾纏，這件事情大總統應該也知道。若沒有跟日本也以武力相向的實力，談判是很困難的。」

袁世凱聽了氣沮，日本確實已經增兵三萬來到中國，山東與奉天兩省，壓力很大，形成對北京的南北箝形態勢。甚至日本僑民紛紛回國，情勢有點像當初日俄戰爭爆發前，對付俄國的態度。一旦日本進攻北京，而孫文等革命黨徒同時在東南行動，就會重演當年他跟李鴻章，把滿清政府晾在北京等死的舊戲碼。只是而今輪到他袁世凱被晾！而慈

禧太后與光緒皇帝，有滿清皇朝先前的政治基礎，在北京招架不住，還可以逃往內陸躲起來，列強無可奈何。袁世凱自知自己的政權才成立沒多久，各省軍閥野心未泯，若北京招架不住往內陸躲竄，只會等著垮台，並且被別人收拾掉。

袁世凱終於感受到了，當年光緒與慈禧的苦處，對自己當年的卑鄙惡行，有了一絲後悔。

他仍難以嚥下這口氣，於是道：「我若簽了這條約，全國的輿論必定譁然！接下來的事情，就難收拾了。」曹汝霖說：「那大總統，就要判斷，是日本的武力難收拾，還是國內的輿論。」反問：「你認為呢？」曹汝霖說：「好漢不吃眼前虧，我認為不能跟日本兵戎相見，輿論則只是短暫的，過了就沒事，老百姓自然會忘記。但日本野心家，得不到好處，會死死記住。」

袁世凱苦著臉打斷說：「事實不是你想的這麼簡單！」

袁世凱經歷過清朝的倒台，清末朝廷無論對外打了多少敗仗，最終沒有亡於外患，卻垮在自己中國人的手上。主因是他師尊李二先生的惡行劣跡，他是看在眼裡的。他若妥協，那他手下就不知會藏有多少像李二這種人，伺機來搞倒他袁世凱。所以隱隱約約感覺，曹汝霖說的話是錯的，但到底錯在哪裡？以他的智商，又無法具體明述。

轉而拍桌，氣憤憤地說：「這都是那個孫文搞的鬼！這人現在是不是在日本？」

陸征祥正色，嚴肅地微微點頭說：「是的，據各方情報，他在日本又開始活躍。從二十一條的內容，對比當初他在南京對日本簽的條約，相信此事，跟他最近在日本的活動，也脫不了干係。」

袁世凱怒罵：「漢奸！可恥！難怪日本特使日置益，拿著二十一條見我時，竟然威脅說：『貴國革命黨與日本有力人士，交情匪淺，若中國政府不能跟日本表達友誼，日本就不能阻止此輩人物，來擾亂中國。』他在學吳三桂！用外邦武力來干擾本國！可恥！」

袁世凱的歷史沒讀通，吳三桂是被劉宗閔侵犯了愛妾，激憤而敢做敢為，是真性情之人，而孫文只是個四處奔走，追求權色名利的賣國無賴。更何況吳三桂剃髮留辮對滿清皇帝磕頭，你袁世凱也曾是剃髮留辮，對滿清皇帝磕頭，可是說同一朝代當過臣屬，只是一個在滿清初年，一個在滿清末年。沒有兩百多年前吳三桂開關迎清兵建立清朝，豈會在兩百多年後有你袁世凱，可以當清朝的北洋大臣掌握軍隊，最後逼宮奪權，變成統治中國滿漢各族的大總統？歷史沒通，自然沒有應變能力，所以罵歸罵，無反制之能。至於這個賣國漢奸的罵名，目前還不是孫文來背，恐怕是你袁世凱得要先來扛。

陸，曹兩人都嘆氣搖頭。陸征祥正色說：「自去年年初，從宋教仁疑案，上海巡捕調查出，真正幕後的兇手是孫文之後，政府已經發布命令通緝他。但他在海外的活動，尤其是日本，涉入的情節非常複雜，深入日本政府與民間的有力人士。乃至日本軍政界的明日之星，要升官要上台之人，沒有不知道孫文名號的。若他真的得到日本人幫助，回國籌劃奪取政權，威脅確實是很大。」

袁世凱道：「不提這個痞子！快想個辦法，怎樣擊退眼前日本人的逼迫才是！日本人的問題解決，他孫文想玩什麼把戲，也玩不長！」

曹汝霖苦著臉說：「可現在日本人逼我們接受的東西，很難拒絕，這簡直是『武大郎服毒』，吃也是死，不吃也是死！」

三人苦臉片刻。

須臾，陸征祥說：「我倒有一個方法，報告大總統斟酌。」袁世凱問：「什麼方法？快說！」陸征祥說：「當初馬關條約時，大總統應該還記得，最終三國干涉還遼，條約苛刻的內容刪掉了一些。現在如法泡製，把條約內容，逐步的流傳給外國知道，讓歐美各國的勢力來干涉。」

袁世凱苦著臉說：「這雖是好辦法，但現在歐洲列強正值大戰，各國相互拼得你死我活。有沒有牽制日本人的能力，還很難說。」

六門書評－袁大頭鑑識局面的能力，可真的很差。恐怕你怎麼也沒想透，這歐洲列強大戰，就跟你的師尊李鴻章有關。而你被帝王權力與眼前強弱優劣的假象迷惑，沒能力深度分析，身邊又都是趨炎附勢的宵小，只能困在此處，企圖求妥協而僥倖過關。

陸征祥瞄了他一眼，緩緩說：「目前，只能是這個辦法，不然政府就要有決心，動員備戰，跟日本人再大打一仗，以民氣可用，或許還能周旋。」

袁世凱聽了民氣可用，讓他想到義和團的時候，朝廷說的民氣可用。自然猛搖頭。

他瞪眼說：「什麼民氣可用？義和團時，老佛爺不也這樣說？結果呢？日俄戰爭時，日本顯現出來的戰力，你又不是不知道。就把消息秘密傳給各國，讓他們施暗力，牽制日本！要備戰跟日本人打，實在沒有勝利的把握。」然後指示侍從道：「把各部會部長都叫來！要一同商議！」

眾人商議結果，也拿不出什麼高招，不過就是走當年乙未乞和後，三國干涉還遼之故計。

袁世凱沒想到，義和團之失敗，主因在於你袁世凱，以及東南各省督撫，依李鴻章的毒計，拆滿清政府的台，精銳部隊抗旨，不肯進京增援。把清廷孤立晾在北京，單獨面對聯軍。而不是民氣無用。

袁世凱於是要官僚滑頭，讓身邊的人把消息放出去，希望如當年三國干涉還遼一樣，由國際介入擊退日本。但此時風頭早已改變，歐洲正值第一次世界大戰，各國列強之間，拼得你死我活，打得歐洲腳翻天，無暇理會中國的事情。況且中國懾於日本戰力，其他歐洲各國也同樣懾於日本戰力，萬一讓日本人對英法不滿，從而幫助歐洲的德奧同盟國，影響了歐戰的局勢，那就很不好辦了。此時已經無國家願意出頭得罪日本。

結果歐美各國政府的解決方案是，把這件事情，給中國的海外留學生知道，讓中國學生自己去牽制中國政府，中國人的問題交給中國人解決，比較有效。果然留學生把消息，電報傳了回國，輿論譁然，袁世凱成了第二個李鴻章。藉他國牽制日本的計策弄巧成拙，反而把自己弄得滿身腥臭。

不過袁世凱的格調，還稍微比李鴻章與孫文高，會對外繼續耍滑頭。這二十一條總共分為五號，若第五號最關鍵的人事案卡住，那麼前面四號不平等條約，日本要落實起來，就會因為人事不協調而走樣，最後會跟其他不平等條約一般，過場過水，不了了之。

民國四年五月九日。袁世凱在失去外援，與諸多壓力下，與日本人討價還價，卡住了第五號人事案的問題，接受了二十一條前面四號的內容。

對內，便以「國力未充，難以兵戎相見」為由，宣布接受二十一條中一至四號的要求。五月二十五日，完成法定簽字。消息傳出，舉國震怒。輿論一致認為，滿清末年的朝廷，所簽的不平等條約，還是跟列強火拼過後，失敗了才被迫簽的。而袁世凱竟然不打一仗就簽約，跟當年李鴻章在中法戰爭時的表現旗鼓相當，於是罵聲一片。

簽約當天，湖南學生彭超留下血書，憤然投江自殺，湖南輿論譁然。由各大學發動集結群眾，二十萬人到北京中央公園集會，捐款一百萬元「救國基金」，要求北洋政府立刻對日開戰，在八國聯軍時只求自保的袁世凱，當然沒帶這個種。袁世凱雖然自以為聰明，反被聰明所誤。原以為耍了外交滑頭，最後不了了之便可。

雖說孫文與其煽動的日本野心家策略成功，但中國各界不缺乏理智人士，當各界都通電大聲抨擊這二十一條時，獨發現孫文與其黨徒待在日本，對此不置一喙。於是中國各界，逼問其態度的電報飛來。孫文不得已，通電對外宣稱：「本組織並非政府單位，對外交事宜不適合表態。」

此舉也引來一陣叫罵，尤其捐錢給他最多的海外華僑各界，通電宣佈要斷絕與孫文的關係。二十一條為孫文陰謀之說，不需日本人給憑證，在中國便自動掀起。孫文見狀不妙，萬萬沒想到，中國樣樣都很衰弱，但相互之間的消息靈通程度，卻是超級強大，國內各界乃至海外華僑各界，早已經用電報，串聯了訊息互聯網，互通有無，能主動猜出這件事情跟他孫文有關係，不做出正式反對的聲明就完了。於是在跟日本友人「報備」之後，對海外華僑，與國內媒體各界補發電文宣稱：「雖至愚之人，也知日本之不可信。鄙人亦將反對二十一條，與一切袁世凱簽立之賣國條約。」

話雖如此但孫文本人，則繼續待在日本，串連人事。

日本野心家厭惡袁世凱不夠乾脆，日本不應當支持袁世凱政權，應該支持割讓土地給日本的孫文，而中國全國輿論，當然對袁世凱一致韃伐，大罵其賣國，為李鴻章的徒子徒孫。原本袁世凱如意算盤是，在中國輿論與日本壓力之間可兩面討好，結果是兩面都不討好。北洋政府不敢跟外國開戰，讓這些愛國者或失望或犧牲，外表看上去沒事，但接著就是，中國老百姓要開始從下而上，慢慢一點一點地收拾掉北洋政府的時候了。

看似站在大年規則，北洋政府應該退讓可謂誘敵，但對北洋政府這小年規則而言，你仍然可以堅持反抗，拿出自己的一套改變命運，這又是遊戲規則。

東京外務省。

小池張造找了松島賢三密談，先讓他將這份密約草案，讀了一遍，然後問：「你認為，我們到底該用什麼態度，來看孫文簽下的密約。」

松島賢三其實對孫文這些人非常惱火，不由得說出內心話：「這幾年，孫文等革命黨人，在日本說這類話，已經不是一次。據我所知，他接洽俄國、法國、美國、英國等國家，也是持此賣國的論調。甚至都有簽字落款。目的只有一個，要外國出錢並提供武器，幫助他回國奪權。我認為不該跟這種人合作。」小池張造食指不斷指點賢三，並呵呵笑說：「虧飯野君說你見識深遠，沒想到只是這般淺見。孫文這人可有用了，一來可以用以脅迫袁世凱，二來他將來若真成了氣候，或是他接班人成了氣候，這些文件就是我大日本帝國的寶貝了！」

松島賢三發現小池張造理念與自己不同，忍不住開始反駁：「這不是日本的寶貝，反而是災禍！若跟著孫文這種痞子的腳步去走，將來會給中日兩國百姓，都帶來災難！若日本見獵心喜，恐怕會掉入與中國人，相互仇恨，血與火的漩渦之中。」

小池大驚失色，這額外聘僱的外務省顧問，竟然如此大放厥詞，於是以嚴厲口吻威壓：「松島君，你這是什麼話？該不會你在支那住太久，崇拜低劣的支那人吧？」

松島賢三怒目反駁說：「中國人若真如你說的那麼低劣，你為何要用漢字？為何要品茶道？為何要下圍棋？為何要拿筷子？你為何還要崇拜天皇？連天皇制度的種種，都是從你所謂的支那學過來的！」小池聽了更惱怒，竟然把天皇也扯進來，於是炸了鍋，從吵架變成動手打架。外務省辦公室外的人聽了，紛紛跑來勸架，把兩人拉開。

第二天，松島賢三果然被解聘，帶著包袱離開外務省宿舍。此時松島康夫已經在外頭等他，向他打了招呼，但賢三接著走，沒有理會。

松島康夫笑著跟上去說：「閣下的脾氣還真大，這樣做不值得吧？」賢三搖頭說：「不要提了！我一切都不想聽！」於是加快腳步要離去。康夫在他背後跟上腳步，邊走邊問：「閣下要去哪裡？」

賢三停了一下，康夫也跟著停步，回頭答道：「這恐怕不關你的事吧！」然後又加快腳步。康夫仍然跟著，走了十幾步，轉進巷弄。

大聲說：「但是若牽涉到我們共同的祖先，相信就攸關我的事了。」

賢三頭微微向後，斜眼停步，問：「你這話什麼意思？」

康夫笑著說：「據我所知，我們家族的傳家寶，現在在你們這一支脈手上。我先前去問過你二哥，他說給你拿了去。」賢三回頭怒目說：「這話到底是什麼意思？」

康夫趕緊伸出手掌，搖手說：「賢三兄別誤會，這東西是你們這一支松島家族的物品，我已經沒有資格討要。但是裡面寫的內容，關於皇室的事情，卻跟我們這一支松島家族，還有密切關係。」

這話倒讓賢三為之一怔，轉變了眼神。康夫見他神情趨緩，接著道：「老實跟賢三兄說吧！我注意賢三兄很久了，也把你的名字呈報上去，上頭已經通過了考核，決定聘請

你來當顧問。」

賢三哈哈大笑說：「又是顧問！一下是日本精神團顧問，一下是外務省的顧問，這回又是誰的顧問？別開玩笑啦！」說罷就要離去。

康夫見四周人少，便說：「是未來的天皇陛下！」賢三聽了忽然止步，轉頭問：「你說什麼？」康夫笑著說：「這回是皇太子殿下，也就是未來天皇陛下的顧問。賢三兄以為如何？」賢三緩緩走向前，繃著臉小聲地說：「皇太子殿下？」康夫點頭說：「老實跟你說，我也是皇家的顧問，被指派潛伏在日本精神團的密探，負責替殿下蒐集精神團的動向。我上頭還有一人，他決定錄取你。我們這組織跟其他組織不同，是以有智慧者為貴，見識深遠者為尚。我認為以你的博學多聞，遲早見得到殿下。」

圍繞在他心中多年的疑惑，竟然主動來找上他，原本已經放棄研究皇家秘辛，現在動力再次點燃。於是緩緩點頭說：「好，我接受。」

這份工作極為特殊，沒有辦公室，沒有工作證件，沒有明顯的從屬關係，甚至沒有人來督導工作進度，但是薪水卻不差，可以有十倍於一般工薪階級的薪水。完全以秘密支付的方式。

次年，日本大正五年，中國民國五年。年底。

被一些投機份子歌功頌德，一直『自我感覺良好』，不認為中國百姓憤怒會是威脅的袁世凱，宣布登基稱帝，改元洪憲。在以往的中國歷史上，或讓百姓憤怒，或威望還不夠的人意圖稱帝，引來的是眾人擁護他的敵人，把該人弄到垮或弄到死。諸如袁術，王敦，桓玄，侯景，宇文化及，安祿山，朱泚，黃巢，石敬瑭，劉知遠，李自成，吳三桂等等難以勝數。而今又要跳進來一個袁世凱來湊熱鬧。

因為二十一條激怒了全中國百姓。袁世凱稱帝的鬧劇，引來全國一片撻伐聲浪，各省實力派軍頭，見到輿論風頭不對，於是轉而反袁，遂開始秘密串聯，要趁此起兵推翻袁世凱。雲南督軍蔡鍔，從北京回雲南後，打了頭砲，串連各地軍閥討伐袁世凱。袁世凱手下兩個統兵大將，段祺瑞與馮國璋，原先假意支持袁世凱稱帝，最後竟然用了袁世凱不認同的『民氣可用』，就在袁世凱的眼皮底下變臉反水，通電宣布順應民意，反對袁世凱稱帝，請求他立刻退位！

袁世凱收了這些電文後，真的氣得吐血。失望，恐懼，憤恨，後悔同時湧上心頭。如同傳說，北方無賴，尚知廉恥，在全國詬罵聲一浪高過一浪的情勢下，憂憤不已。此時才忽然想起，他師尊李鴻章，所說讓他大惑不解的話。

終於宣佈取消帝制，回來當大總統。但全國對他一片噓聲，冷嘲熱諷，各省都要他趕快下台。袁世凱自己帶出來的北洋大將，也多數參與其中。袁世凱終於慚愧羞憤，倒在病榻中。

此時作出一夢。

他問：「我為何不能當皇帝？我袁家自漢朝末年起，就已經排隊要當皇帝，為何我要

跟祖先袁術一般命運?」

那人回答:「日本給你的二十一條,你都簽!中國人最恨烏龜王八,你偏偏要當烏龜王八。把天下局搞成烏龜王八局,也沒親眼看看中國人給皇帝的行情走勢。」

袁世凱說:「這是孫中山那個傢伙簽的,我只是被迫跟進,你們應該去恨他。」

那人說:「你說這什麼鬼話?孫中山只是一隻龜公,龜公在外面亂搞,那不算數的。誰喜歡跟他配,那誰去擔那個生王八蛋的責任。你自己看看,孫中山簽的所謂密約,有哪一條是算數的?讓日本人去自爽而已,請問中國人又為何要恨孫中山?」

袁世凱驚訝又說:「那以前李鴻章簽的那些,總是算數的,你們為何又不去恨?」

那人回答:「李鴻章是結紮過的龜母,不會生王八蛋,只是提供給大清朝忽悠洋鬼子下台階用的。他又不當國家元首,等改朝換代,那些條約一個個都會作廢忽悠光,至於最被詬病的台灣割讓日本,現在中國不就開始要跟日本糾纏了嗎?你不一樣啊!你是純正的龜母,龜母失去貞節會怎樣?」

袁世凱呆愣。

那人大喝:「引導你當龍,你偏偏當烏龜。當烏龜還要當母的,當母的也就罷了,還要失去貞節。失去貞節會怎樣?是不是會生王八蛋?」

袁世凱羞憤抱頭:「完啦!中華民國以後的總統,都將是王八蛋啦!」

袁世凱在床上夢醒,羞憤的反省當中,也直呼這一切都是報應。終於跟他的漢末老祖宗袁術一樣，在稱帝失敗，眾人圍剿的羞憤中，一病而死。孫文見機不可失，北洋政府將群龍無首，準備要回中國實踐他奪權野心。

正是袁大頭羞死無國丑，孫二賊樂活是漢奸。

第九章 皇室密議迷海論談鬼文化 無間啓動維新矛盾成定局

話說袁世凱在中國上演稱帝失敗的丑劇之時，日本一些皇室成員在暗處嘲笑，並慶幸自己家族的智慧遠高於中國的領導者們。然而迷海和尚看袁世凱鬧丑劇，如亡絕和尚看日清戰爭一般，似乎從這當中，看到了一絲的不對勁，但到底哪裡不對勁，仍然沒有蛛絲馬跡可循。日本皇家核心成員，如同明治晚期一樣，表面上享受著安逸的生活，但內心卻因此隱藏著深深的不安……

東京皇宮內密室。

天皇嘉仁招集秘密會議，主題是日本的新體制問題。這問題討論完畢後，就稱病退出，讓剛封為皇太子的裕仁主持次要會議，討論一些比較不重要的事情。所以密室內只剩：

北野三村，五十二歲，漢學家，松島康夫的上司，秘密皇家次席參謀。成久王妃房子內親王，二十五歲，明治天皇女兒，丈夫也為皇族。北白川宮成久王，二十八歲，房子內親王的丈夫，執掌為皇典講究所總裁。裕仁，十五歲，新任皇太子。迷海，六十一歲，日本和尚，為亡絕法師的徒弟，通曉史學與哲學。幾年前亡絕和尚已經圓寂，便由他來擔任祕密皇家首席參謀。川島雄見，三十八歲，機械物理學家兼數學家，新任皇家西學顧問。

六人在密室中會談，裕仁身為皇太子坐於首座。其餘依次入座。雖然裕仁坐於首座，但是年紀太輕，只是代替其不問政事的父皇，主持秘密會議，所以會議當中並不說話，只由北野三村、迷海和尚與川島雄見發言，房子內親王與成久王則負責記錄，並適時提供政府機關的訊息。

雖說接下來的議題被排在次要，但才是真正要影響日本的大事，此時眾人還尚未意識到。

北野三村首先發言道：「如同大家所知，在日本新體制成形之後，社會上各種言論都比較自由發揮，各種組織也都自由發展，其中最強勢的就是近年來盛行的日本精神團。日本精神團雖然都只是浪人流氓所組成，但是憑藉宣揚武士道精神、民族主義與尊皇愛國主張，影響層面很廣。從軍部到政界乃至於經濟圈，都可以看見精神團的影子。本來他們也是維新強國中重要的骨幹之一，但是這幾年與中國的革命黨人走得很近。從外務省呈報上來的資料看來，中國有一批人，以孫文為首，在日本串人事串得很兇，以割讓滿蒙土地為約，爭取資金與軍火支援，沿著精神團的人脈，跟著進入到日本各界。尤其

在對袁世凱的『民四條約後』，日本各界因此盛行占領中國的理論。雖然他們目前尚不成氣候，但終怕兩國關係，會因此產生差錯。這是次要會議要討論的重點。」

川島雄見留學歐洲，羨慕西方列強的擴張殖民政策，建議道：「我認為這並不是什麼壞事。袁世凱不斷暗中阻擾我日本在支那的利益，他手下的北洋將領多有反日者。孫文要奪權革命，製造支那的混亂，使支那成為我大日本帝國殖民地，這是最好。別國有內奸，對我們並不是壞事，只要防止他與宮崎滔天等人，不要在日本國內製造革命就好！」

忽然迷海拿起手上的摺扇，敲打桌面，打斷川島的發言：「川島先生，你可能還不知道，本次要會議的主軸目的，不是與精神團沆瀣一氣。而是要客觀地看這件事情，將來會對日本，乃至對皇室產生什麼影響。」

川島雄見看裕仁對迷海說話微微點頭，只好鞠躬道歉說：「失禮，抱歉。」

迷海轉而發言：「老衲到感覺很不妙，在中國的術語，這是中國出了漢奸。而且不是普通的漢奸。孫文等這批革命黨人，就像五代十國的石敬瑭，割燕雲十六州，請求契丹出兵支持他當皇帝，最後以兒皇帝自居。契丹表面上得了好處，佔了燕雲十六州，甚至還藉機在石敬瑭死後滅了後晉，企圖入主中原，卻引來中原漢民激烈反抗，漢遼兩族從此糾纏不休，難以安寧。即使朝代更替，北宋年間仍無力收復十六州，兩國表面上兄弟相稱，但始終成為兩國政治的心結。漢人竟然能對燕雲十六州，念念不忘長達一百五十多年，最後導引出宣和年間，北宋竟然與金人約海上之盟，有聯金滅遼之舉。若以長遠看，日本已經佔了中國的台灣，與中國修復關係都來不及，若再圖深入，災禍可能會比遼人來得快。我的建議是，當年為了維新強國，以及為了打勝日俄戰爭，組織的這些精神團，現在到了該收斂的時候了。若這些激進組織，還有軍界的野心家，持續擴張不受控制，繼續煽動一些沒有理智的狂熱年輕人，糾纏中國的局勢，將來局面難以預估。」

川島雄見頗不以為然，但是他也不敢造次反駁。

北野三村說：「此言正是，而今的中國，經過多次外患，民心已經比以往還要團結，只有政客為了利益，持續在相互拆台而已。而扮演第三勢力的列強又何止一個？鷸蚌相爭得利漁者，倘若激進組織控制不住，問題就相當嚴重了。在下害怕，日本與中國，最後會兩敗俱傷，替第三國提供機會而已。」

川島雄見終於忍不住再發言：「兩位以支那過去的歷史，比喻今天日、支關係，我認為有所偏頗。若真要以支那歷史來論，而今我日本的條件，大有能力進攻中國成為大陸之主。」

這話一說，迷海與北野三村兩人同時發笑，只見北白川宮成久王也在搖頭，川島雄見迷惑了，這明明是眼前的事實，為何連他也不表贊成？忽然裕仁皇太子說話，不過只輕聲說了一句：「各有不同的意見，都可以參考。散會，下次再議，等候通知。」

而後川島雄見被解職，但沒有擺明告知。從秘密薪資停發後才知道，自己已經被排除在外。松島康夫此時已經投效於黑龍會，成為其精神領袖頭山滿的機要秘書，替皇族

監視黑龍會的行動。原因是黑龍會與中國革命黨人的關係異常複雜，極有可能讓日本與中國局勢糾纏不清。他敲了頭山滿辦公室的門。

頭山滿問：「何事？」答道：「一位自稱川島雄見的人，請求會見會長閣下。」頭山滿打開辦公室的門，對松島說：「帶他上來吧！」

於是松島引著川島上二樓，進了頭山滿的辦公室。不過兩人到和室的房間密談，令松島康夫離開。松島康夫想要偷聽，但礙於頭山滿有許多保鏢，只得退下尋找時機。

頭山滿聽到川島雄見說了會談經過。

頭山滿咬牙切齒地說：「果然如此，有奸邪包圍了皇太子殿下，而且是支那人的同情者！當初讓你到宮內廳是對的了！查出對方底細了沒有？」川島雄見搖頭說：「除了皇室成員之外，另外兩個主謀者，都不告知我真名，所以很難查。不過我曾看過其中一個漢學家，去過前文部大臣犬養毅家中。而這犬養毅，也擔任神戶中華同文學校的名譽校長。他有可能就是密某者之一。」

頭山滿緊握拳頭說：「中華同文學校？犬養毅？不會吧？這得查一查才能肯定。」川島雄見問：「是否要採舉積極行動？」頭山滿搖頭說：「為時尚早，皇太子還沒有繼任天皇，現在動作打草驚蛇。況且我們只是民間組織，絕不可能跳出來與皇室作對，得讓軍方的人出頭。如同當年的幕府，才有力量去影響皇室。」

於是兩人又商議了如何策動軍方人士，對策敲定之後，川島遂離去。松島康夫先送他離開，出了門狠狠地看著他的背影。喃喃自語地說：「川島，你這個內奸。」

次日早晨，川島雄見被人發現橫死在自家門前，由於蒐集不到線索，警察只能列為自殺結案。而頭山滿得知這消息，大為驚恐，於是行事更趨於低調，對大陸政策轉而閉口不言。

日本大正十年，中國民國十年。

松島賢三此時被拉拔上來，進入了秘密會議。

與五年前，同樣的人與座次，同樣參與討論次要的會議，同樣也是討論相同的議題，只是川島雄見的位置改由松島賢三來坐。頭一次見到皇太子與貴族，頗為緊張，不過他們並沒有說話，而是由迷海與北野三村發言，他們重申了一次遼人歷史的教訓。問松島賢三的意見。

松島賢三說：「兩位長輩說得有理，若日本長久佔領台灣，則必然會有當初遼宋之間的故事。這件事情永遠會是兩國之間，無形的歷史芥蒂。也許一百年，也許兩百年，遲早會有政客來炒作消費這個議題，最終中國會聯合其他國家來報復日本。除非日本要歸還台灣，不然的話，日本就得走蒙古人或滿人的歷史軌跡，才能徹底解決兩國的問題。但走這種歷史軌跡，也萬萬不能在政治上，重用軍部的激進份子，他們只會製造兩國人民的矛盾而已。」

裕仁瞪大眼看，不置可否，另外親王夫婦也沒意見。北野三村質問：「難道你也認為，

目前盛行在民間與軍界，進攻中國的大陸政策，是對的？」

忽然他想到了祖傳的書籍，從幻海到吳和漢的故事，松島賢三直覺認為皇家對中國的看法，有別於民間，於是說：「不，歸還台灣才是長久之計。不過這並不現實，全日本人都必然不肯。不過若現在展開全面入侵中國的計畫，則勢必會成功！但只是把最關鍵的問題，延後百年而已，而且這關鍵問題，恐怕不是皇家所樂見的。」

裕仁終於開口問：「關鍵問題？怎講？」

松島賢三答道：「日本天皇萬世一系，但中國卻不是。這兩千多年來改朝換代，政權更替不休，已經不用再重複歷史講述。弄到中國現在，連皇權都被推倒，皇這個字，在中國政治上成了敏感話題。若日本入主中國，兩國合而為一，由日本統治中國，日本皇家就必須面對一個很嚴峻的現實。就是迫於領土大小與地理位置，基於政治現實，必須遷都中國。中國人口比日本多，基於安定的現實，也必須要安撫中國百姓，採取和漢兩族一體的政策。中國文化長期影響日本，基於現實仍然要使用中文漢字。中國歷史慣性勢必也會改變了日本的歷史慣性！所有統治過中國的外族皇帝，剛開始都極力避免漢化，也極力希望自身皇位長傳。但是這種長期歷史認知，人民的互動，跟統治者的意志無關，也不是政治權謀可以改變的。何況日本早已經吸收漢文化許久，且以現今的世界局勢，日本皇室倒不怕被漢化，而是……」

裕仁用力拍桌，打斷了松島賢三的話，他似乎聽懂了松島賢三想說什麼。

松島賢三被他這拍桌嚇了一跳，不敢再言，迷海小聲地說：「你說得太直接了……」然後轉面對裕仁說：「但是太子殿下，他說的有理，面對軍方與民間日益高漲的大陸政策之說，皇家得有對策了。」

松島賢三頗為訝異，他在中國時只聽說，『上有政策下有對策』，日本竟然是反過來的，是『下有政策上有對策』。想到祖傳書籍所言，到今天眼見，一切都通了。

裕仁點頭說：「我得想想，看該怎麼辦。」成久王也忍不住說：「殿下得早做謀劃，我聽說軍界已經有股騷動，大部分實力派都認同進攻中國的大陸政策，甚至還歌頌當年的豐臣秀吉，要完成他當年沒有達成的『入唐計畫』，這事情遲早得輪到殿下來面對。此事攸關兩千年神武天皇的皇統傳承，我皇室必須有自己的態度。」

裕仁微微點頭說：「自從西洋勢力入侵開始，東亞兩千多年來中日兩國的強弱對比已經反轉。十年前，中國皇權倒台，讓皇祖父很是緊張。崩御之前，詳細告知父皇與家族長輩說，當年發動對清國的戰爭，目的是讓中國成為吸引列強目光的目標，日本從而躲過外力入侵。因為在當年西方列強武力瓜分世界的風潮下，中國被打不會滅亡，日本被打必定會滅亡，所以非得這麼做不可。日俄戰爭傾力奮戰，則是怕俄國併吞了中國，日本變成與俄國為鄰，下一個就會吃掉日本。但皇祖父也萬萬沒想到，中國的皇權會這麼脆弱，竟然這樣就倒台，結束了兩千多年的帝制，完全出乎意料之外。使我日本皇權，不得不與神權結合。」

松島賢三竟然膽大妄為，插嘴打斷裕仁的話說：「但倘若入主中國，基於長久以來中國的歷史慣性，政治情勢就全部改變。因為我日本皇室制度完全承襲中國，中國人對這一套可不陌生啊！」

迷海敲打桌面，斥責松島太失禮。裕仁說：「他言之有理，繼續說下去。」松島賢三接著說：「在中國歷史中，皇家只要失去實權，就一定會有人要跳出來推翻皇室取而代之，大位非一家族所專有，天下人都有資格坐皇帝位，『一皇死一皇立，一朝滅一朝興』，易姓革命，鼎革維新，這也是全中國的公眾價值。基於受中國文化影響，這些觀念在日本偶有，但在皇家的謀略運作下，可以將之解決。外患因素，則是日本過去兩千年，讓中國皇權成為大家爭奪的焦點，而自身才能夠在一旁安全無虞！」這些話是基於祖傳秘笈，才會說出來的，說到此似乎怕被迷海責罵，欲言又止。

此語打中了日本皇室的要害處，裕仁嚴厲地說：「請把話說完！」

松島賢三說：「以目前情況，征服中國必定成功。但是政治氛圍必將改變，也難保自己日本有實力的人，不會利用這種政治氛圍改變，對皇位產生野心。除非百年後，皇家願意走蒙古人與滿人的後路，被同化掉之後，給其他人易姓革命，鼎革推翻！徹底斷絕神武天皇的皇統傳承！從此不再有日本皇統，甚至不再有日本國！日本併吞中國，就會等於中國併吞日本！」終於把忍著想說的話，喊了出來。尤其最後一句，震動了在場所有人。

迷海連續敲打桌面，大聲斥責：「松島君！注意你的言論！搞清楚你在跟誰說話！」

裕仁則站起身，搖頭說：「不要再說了，你們等待通知。散會。」言罷，便離去。

到了大正後期，日本皇室終於隱隱約約發現，自己玩的『罔兩問景』，跟過去有些不同，似乎多了一些鬼跟他們一起玩，成了『魑魅魍魎共同造景』，而且是在造中國與日本將來要玩在一起的景象。這樣下去，最終會玩出什麼景象，目前尚不得而知，但肯定不會是他們要的景象。

裕仁會後，將此事告訴父皇嘉仁，於是父子一同找了迷海來面談。嘉仁年幼時雖然患病，但早已接受過治療並康復，只是最近身體狀況又出了點問題，但攸關日本皇統是否還能永久傳承的大事，不得不一起來討論。而這密會才是真正的重點。

嘉仁抖起嗓子，一個字一個字慢慢地問：「聽皇太子說，在今天會議上與你相同意見者，也大有其人。不過在作最後的裁判之前，朕想要先站在對立的立場，反向問路，不知道大師可否竭誠回答？」

迷海說：「老衲也有皇族血統，又身為秘密謀臣，只要陛下有問，老衲一定竭誠回答。」

嘉仁說：「日本兩千年來，與中國的關係非常之特殊。用一句老子之話來概括：『長短相較，高下相傾，有無相生，音聲相和，前後相隨』。這也是神武天皇以來，制定萬世一系不滅機關，最根本的秘密國策。但是現實很明顯，西洋文明逐步強勢，我們只能轉變依靠的對象，不然只能先中國而亡。脫亞入歐，是必然之局。」

又說：「在皇族會議中，最有爭議的，就是對中國的看法。歷代皇祖皇宗，對中國的認識可說眾說紛紜，有對對中國恐懼者，有對中國疑惑者，有對中國崇敬者。但自日清戰爭與日俄戰爭之後，不止日本各界，連皇族內部對中國的看法都產生了變化。對這個大鄰居，已有轉為有輕視之心，甚至想要征服之，奴役之。所以中國是何物？就成了我等皇族奠定將來國策，最重要之事。」

又說：「但中國到底為何物？皇族長輩們都告訴過朕，且再詳述。皇族自從戰國時代開始，對中國的認識又更深入一層，因為西方傳教士將歐洲歷史傳入，多了一個與中國歷史對比的歷史系統，反而更能看清楚中國為何物。約在一千六百年前，前後時段，歐洲羅馬帝國瓦解，諸多蠻族侵佔了羅馬帝國的半壁江山，西歐地區，只剩東羅馬偏安。巧的是，約此同時，中國的晉朝也瓦解，其半壁江山即中原地區，也被諸多蠻族佔領，只剩東晉偏安。東西方兩個主要文明區，約略相同時間前後，遭受同樣命運。但最後結果為何？羅馬永遠成了歷史，各蠻族建立自己的國家，代表羅馬之亡為真正的死亡，社會結構從而真正改變。中國的那群漢人，在與各蠻族一陣紛擾三百年之後，竟然同化掉諸多民族，重新與南朝的漢人合併，又復活了，而且更加強大，成了隋唐大帝國，又開始征伐四方！之後的歷史甚至形成，漢族與其他民族，交替銜接朝代，互相輪流統治對方的詭異現象，每銜接一次，就擴張一次，掉入的民族就更多！這當中原因為何？怎麼有此差別？我想等一會兒，大師您說說看，讓朕知道您能否擔當皇家秘密參謀。」

迷海雙手合十，點頭應命。

嘉仁又道：「朕再舉一個最明顯的案例。裕仁才從歐洲考察歷史人文回來。在歐洲歷史上，與我們日本最相似的國家，就是英國。兩國都是位於大陸文明圈旁邊的島國，長久吸收大陸的文化體制。而歐洲文明與中國文明特色截然不同，歐洲沒有中國的這種特殊性，所以在英國的歷史上，有過長期遭到大陸民族，進攻的外患。各種民族，不時會把侵略之目標，轉移到英倫三島，例如維京人便是。島國民族與大陸民族長期相鬥，最後失敗的必然是島國民族，英國從而有多次的改朝換代。歷史已經證明，與大陸隔海的地理特色，並不能保證永無外患。而日本之所以能跟英國不同，關鍵就在於，中國這個國家，或稱這個文明，截然不同於世界文明的獨特性。」

又道：「他們的國土廣大，文明富饒，使得忽然暴起的強敵外患，只會首先圖略中國，讓日本得以被忽略。他們同化異族的能力，使得沒有一個民族，能夠在征服中國後，長久在大陸強大，自然對日本侵略的能力會因此降低。他們分久必合，合久必分，治亂相循的特色，使得我們得以對人性更多的借鏡。他們的文化智慧，讓我們產生了萬世一系的皇家機關。他們朝代不斷紛更，分裂而後又必然統一，但文化始終不亡，讓我們皇家對外的政策，有一個避開錯誤判斷的參考者，更有一個長傳皇統的依賴者。也就是中國文化的長傳不亡，就是我們皇統不亡的最根本保證。可以說，中國就是我們日本皇統傳承，最重要的外邦！」

嘉仁慢慢地問，裕仁在一旁聽：「這些道理在我皇族內部，都闡述得很明確。而今朕想問的最大的問題是，我皇統傳承，與皇家機關秘術，相傳兩千年，越發周密。在這兩千年漫長時間當中，還尚未有今天這種，日本可以很簡單地入主中國的大好良機。更沒有文明衰頹與興起的交替。正當歐洲列強在八國聯軍之役同我們攻下北京，以為中國即將滅亡，忽然之間捲起日俄戰爭，清朝被中國人民自己推翻，歐洲與我們日本都還有帝王，中國的帝制忽然自己結束，而後歐洲戰爭打起，無暇東顧，短暫讓我們日本與中國單獨對壘。一切劇烈變化都在短時間內出現。眼下之勢讓人疑惑不已。朕與皇家都已經無法判斷局面為何如此。」

迷海沉思片刻，整理思緒，父子兩人耐心等待。

迷海思慮過後，雙手合十說：「老衲的師父，亡絕法師，曾經多次跟老衲提過。中國的百姓比西洋列強還要可怕得多。西洋列強不過是明擺著的烈火，其勢雖猛，只要小心謹慎，還可以找到控制烈火之法。但中國百姓卻是無法探知深淺的水流，稍微一點差錯，就會掉入漩渦，無法脫身。因為當時日本尚未有佔領中國的時機，所以師父沒有對明治天皇陛下說這一段，從而師父要我自己參透，不肯直接明言。這話老衲疑惑了很久，甚至很長一段時間，對此不以為然，最終參悟了許多年，才終於明白師父的意思。當中有一些比喻，可能會對皇家不敬，先請陛下恕罪。」

嘉仁說：「您是首席參謀，多言無罪。何況大師也有皇族血統，論輩分是朕的皇叔，也是神武天皇的子孫，不要顧忌這些，你直言吧！」

迷海說：「那老衲就先說，為何中國的百姓，會比西洋列強還要可怕。甚至該說，比西洋列強可怕得多！當年師父說出這句話後，老衲也十分不解，甚至不以為然，在比叡山苦修，閱覽中國與世界各國數千年歷史，相互對比，並沉思數年，終於歸納出一些結論。請殿下拿出紙筆給老衲，老衲邊說邊寫，您就明白。」

裕仁拿出毛筆與白紙，並親自替他多點一盞電燈。迷海在榻榻米地板上鋪好紙張，拿起毛筆沾了墨，首先寫了一個『鬼』字。在這夜暗人靜，燈光微弱的書房，寫了這麼一個字，氣氛更加詭異。然後迷海接著說：「中國與西方同樣都會改朝換代。但中國與其他國家，在過程中有一些不同。而關鍵就在這一些不同，使得我皇家就算機關算盡，也無法改變它改朝換代的慣性，將來若遭遇歷史危機，很難回天。甚至日本若統治俄國，都有一定的機會可以改變它，或是在變亂時全身而退，保住皇統。但日本統治中國就因為這一點的不同，絕不可能改變，而且不可能再退回起點。老衲先說中國，當一個王朝出現腐敗衰弱，政局產生諸多矛盾，陛下試想，統治者會讓人民吃虧，還是讓國內外的實力人物吃虧？」

嘉仁說：「當然是會讓人民吃虧，這是全世界各國，都必然有的現象。」迷海說：「是的，這一點中國也不例外。但接下來中國人的表現，就會跟世界其他民族的表現，有一些分歧了。當中國統治者讓老百姓吃虧，應付其他勢力之時。看上去中國百姓沒有反抗力量，會摸摸鼻子認命，甚至還可以予取予求，繼續如此下去。但整個皇朝就產生了好幾階段，外表看不出的變化。首先會產生的變易就是，有許多種『鬼』會先跳出來，出現在統治者的遠近周圍，統治者絲毫無法察覺。」說到『鬼』，迷海就指著榻榻米上寫的這個字。

嘉仁瞪大眼，盯著這個字，這個字以前皇族長輩們在講述中國歷史時，就有跟他提過，不過他倒想聽聽迷海有沒有更深入的見解。裕仁則是頗疑惑，他對中國歷史雖熟，但並沒有看到這麼深層，而今嘉仁也正想給他一個學習的機會，所以更要迷海細說。於是道：「大師詳述以解迷惑。」

迷海說：「所謂的鬼，其實就是人性的選擇，只是中國人更多樣化，老衲簡單舉例，之後再說明原因。第一種『逆鬼』，外表貌似忠良，會口言學問道德，會對時局慷慨激揚，屢抱不平，製造輿論，希望統治者覺醒，否則天塌地陷，實際上十分狹隘，所言行者，其實是為了自身利益，甚至要對大位靠近，如王莽、楊炎、王安石者也。第二種『順鬼』，巧佞揣測上意，導引苟安之心，間巧政治風向，實際上對內攬權，對外勾結外邦分贓利益，加速統治者墮落，虧損主權，矯飾太平，瓦解王朝根基，如秦檜、李鴻章者也。第三種『潛鬼』，本性沒有大才，但能左右觀望，測辨時局，在統治者面對局勢焦爛，欲振乏力之時，有能力做出一些小成果，給一些似是而非的建議，以竊取權力，一旦時機成熟，不顧結局成敗，立刻變臉凌逼。如王敦、安祿山、朱泚等。第四種『雄鬼』，本性有大才，在統治者面對局勢焦爛，欲振乏力之時，能有長策應對，甚至可以身體力行，扭轉乾坤。但在這過程中消滅其他有野心的鬼類，建立名譽，使實權逐漸向他傾斜，最終反過來進逼皇室，直接奪取大位，取而代之。如曹操、司馬懿、劉裕、楊堅之人。第五種『雌鬼』，恭順忠實，但抓住統治者躲避現實的心理，導引逸樂，自身可以代行其事，撈取利益，結果混亂政局，最終爛攤子再丟回給統治者自己收拾，不顧慮自身後果，如盧杞、賈似道、魏忠賢、和珅之輩。第六種『反鬼』，身處民間而並不在統治階層當中，或被逼迫，但利用恐懼、怨恨、宗教、飢荒、愚民等等因素，塑造反骨，從基層自行組織權力結構，脫離政權系統，直接造反。如陳勝、張角、朱元璋、李自成等等民變領袖皆是。第七種『間鬼』，先是想要利用亂局，幫助統治者，藉此擠身統治階層而失敗，不得志則憤鬱不平，長出反骨，最終四處串聯尋找機會，依情勢隨時變臉，但見識短淺，無惡不作，無所不為。如：黃巢、洪秀全、孫文等人皆是。第八種『時鬼』，手握領導者給予的實權，頗似精明幹練，雖不主動為逆，但實際等待時機觀察變局，心已離叛，時機一到，便賭上運氣，不顧一切奪取大位。如：慕容垂、趙匡胤、吳三桂、袁世凱等。第九種『變鬼』，本為民間一同圖謀造反者，藉著混亂局勢，腳踩兩面，反覆於官府與變民之間，謀取自身勢力發展，等待時機或出賣主子或取代主子，如朱溫、鄭芝龍等。第十種『殘鬼』，變局之前，與一般近臣無異，也無奪取大位野心，但變局來臨，就出現扭曲的人性選擇，串連敵人，出賣其主，巧損至極。如：趙高、張讓、趙忠等。第十一種

『謀鬼』，最為聰明可怕，擁有大才，但不和於眾人，好走偏鋒，顯示自己能力，若在政權興盛的時候，利用政權內部矛盾，謀劃變異，暗中改變政權的命脈走向，若在政權衰亂昏暗時，則投效敵人，出謀劃策，使此政權的敵人變得異常強大，以致星星之火可以燎原。如：張賓、韓延徽、姚廣孝、范文程等。第十二種『忠鬼』，從裡道外都是忠君，毫無叛逆之心，但或心胸狹窄排擠能人，或自身又沒有長才謀略，無法扭轉乾坤，但又不顧大勢所趨，最終以死節之心，或拉或跟，與其主或其效忠的政權，一同滅亡而不悔。如：王允、郭圖、關羽、李定國、鄭成功等。第十三種『仙鬼』，不忠、不逆、不離、不叛，不偏、不導，自保有道，知道變亂大局，卻尸位素餐，不釐清是非，不給任何建言，不盡任何力量，只冷眼旁觀，坐視王朝淪亡。如：王導、謝安、馮道等人。第十四種『奢鬼』，知道變亂將臨，只要不涉己身，便不肯直言，粉飾太平，取悅上位者，驕奢至極，得過且過，讒言陷構，趁機淫靡求祿。如：何曾、楊國忠、嚴嵩等。第十五種『險鬼』，毫無長才，排斥異己，奸小行為，但或拋出宏圖大展，迷惑輿論，或拋出爭議問題，操弄認同，激化黨爭仇恨，招攬禍患，以得自身之權位。如：蔡京、史彌遠、韓托胄等。第十六種『亂鬼』，看準人世間道德是非的脆弱性，藉此故意挑戰道德底線，製造對立形勢，滿足個人偏好，巧取名利權勢，如：公孫弘、楊素、李林甫等。第十七種『賊鬼』，毫無個人遠處大利，只憑藉觀察亂世將臨，要興風作浪，作惡縱欲，趁火打劫，從中取利而已。如董卓、張獻忠，所有參與亂局奪利的盜匪皆是。」轉口氣說：「這些分類，不過是粗略分種，比較特殊者。其實細細數來，還不僅這些。更何況，中國局面若有變亂，每一個實力派，每一個好人或壞人，每一路英雄或盜賊，都有想當皇帝的念頭。」

裕仁打斷道：「這些屬於人性多變，聽大師所言，中國因其特殊歷史與環境，確實比較多面象，但這並不是獨特之處，世界歷史也有此類人性現象，我日本皇室對於此道，也早有控制對策。」說到此還盛氣磅礴。

迷海說：「殿下且先別急，聽我細細道來。」於是繼續指著紙上寫的『鬼』字說：「在世界歷史上，都有改朝換代的事件，但我仔細品味中國與西方歷史差異，朝代滅亡前後的細節弔詭處，這些『鬼』在中國，其實是同時出現的，分佈在整個國家結構的各處，從上到下相互勾串。以領導大位為核心，相互會有因果導引，甚至交換變身，目的都是圍繞在大位可以給他們達到各自目的，只看局勢排列組合，引哪一個鬼先跳出來而已。最後可以賊變官，例如：朱溫、鄭芝龍等人，也可以官變賊，例如：董卓、安祿山等人。一旦這些『鬼』，在社會動盪中，勾聯成另外一種人際關係網，整個王朝，就從表面的風平浪靜，進入下一階段。也就是說，倘若歐洲國家的改朝換代，是一種豁然性的可能，不會讓一個文明都可能會消失，那麼中國的改朝換代，就是或然性累積成的必然性，在不斷的改朝換代中，以保存文明的體質不會消失！只要時間到，朝代就一定要滅亡，但是圍繞整個文明核心不滅亡！這些『鬼』的串聯特徵，可以讓滅亡一個王朝的豁然率，轉而成為滅亡的必然率！我日本皇家機關針對的是前者，而不是後者。容老衲舉同時期，中國與歐洲的差異，您就知道最根本的差別何在！」

接著問：「陛下剛才有提到歐洲的歷史，老衲就以此接著闡述。您知道歐洲羅馬帝國時代，最大規模的一次造反，斯巴達克斯的故事吧？」

嘉仁點頭說：「朕也看過歐洲史，自然知道，這跟中國人的造反，有何不同？」

迷海說：「這斯巴達克斯，造反起義後，其實根本沒有目標，所以部眾雖多，人心不一，意見紛歧，有一次脫隊三萬人，最終被羅馬軍消滅，大家都記取了教訓，從此聽從斯巴達克斯的指揮。結果他竟然繼續向北，大破羅馬軍後，企圖越過阿爾卑斯山逃離羅馬控制，受到天然的地形阻礙後。只好揮師南下，連戰連勝，但竟然繞過羅馬城，企圖渡地中海離開，結果海盜失信，被羅馬軍海陸兩邊圍困，最終戰死，奴隸制度仍然存在。綜觀整個羅馬史中，平民或奴隸造反，乃至整個歐洲在黑暗時代的奴隸叛亂，幾乎都在這模式下被消滅掉。從古埃及的摩西出埃及，到黑暗時代的歐洲，所有的平民或奴隸造反，很難離開『逃』的思維模式。但比斯巴達克斯還要早一百多年的中國，要推翻秦朝統治的一群中國反民，是怎麼做的？可不是像斯巴達克斯，只想要逃離暴政這麼簡單！中國的反民會不約而同，直搗帝國的大本營，把象徵帝國的首都攻破，殺掉皇帝，焚毀宗廟，奪取最高統治權！陳勝，劉邦，項羽等等，起兵造反的聲勢，其實都不如斯巴達克斯，但為何有如此勝敗差別？關鍵就是目標明確，不是要逃離，而是要跳入核心內部！跟統治者拼個死活，取而代之！」

「劉邦一群烏合之眾，其實根本攻不破關中咸陽，但目標一旦確立，不但隨從者不會意見紛歧，連秦朝內部的不滿者，不得志的官員，都會跟他暗通款曲，從而秦將開武關，迎劉邦大軍入關。一下子烏合之眾兵臨咸陽城下，最後奪璽自王。即便是不如劉邦的項羽，也知道要焚毀秦宮，殺掉秦皇所有後代，自己才能真正安全，才能自封為王。觀中國三千多年來大部份的造反者，從上古至今，一旦揭竿造反，都會要殺入都城才會罷休，與西方各民族截然不同。這兩者差別根本原因何在？因為中國人沒有真正的信仰，所以中國人就不會像西方人那樣，有被奴役的自卑，對統治者有精神枷鎖。中國人一旦變臉，就是自由的人性選擇，就是鬼噬，甚至可以勾串到統治者身邊的投機者，一同把統治者除掉！直到英國大憲章出現之前的西方造反者，始終有擺脫不了被奴役的精神枷鎖，最勇敢的反抗者斯巴達克斯，也只能是逃離的心態。」

又道：「今天做個假設，如果是一個中國的造反者，身在羅馬帝國斯巴達克斯的位置，將會有什麼變化？不用說，一旦聚眾造反，不會向北跑阿爾卑斯山，更不會向南企圖渡地中海，一定直搗羅馬城，將之團團包圍，勾串羅馬城內部的投機者響應。然後殺入元老院，殺光殘暴的奴隸主，搗毀羅馬城的象徵建築，傳文羅馬各地，宣告羅馬被滅，他在羅馬自立為王，甚至自封為神，甚至還會策封其他造反者。羅馬各地的奴隸，必然聞而造反，各地的羅馬總督與軍團司令，也必然大為震動，四分五裂，統合不起來，別說消滅造反了，可能不少羅馬軍人都投靠其麾下，企圖得到一些利益。羅馬帝國就不會有這麼長的歷史時間，奴隸制度也很快會跟著動搖瓦解。」

嘉仁問：「無怪乎世界各文明都有奴隸賤民，唯獨中國的奴隸賤民，沒有固定的一群，是流動狀態的，而且若隱若現，最終中國成了全世界最早瓦解奴隸階層的國家。」

答道：「是的，綜觀世界各民族，中國人即便被奴役，也不會有被奴役的自卑，甚至還會集體性不斷思考，怎樣才能把主子捅死，讓自己來當主子。古代中國的奴隸賤民制斷斷續續，一直不明顯，某朝有，某朝無，即便有恢復者，最後也無法持久，乃至中國統治者較早就將之廢除，不似西洋與我們日本，一直保存到近代才將之徹底廢除。這並非中國的統治者比較高尚，而是有很多隱衷。老衲再舉一個簡單的例子，中國奴隸制最盛於南北朝時期，比之西方奴隸制度已經很有人性了，但仍然發生這可怕的一幕：南梁時期侯景造反，舉兵進攻建康。原本侯景部眾只有八千，建康周圍的防備力量超過二十萬，但侯景一至，兵力馬上逆轉。侯景招募奴隸，悉為良民，甚至封官。當中就有一個最經典的一幕，他將一個朱異養的奴隸，封為儀同三司。於是這奴隸穿著錦袍，騎著良馬，在城外破口大罵朱異『汝五十年仕宦，方得中領軍，我始事侯王，已為儀同矣！』出現了這一幕，所有奴隸紛紛投靠侯景，侯景將之一一配制軍中當官。終於攻破台城，皇帝與奴隸主們，被眾奴羞辱，最後身死賊手！而最後當王僧辯，陳霸先擊敗侯景，侯景乘船逃走，但也是侯景身邊的奴眾說『吾等為王效力多矣，今至於此，終無所成，欲就乞頭，以取富貴！』然後刀兵齊下，將侯景亂刀亂槍砍死，分屍於市。這一幕，在中國歷史上屢見不鮮，所以中國歷代的最高統治者，為保皇朝根基安穩，都會設法壓制奴隸主，疏導人性鬼變，劃一全民地位。」

嘉仁點頭說：「中國人的鬼變，皇祖皇宗們也跟朕說過，大師您對比歐洲人的歷史，更是將之談得入骨三分，淋漓盡致。除了鬼，接下來呢？」

接著在紙上寫了一個『引』字，然後說：「還在表面風平浪靜，眾鬼同時出現之時。接下來，就看當權者在混亂的選擇過程中，向哪一種『鬼』比較靠近。依其選擇，這些鬼的排列組合，又會重新變換。那麼他的政權，依據不同的組合，就『引』往不同的滅亡方式，迂迴前進。所以當權者仍然會繼續讓百姓吃虧，很難有所省悟。一旦這些『鬼』開始各自行動，出現最沉重的變亂事件，中國大多數百姓會憑藉過去吃虧過甚，『直覺』與之呼應，不會同情前面的統治者。也因為是直覺，所以民心一旦喪失，不管作任何事情，都不可能再挽回民心，因為這些鬼，平常就可以是最吃虧的中國百姓。到了『引』的階段，滅亡的列車，是絕對不可能回頭了，只是看當中牽扯關聯，拖延多長時間而已。所以貧僧注意到，中國自秦以後，無論是分裂王朝，還是統一王朝，無論當權者用什麼方式，怎樣保護自己權力，延長自己的政權，其時限不會有太大差別，統一王朝最多三百年，分裂王朝最多一百多年。似乎再怎麼努力，也有一種程序不斷導引這種循環。朝代更替之後，在當中作怪，最後勝利的『鬼』，又會被其他的『鬼』所包圍，產生一段，進入安定前的騷亂瓶頸時期。穩定下來後，整個國家因此只是排列組合型態改變，其精

神不會改變。歷代許多新任統治者，都隱隱約約感覺到這個問題，用盡各種手法保護自己皇位傳承。其中最歹毒的莫過於朱元璋，可惜他的明朝也同樣活不過三百年，最後在眾多叛亂下滅亡，沒有改變任何現實，徒留臭名於後世，反而埋下了，皇帝制度的惡名化，種下中國人乾脆把整個帝制顛覆的潛在因素。」

接著說：「我皇家機關秘術，能夠制服這些『鬼』，因為我日本皇室才是最會搞鬼的皇室，但是基於中國與世界其他民族，『鬼』的些微不同，群體累積起來，就會出現這個『引』字。老衲具體道來，陛下與殿下就會知道，引的意義為何？若今天日本以小吃大，徹底兼併中國，合併為一個大國，我皇家機關剛開始，必然能制服檯面上下現有的這些鬼。但是就在糾纏的同時，合併後的大國一定會產生四個步驟。第一，銜接，即兩國人民互通，在矛盾衝突中求同存異，最後原日本國土上有中國人，原中國國土上有日本人，不管日本人怎麼歧視中國人，兩者又必須為同一個國家之國民。第二，打入，基於共同的人性，只要產生公約數，那麼就可以將多樣化的人性，從同化後的社會體制，滲入整個政治體制，『鬼』的面貌就會越來越多，從整個國家的底層開始，建立新的潛規則，迫使領導人不得不接受。乃至整個日本人的後代，都會在潛移默化中，變成這種實體。第三，同化，文化語言找到最大公約數，立於漢字基礎，經過時間的洗禮，在未來出現一個有和有漢的某一民族。第四，排列，當整個政治體系與社會體系，在實質上已經是中國，而外表上卻看不出來。人性多樣化可以模仿單純，單純卻無法模仿多樣，那麼整個國家內部的社會關聯網，就會在這潛移默化之中，不斷往原來中國的社會型態去排列。第五，推翻，基於政治本質就是消費，大多數最基層的人民若吃了虧，就可以在最基層的民眾中，去招喚改朝換代的歷史記憶，開始累積推翻現有政權的念頭，因人性之多變，讓『鬼』的面貌更多，使更多的人，用更多的方式，去推翻原有的政權。」

轉而又寫一個『化』字，這個字比前面兩個字『鬼』與『引』還要大，又接著說：「什麼是『化』呢？說白了，就是自由人性，沒有信仰的極端展現。中國人最善玩『廉價』，不管是中國人自己的東西，還是外國的文明事物傳入中國，中國人都會將之拿來徹底消費。弄到非常廉價，最後一文不值。這個特色，將會讓中國人產生一個性質，當一個民族入侵中國，帶著強勢文化傳入中國，逼迫中國人接受時，中國人都會暫時把自己的已經被操得很廉價的文化物件丟開，很快地接受外來文化，但實際上是拿來消費，同樣弄到一文不值之後，大家不新奇，又會把它丟棄在一旁，屆時又會把中國人自己的東西又拿回來，此時這個入侵中國的民族，就會被迫反接受中國原有的東西。強勢與弱勢，在這種價值曲線的反水操弄下，最後又會顛倒回來。」

接著道：「遠的歷史我們就不多說了，老衲舉一個最近的例子。西方文明的精神核心，是基督教義。可當近代基督教傳入中國，其實很快就有中國人接受，但被操作變成太平天國，拿來當造反的工具。再仔剖析一下太平天國這些人，真的信仰基督教嗎？當然不是！他們怎麼消費基督教的？首先洪秀全把上帝與耶穌，拿來當他父兄，說自己也有神

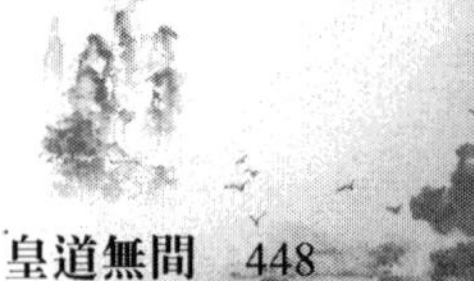

蹟。之後楊秀清，乾脆來個上帝托降，自己裝神弄鬼當起上帝了，目的是為了壓制洪秀全。為了對抗他，蕭朝貴也來個耶穌托降，自己來當耶穌，控制另外一幫群眾。洪秀全乾脆把聖經大肆修改，四處印刷，半真半假，真真假假，到最後都分不清了。直到醜態畢露，大家對基督教的上帝耶穌，還有聖經，這種『廉價的政治商品』失去了興趣，就又丟到一邊，把自己傳統的東西拿回來，配合湘軍打倒太平天國。經過了這個流程，外國傳教士再怎麼努力，你也說不動大多數的中國人來相信基督教了。這就是中國文化獨特的免疫能力，操作『廉價』。也就是這個文明『化』的能力。」

接著道：「這個廉價操作，建制的『化』。直接就是使用人類最原始的特性，把所有有價值的東西都拿來消費。陛下與殿下也都知道，人類的信仰，其實很虛幻，會產生這種東西，就是人有缺陷，才會產生的。漢朝的大儒賈誼，在與漢文帝論鬼神時就說過，所謂的神，只是人因自己缺陷與無知，所自己建立起來的箱子，把那些無知與缺陷通通裝進去，直接把認知箱子當作自己的認知。大儒賈誼真的是把全人類的宗教本質，一語道破。全人類的精神文明，都是在走這個模式。而中國人直接把，比信仰更原始的生命利益拿來操作，自然你不管任何信仰，最後都可以被他們操作得很『廉價』。從而對他們的文明體制，產生不了真正的威脅。價值曲線的相互干擾起伏，成了中國文明這個大年體制，一盛一衰，一起一伏的基礎。利用廉價操作，把『沒有信仰』，當作信仰來運轉。所有中國的歷代王的帝王們，表面上很有價值，大家三呼萬歲。但被『鬼』的不斷操作下，實際上不斷地『廉價化』，到最後只剩表面上的價值，在百姓的內心中，實際上已經被搞到一文不值，外表都三呼萬歲，內心沒人真的把皇帝當一回事。一旦現在的皇帝沒價值，其他莫名其妙原本一文不值的小人物，只要趁時用力，就會身價忽然暴增，成為打倒現任統治者的媒介！」

「老子有云：『聖人不死，大盜不止』。你反過來說也對：『大盜不止，聖人也就不死』！在『化』的體制下，時常明明就是一個盜賊，但在推翻現有政權需要下，就莫名其妙被包裝成『聖人』。以之打倒現有政權，而後又有其他的盜賊，想要來拆穿這個『聖人』，也就是我們熟知中國歷史上的，改朝換代混戰。這種反向操作的型態，也正是『化』的體制，最後一個關鍵。」

「我皇家自古以來，依照迷蹤經的準則佈局，遵守老子道德經的哲學，化小年為大年。核心關鍵就在於，『自我架空，化為虛無，尋找芻狗，替我盛衰』。如此一冬一春，彌屈復伸，一起一伏，無往不復。日本歷代的豪強，歷代豪強與幕府將軍，都是在皇家這種手法之下，淪為皇家時間衰敗的替身。而陛下轉看中國的歷史，每一個朝代皇家的一起一伏，但文明本質卻是不變，中國的皇朝與文明型態，等於是中國鬼文化的替身！如今中國衰敗，不就是自我架空，連整個帝制，甚至國家的形式都可以不要，整個中國化為虛無，讓掉落在裡面者，解決中國的問題，成為所有中國下幾代人的替身，最後整個皇朝與外來文化體制，被『用完即丟』。中國重新出發，徹底改朝換代！也就是中國鬼的文化，操作出來的『虛無』，位階還在我皇家之上。」

又接著說：「當人民都毫無信仰以原始利益作出發，隨機選擇，鬼的面貌滲透到陛下的子孫身邊，甚至就是皇家機關系統的本身，那麼無論有多高明的制術，也將會一點一滴被化解掉。直到我們的皇統，也被中國人操作到很廉價，大家認為一文不值為止。以如今中國的亂局，與日本的富國強兵，若逐步穩健地展開大陸政策，確實可以入主中國成功。至於日本皇家機關秘術，到底能不能在中國大地長存？請恕貧僧失禮，拿妖異來作比喻。若我日本皇室，是修練兩千年，有意形成的百變妖精，那中國就是經五千年焠鍊，無意中形成的不變煉妖壺。妖精剛開始可以在當中快樂自得，予取予求，即便作惡，也不會有立刻的報應。但『煉化』的毒性會在這當中，逐漸滲入整個妖精的體系，最後就算發現不對勁，想要逃出去，也很困難，得靠僥倖了。即便退出去，也是實力大減，從此一落不振，等待他下一個階段，再次吞食。從古至今，少數民族入主中原，與漢人混血雜居，剛開始都可以拒絕同化，甚至可以排斥優秀的漢文化，但絕對排斥不了，當中『鬼』文化的打入。因為它充分抓住了，人類最原始的通性，以權牟利、以權得安、以權得名、以權得全、以權得意、以權得義，甚至就是求權、奪權等等本質，然後自由演繹，隨機將其多樣化展現，充分浸滲於整個社會體制。人類本來就是跑來跑去，混血來混血去的，民族也只是在相對時間中的一種定義而已，若一個民族產生出來的文化，能容許最原始的人性多樣化潛質，以文化面貌充分展現，那這就是最具同化力的文化。

這是最根本的定義，如老子說『以其不自生故能長生』。」

嘉仁嘆氣說：「知道了，太子將來肯定要作這種抉擇。在中西兩邊力量徘徊。」

迷海說：「西方文明有很強的神權色彩，信念有固定的根基，且不論這是好事還是壞事，西方文明鬼的文化，就沒有呈現如此之氣候，其改朝換代是一種豁然性，可以依理來分析。只要統治者警醒，西方社會仍然可以避開改朝換代。但在中國就不是如此，無論統治者是否警醒，同樣都是要走向滅亡。而今西洋之強勢，當年師父，也曾經跟明治天皇陛下分析過維新本義，其優點當然要學，但不必使為根本。西洋列強雖然貪狠，但是只要抓到這一點，十分好對付，況且與日本有人種文化的巨大隔閡，只要日本抓住了明治維新後，擁有西方科學文物的精神，那麼即便西洋人佔領日本，也滅不了日本，皇家機關秘術可以一一對付。但中國的整個格局，據貧僧分析，無論佔領中國或是被中國佔領，最後都會被弄成，日本消失，皇統滅絕，日本列島最後成為中國領土。日本併吞中國與中國併吞日本，這兩件相反的事，最後會走向同一個結果。」

嘉仁先暫停了這段談話，請迷海去皇家茶室，喝飲休息，與裕仁獨自談論。

嘉仁說：「朕的身體不如明治父皇健朗，而你也準備要攝政，將來很可能就是你會遇到，日本是否要入主中國的問題。」

裕仁問：「這事情是否要招開皇族會議，請所有長輩們來討論？」

嘉仁搖頭說：「人多口雜，你能說皇族會議討論出來的，就一定是最正確的結果嗎？

我等現在不就已經在討論當中嗎？親王們的血脈已經偏離皇位傳承之宗，他們就未必全心全然替皇統傳承作考量，他們的意見可以聽聽，但這種事情，還是你我父子得獨斷。」

裕仁沉靜未語。

須臾，迷海回房再談。

嘉仁問：「剛才說中國的這些『鬼』，比其他國家的『鬼』，還要多面象，且同時出現，交錯因果。為何中國會產生這樣截然不同的特殊性？西方文明為何就沒有？根本原因何在？」

迷海說：「不管白種人還是黃種人，其聰明才智其實不相上下。歐洲文明當前的強勢，不過是宙範的時間窗在作怪，如同一千年前西方黑暗時代，中國較為進步，而今因時間流轉，輪到中國文明進入黑暗時代而已！然而時間窗的作怪，永遠不會止歇，只要兩種文明繼續存活，那麼未來千年的人類文明演變大勢，極有可能又是顛倒回來的！而中國的『鬼』文化，之所以世界各民族都無法戰勝它，關鍵在它把人性的面象，展現得更多元化，也更深入。同樣面積大小的文明圈，差不多的時間演變，為何中國的人性比歐洲更加複雜化？原因很簡單，就在於文明演變之初，中國沒有發達的神權體制，竟然是諸多鬼怪之說來替代。當鬼與神雜交，任何的神，就沒有敘述全體公眾道德的合理性。從而人的信念，沒有一定的寄託，只能靠人文道德規範，以人自己為中心，自己去尋找。如此則每個人得自由選擇信念，最後產生大致統一的文化型態。如同我日本皇室，如今必須回歸與神權結合，方能穩固的道理一樣，當中國的文化型態被破壞，沒有向心時，就要回歸神權，但又沒有規範的神權理論，當如何？那就結合更原始狀態的權與利，重新去選擇安定的方式。從而出現的人性面象，在中國，無論是善、是惡、是對、是錯、是智慧、是愚蠢、是可敬、是可鄙、是可怕、是可笑，其型態都會出現更多種類，相互牽連成更複雜的因果關係。所以也就是這一點點的歷史演變差別，這文明圈相對其他文明圈而言，兼容性就更大，且可以寄託各種善、惡、美、醜的基本人性，循環不倒。我皇家機關秘術，操弄人性透骨深刻，所佈的局在日本歷史上無人可以挑戰。但同樣的機關若進入中國，必然破功。某些計策在日本，不會有人愚蠢到犯這項錯誤，但在中國就會有這麼蠢的人，會犯這項錯誤。某些計策在日本，不會有這麼聰明的人會識破這計策，但在中國也必會有人這麼聰明，不但能識破計策，還會因此用更高明的手段反制我等。這種多『鬼』煉化的格局，就是以根本來控制末節，不管任何高明的策略，在根本的控制格局下，必然無法發揮作用。更何況我日本漢文化底子就很深，更不可能拒絕這種鬼的文化，如松島賢三所言，若要保護皇統長久傳承，則大陸政策一定要阻止。」

嘉仁僅微微點頭，似乎仍沒有堅定自身意志。迷海身為皇族長輩，自然要把事情說得更清楚。

嘉仁說：「迷海大師所言甚是，但朕繼位後，以皇統傳承的時節規範，自我架空，放歸虛無。讓日本政局自行複雜化，皇家如老子所言『為無為』，更如莊子所言『罔兩問景』，

加以治之。要是跳出來直接阻止大陸政策，恐怕就被下位實權者，看出我等心思。豈不違反時節？朕恐怕會有一番波折啊！鬧不好，歐洲目前的各種廢除君主的革命風尚，會感染到日本來。」

迷海答道：「陛下說的是。如此，應當要密切注意日本內部局勢，在最隱密的關鍵處，出手干預。尤其內閣的人選，要慎重選擇，不能像當初日清戰爭時的局面。」

嘉仁問：「大師分析雖然透澈，但在新的時代，中國人難道就不能改變嗎？不能變成跟我日本皇民一樣嗎？不能擁護我皇統長久傳承，萬世一系嗎？」

太多細節，反而引起不明事理者的疑慮，迷海不打算繼續談理論枝節，便笑著反問：「陛下應該聽過中國兩部小說，一是三國演義與水滸傳吧？」嘉仁點頭說：「不只聽過，還熟讀過。」迷海說：「那麼老衲只說重點，不論細節。陛下認為這兩本書中，各自最具代表的人物是誰？」

嘉仁說：「三國演義是諸葛亮，水滸傳是智多星吳用。大師您認為呢？」迷海說：「在老衲看來，水滸傳是高俅與宋江，三國演義是張角最為代表。」嘉仁疑問：「為何大師會這麼說？」

迷海微笑道：「水滸傳其實就是中國人造反串聯的細部特寫，可以官變賊，也可以賊變官。當官時可以做惡，當賊時卻可以行義。高俅與宋江歷史上確有其人，而小說上將之刻劃成兩極人物，高俅在朝逼反眾多英雄豪傑，而宋江在野串聯造反諸人，官亦賊來賊亦官，在矛盾的情況之下竟然形成相互合作，產生改朝換代的契機，又以寫反詩『他日若遂凌雲志，敢笑黃巢不丈夫』為最經典刻劃，這也就是整本書的兩個核心。」

嘉仁點頭又問：「那麼三國為何要以黃巾賊張角為代表？」

迷海說：「張角也是歷史上確有其人。在這世界的文明史中，許多優異獨特的事情，都中國人都是最早做出來的，只是沒有善加演繹罷了。包括宣佈『神已死』的狂人。西方偏激的思想家尼采，直到數十年前，才出現宣佈上帝已死之論，而後他就發瘋了。而中國人早在兩千年前就有人說『蒼天已死，黃天當立，歲在甲子，天下大吉』，發狂的言語，卻是很冷靜與理性的操作。用最聳動的言論，最現實的手法，最刻骨串聯的策略，告訴大眾『天也會死』，一語聳動天下反。最終的目的就是打倒現有的『天』，要自立為『天』。即便他辦不到，最後引出三國的群雄，也會一棒接一棒替他去辦到。日本人與中國人共同為國，最後一定是日本人變成中國人，而不是中國人變成日本人。」

嘉仁與裕仁同時嘆氣，頗感失落。

又說：「老子有云『人法地，地法天，天法道，道法自然』。我日本皇家機關還需要人的智謀去操作，但中國鬼文化一但排列成形，那就是放任人性去自由演繹，事情會自然運作出來，但一代漢族一代異族的盛衰起伏，是誰也無法破壞的。我皇家機關若演繹到了『天法道』的層級，那麼中國的鬼文化就已達『道法自然』的等級，皇家機關肯定不是對手。」

嘉仁與裕仁又同聲嘆氣，確實左思右想之下，日本無論是征服中國還是被中國征服，結果是一樣的。那麼只能保護神武天皇兩千年來的皇家體制，維持現狀，才是日本的勝利。

迷海說：「日本國內的激進份子，對我們皇室而言，一方面要用他們來保障皇權的延續，除掉日本國內反對皇室存在的政治勢力，抵擋國外可能對日本不利的局面，但另外一方面，他們也是洪水猛獸，也得壓制住他們，以免展開大陸政策。兩者矛盾狀況須如天平一般，保持著穩定平衡。倘若孫文集團不成氣候，他們自然無隙可趁，大陸政策只能停留在嘴巴上，我們就能高枕無憂。若真有萬一不受控制的情形發生，在沒有陛下的政治核准下，推動進攻中國的大陸政策，必然牽動日本內部與中國內部的諸多人事，形勢會相當的複雜。若是事情到了最後關頭，皇家極可能要『極法向返，無間至道』。」

「極法向返，無間至道……」

嘉仁似乎感覺平衡一定會被打破，對內逼宮的力度他自有策略，但若先有大陸政策的突變，牽動了中國內部的事務，則成了最難佈局防範者，口中反覆唸這一句。這一招，是皇室最厲害也最陰狠的秘招，自從日本的南北朝之後，就再也沒有運用過。雖然已經知道，大陸政策不可行，但畢竟日本軍方尚無機可趁，還牽制得住。所以對此，尚以備而不用的心態視之。

會議後，裕仁扶著嘉仁休息，內心更是有說不出來的波瀾。

六門書判－洋洋灑灑，刪除一段又捨不得一段。也不知當時我寫這些必要進修的廢話，怎能這麼源源不斷？當時寫下這些對話內容，是以那時代日本在劇烈變化的局勢中，其高低社會階層中，言行舉止，各項蛛絲馬跡，反推其高層核心訊息。現在看來，也許還太高估之。實際上就一句話概括當時複雜之勢即可，即『旁支系統玩不過本源文明體系，叛變投西方，以為其也是自源體，將可合作，實際上他們只是盜賊假貨』。如此只能上了賊船繼續執迷不悟。至少眼前還是佔據優勢，只能一條道走下去圖僥倖。也許西方文明還會一直爆炸下去，日本還可以繼續吃西方人製造的仙丹。

入主中國，這是日本立國以來的頭條大事，這件事情皇室內部當然掀起了爭論，但日本的臣民卻與皇室兩樣情。多數人把眼前中國的沉淪，日本的提昇，當作一種契機或一種榮耀。佔領全中國大陸，鄙視中國人，成了日本政客與軍人的熱門話題。這矛盾基於種種政治理由，以致上下無法疏通。

過幾日，嘉仁把裕仁與皇室幾個重要成員都找來，在聚餐當中閒聊。

嘉仁問:「老莊的道家思想，一直是我皇家恪守之理，如老子所云:聖人行不言之教。我日本皇室從來不直接對天下臣民發言施教，而以實際的行動，主導大勢的演變！自從歐洲工業革命，殖民世界多數土地之後，世界變局使得中國不再是天朝上國，從而明治先皇啟動維新因應，使得東亞數千年格局轉變。日本強而中國弱，從有皇室以來從未有過這種局面，從而日本臣民都積極主張，由日本佔領全中國大陸，代表東亞文明。這嚴

重違背歷代皇祖皇宗，不入中國的遺訓。不知各位有何見解？」

諸多皇室成員，議論紛紛，正反兩面都有，尚拿不出定見。

北白川宮成久王說：「陛下，我等以為，皇室向來都低調。中國的盛衰起伏，這兩千年來我皇祖皇宗也見多了。老子云：知其雄，守其雌，知其白，守其黑。又云：長短相較，高下相傾，音聲相和，前後相隨。皇家數千年，都讓中國成為日本皇室外部安全的保護傘，各民族在中國起起落落，紛爭不休，從而不會注意日本，皇家控制住內部變數，即可無憂。皇室之長壽，關鍵因素在此！若讓中國持續混亂，最後日本捲入，這個局面也隨之改變。我皇族恐怕不會再有兩千年。」

此語一出，皇族中多數年長者都附議。但也有反對者。

嘉仁看著裕仁說：「身為皇太子，意見最為重要，你的想法呢？」

裕仁說：「尚不敢有主見。既然日本已經併吞朝鮮，佔領中國的台灣省，似乎也該知足。多數長輩都認為不該入主中國，兒臣也就秉此意見。」

嘉仁說：「你不能沒有主見，因為將來會遇到這問題的，恐怕就是你了！」裕仁仍然不敢多語。在一旁，年紀尚幼的崇仁親王，反而急著想回答。長輩們按下了他，要他安靜。

嘉仁說：「莊子逍遙遊中有云：小知不及大知，小年不及大年！朝菌不知晦朔，蟪蛄不知春秋，此小年也！楚之南有冥靈者，以五百歲為春，五百歲為秋，上古有大椿者，以八千歲為春，八千歲為秋！觀察世事，正如莊子所云，小年與大年共同生活，小年最終只會成為大年的一部份！我日本皇室經過了這麼多個年代，跟中國歷代皇室相比，我們是大年，他們是小年！所以中國皇名自毀，我日本皇室最終可以入主中國繼而稱皇！看上去好像，我們才是大年，中國是小年！」

舉杯喝口水接著道：「但事實真的是這樣嗎？中國與日本這兩個國度，到底誰才是真正的大年？聽了迷海大師的分析，朕認為，實際上中國才是大年！他們的國度，已經拋棄所有的信仰，讓善惡美醜各種兩極人性，完全自然演繹！」

眾皇族親屬都放下筷子，瞪眼看著嘉仁。

嘉仁接著說：「自皇帝制度之前，就已經有中國，如迷海大師所云，鬼的文化早在商周之前就開始了！日本的皇家制度，實際上模仿自中國，大同小異而已。不希望我們的子孫跟現在的滿人皇帝溥儀一樣，只是一個普通的中國平民。」

嘆口氣接著道：「鬼文化經過這幾千年演變，不只融合各地文化，乃至融合思想，融合整個民族！即便到了近代整個漢民族逐漸墮落，反而可以發現，他們同化的能力有增無減。中國皇帝制度的自毀，朕思索了很久，想通了一件明治先皇沒想通的事情！」

眾皇族更是傾耳恭聽。

接著說：「中國兩千多年的皇帝制度瓦解，照理來說應該是文明之大變局。但中國的百姓卻仍然繼續為國，過著與以往一樣的日子若無其事。這代表甚麼？這代表，皇帝制度對他們而言，不是重點，他們可以用另外一種方式，維持原先的社會型態。」

「面對西方的強勢文化，對中國鬼文化來說，不就像我們皇家當年遇到武士文化，藤原氏，足利氏，織田氏與德川氏一樣嗎？遇強則屈，接受強者的東西，龜息忍辱，慢慢的轉變，但核心鬼文化始終不變！強勢總有衰落之時，威力也總有減弱之時，只要核心不變，那麼最後不變的東西到時候又可以重新復生，如明治先皇擺脫德川幕府，最後維新的過程一般！」

「回到剛才莊子所說：楚之南有冥靈者，五百歲為一春，五百歲為一秋。上古有大椿者，八千歲為一春，八千歲為一秋。我日本皇室若是五百歲為春秋的冥靈，中國就像以八千歲為春秋的大椿！我們嘲笑他們的變化很笨拙，國家變得如此孱弱，在我日本面前國不成國，這就像當年藤原，足利，織田，德川等豪強，嘲笑我皇室很愚蠢，在他們面前顯得很孱弱，在他們面前皇族不像皇族！而今我皇室仍然延續，仍然統治日本，這些當年以為日本是他們統治的豪強，又在何處？這就是小知不如大知，小年不如大年。」

「倘若我們不在乎神武天皇的皇統，儘管入主中國，享受尊榮。中國鬼文化將會非常高興，他們的大年轉變，不需要經過這一翻痛苦，就讓我們替他們解決問題，讓他們繼續從空間中成長，時間中延長！最後皇家沒了，中國的鬼文化繼續傳承得更好！如果今天有一個日本人，不斷說當年的藤原，足利，織田，德川等等人物有多強，如何汙辱我們皇族，日本之主是他們，我們會感覺非常可笑。若我們入主中國，幾百年後當日本已經消失，屆時那些中國人的後代，回頭翻閱歷史，看我們日本人今天鄙視支那的種種行為，又何嘗不是相當的可笑？」

「鬼文化傳承更好，對日本當然有利，我們可以繼續依附在這更大年的體制中傳承。但要是以日本皇統的最終斷絕為代價，各位認為呢？」

眾皇族成員，沉默不言。

裕仁說：「謹記父皇教誨。但我皇室現在拋出實權，以過一春秋！將來要如何斷絕臣民們，不斷要求佔領大陸資源的聲浪？」

嘉仁聽了，嘆氣說：「現在真面臨了考驗了！這種事情，恐怕以朕的智慧，無法回答，但又是爾等必然會遭遇者。當多請教長輩，不要獨斷專行。」語畢，就不再多言。他總感覺，對中國的敘述，迷海說了很多，雖然都於理有據，但仍然還不算是看到真相。

六門書判—當然，都沒看到真相。真相還要更深層複雜得多，不然皇道無間不用寫三部。估計那個時間段，日本練龜派的天皇家族，已經鐵了心不想入主中國。只是局勢變化快速，忽然變成要單獨面對中國，基於自己這個旁支系統已經叛變，頗不自安。只能烏龜裝傻，看接下來如何用短暫的強勢，牽扯西方列強，賴到最後為止。

第十章 民國變性龜母轉成龜公黨 密約凌逼靈龜縮頭潛禍端

且先將話鋒轉向中國。

本不成氣候的孫文集團，在北洋政府底下的軍閥相互內戰下，逐漸抓到了契機。陳炯明發現孫文的賣國內幕，又因為反對發動北伐內戰，從而被孫文敵視。且知道孫文製造暗殺事件不斷，擔心自己像陶成章、宋教仁、黃遠生、鄧鏗等數十人一樣，成為孫文下一個暗殺目標，遂發動兵變。不過最終沒有成功，只得逃亡香港。

孫文在這一連串事件後，對自己人生與局勢，逐漸有所領悟。似乎自己應該要做另外對民族有意義的事情。於是擬稿多年的，三民主義與建國大綱完成。而北洋軍閥們在底局的遊戲確認失敗，人民逐漸認定其不成氣候，越來越多人看向孫文的三民主義，而個北洋政府也發現，孫文很可能替自己解套，否則在全國人民撻伐之下，軍閥們自知自己不會有好下場。

然而孫文的國民黨又多了蘇聯的成分共產黨的成分，原本孫文有自己的主義，本不可能與蘇聯的共產主義合作，然而他的三民主義有一種極其特殊的性質。即可以與號法國『自由，平等，博愛』相通，也可以與美國『民有，民治，民享』相同，並且與中國五四運動『倫理，民主，科學』一致，最後他的『三民主義』其實可以是『共產主義』，以黨治國。一個可以隨時變形的理論，一個可以隨時改變信仰的主義，在人類文化史中，除了佛學與老莊的形上境界之外，已無第二案例。

基於以上成分，國民黨與共產黨建立了第一次合作基礎。

六門書判—看似共同合作奪權，實際上有當事人也無法解釋的理由。原因是第一次世界大戰爆發後，原本潛藏在底下的，剽竊五大自源文明知識系統集團，猶太剽竊集團潛藏的殺招，被迫釋放出一個關鍵棋子，開始運作，即馬克思修改王莽思想的共產主義資本論。整個結構就是一首招魂曲。古埃及亡靈書為主，三連星系統的結構，他快要被招回來。若如此整個新興的蘇聯就將會是，招魂臺。敵方新的武器系統，已經不僅是只改造槍砲時鐘，各項中國發明全方位進攻中國，連中國的亡靈都可以被改成武器系統。他快要回來了，當中的時空結構與因因果果，誰也無法解釋洞察，除了當下被針對的，中國集體意識可以洞悉敵方操作的東西是什麼？若如此，原本被針對鬆散底氣之體系將為鋼鐵系統進攻中國，那怎麼辦？躲在西方集團背後者你會招魂對吧？我們也會！既然是王莽要回來，策反他？對抗他？最佳方式為先對抗後策反！當然招魂代價很大，之後的合作代價更大。既然你出王莽，我便找周公。即『周公恐懼流言日，王莽恭謙下士時』。

於是乎，孫文本人跟他的主義一樣，立刻變形。他曾經對日本人高喊，日本才是他的祖國，約此同時加入美國籍，也喊過美國才是他的國度，可惜美國人當時歧視黃皮膚的人種，對介入中國政治也沒興趣，孫文把美國當祖國的理想，後來不了了之，才專心去擁抱日本。而今日本人也對他冷落，於是轉而擁抱蘇聯，宣稱自己是馬克思信徒！

一切因果他人隨意評說，但真實狀態，孫文在導引周公出線。

見到孫文不斷對蘇聯承諾割讓中國主權利益，乃至把他的三民主義宗旨，都改成共產主義，以換取革命用的金錢與軍火，頗見誠意。列寧遂於中國民國十二年一月，派蘇聯外交部副部長越飛，來到上海與孫文會談。

會談主題是：如何幫助孫文國民黨集團北伐，以奪取權力，統治中國。

平時在中國人面前，把廢除不平等條約喊得震天響的孫文，要與新的外國勢力合作另起爐灶，必須要掩人耳目。於是與越飛共同發表宣言，主旨在四條：一，共產主義目前尚不適合中國，蘇聯幫助國民黨北伐，統一全國，但無意將共產主義傳入中國。二，蘇聯廢除帝俄時代在中國的不平等條約，另外重新定立新約。三，在中國東北經濟特權與中東鐵路問題妥善討論。四，全蒙

古皆為中國領土一部分，蘇聯尚無意將外蒙古獨立於中國之外，也無此意圖。

當時明眼人一看便知，這是此地無銀三百兩。蘇聯不會有誠意，但這個動作又必須要執行，否則這個北方敵人，原本底氣鬆散，才沒幾年已經變成思想系統組裝的國度，而且就是改裝自中國儒學激進派。

敵方的進攻，真是一波接著一波，中國的反制也是，包括挑起第一次世界大戰，以及現在對付叛亂旁支系統的日本同時，還要作整個最底局的招魂策反。

基於這冠冕堂皇對外的四條，蘇聯企圖明修棧道，暗渡陳倉滲透中國。蘇聯提供大批的軍火，資金，軍事顧問以幫助孫文建立黃埔軍校。但是孫文必須接納共產黨進入國民黨與其軍校。於是孫文在國民黨全國代表大會上，正式宣布聯俄容共。對外的宣言，好像是蘇聯人無條件幫助國民黨統一中國，甚至還不傳授共產主義，自願當這個冤大頭。然而明眼人皆知，天底下沒有白吃的午餐，蘇聯出金錢，出槍砲，出飛機，還出軍事顧問，豈有白白送給國民黨而無代價的道理？

實質上蒙古切分為內外蒙古，蘇聯暗中施壓，中國必須割讓外蒙古主權，使蘇軍駐紮，並扶植蒙古共產黨，中東鐵路與滿洲北部的經濟特權，蘇聯全盤繼承帝俄，在外蒙古之後，暨孫文北伐完成之後，新疆主權也必須交割給蘇聯。並且，孫文既然宣稱，三民主義就是共產主義，那麼國民黨就必須有共產黨員存在，讓共產主義得以在中國宣揚，更得以在國民黨內發展。

從這密約內容得知，此時的蘇聯，已經記取日俄戰爭時錯誤進兵路線的教訓，認為要征服中國，必須由蒙古與新疆兩處先著手，並且內聯孫文這類的中國漢奸當內應，再用共產主義當前驅，最終才能將中國全部征服，或將之成為共產主義的後院。

自然這條路數，正中集體意識下懷，列寧之毒，當下中國人並不害怕。

得了這密約，在中國有了內應，蘇聯便迫不急待大舉進兵外蒙古，北洋政府陷入內戰中，駐紮外蒙古的北洋部隊雖然奮力抵抗，對蘇軍造成重大傷亡，但因為失去後援，從而節節敗退，外蒙古淪陷。另外共產主義的部分，孫文當然要以身作則繼續執行，在國民黨中央黨部擔任重要職務的中國共產黨員有：組織部長譚平山、農民部長林祖涵、宣傳部代理部長毛澤東等等。國民黨中央執行委員會常務委員共三人，廖仲愷、戴季陶為國民黨員，但譚平山則為共產黨員。由孫文秘書廖仲愷，負責聯絡共黨人士，共籌黃埔軍校事宜，黃埔軍校的人事安排，也必須有共產黨員加入。當時全中國大大小小政黨，如天上繁星難以計數，共產黨本不成氣候，但隨著孫文與蘇聯接近，便進入了國民黨的體系之內。

如此，中國在與大年之敵交錯混戰之下，自身體系的單位，也氣脈交錯縱橫，形成國民黨北伐之前異常複雜混亂的局勢。

於是乍看孫文的賣國路徑，前後兩條，前期以青幫流氓出身，陳其美與蔣中正等人為主的，對日本密約路徑，後被稱為右派。後期以偏激讀書人出身，廖仲愷與汪精衛等人為主的，對蘇聯密約路徑，後被稱為左派。兩派人馬，圍繞利益，已經開始相互衝突。加上共產黨進入國民黨內的人士，也在當中挺左反右，攪和利益，內部衝突矛盾更加複雜化。

雖說蘇聯記取日俄戰爭教訓，修正的侵略中國的路線，並得孫文等人當內應，但可惜的是，這漢奸孫文並不是單一主子，國民黨政治集團中仍有日本的基因，讓蘇聯侵略中國的計畫產生巨大變數。

蔣中正的拜把大哥陳其美，在上海反袁時期，被暗殺身亡。正是暗殺人者，人恆暗殺之。其兄陳其業有二子，為陳祖燾字果夫，陳祖燕字立夫兩兄弟，與蔣中正親善。對於孫文引共產黨進入黃埔軍校，非常地不滿，三人在廣州住所密會。

蔣中正鐵青著臉，操著滿口寧波口音的話，對二陳兄弟說：「娘希匹，廖仲愷利用跟蘇聯的合作，現在成了孫先生眼前的紅人，跟一批共產黨員打得火熱。當初我與你們的叔父，在日本幫他努力的一切，眼看就要成為泡影。再這樣下去，這即將成立的軍校校長位置，恐怕得拱手讓給他廖某人，我們就要失勢！國民黨以後就要姓共啦！」說到此，還怒而拍桌。

陳果夫搖頭說：「蔣叔，我們關起門來說話，就直接了當。以孫總理的力量，要奪取全國的政權，若沒有蘇聯人的幫助，根本辦不到。當年日本人給我們的各種援助，還沒有蘇聯人給的多。而且據頭山滿說，總理與日本的合作密約，日本政府內部，有很多官

員並不支持，只有日本軍界與民間激進組織態度積極。所以日本給的支援有限……總理改換門庭也是必然的。」

這件事蔣中正是知道的，由於日本政府內部的反對，日本軍方近年來與奉系軍閥張作霖比較靠攏，以聯合張作霖反共為主要訴求，對華政策也轉而務實，鮮少跟孫文拼湊出來的廣州革命軍政府往來。從而對孫文冷落，不願意給更多的軍火與金錢。

大概是被孫文一直不會兌現的密約，也窩火矣，直接找當權派談比較可靠。

陳立夫此時方二十四歲，年紀尚輕不知世事，直接了當說：「那就想辦法讓日本人給更多的支援，迫使總理不得不重視我們。」

蔣中正喝了一口水，放下了杯子，哼了一聲說：「這談何容易啊！日本政壇現在對於總理承諾的密約，有了這麼大的爭議，連頭山滿都被迫要改口。更何況現在他們與東北的張作霖關係這麼密切，先前我去東北串張作霖，親眼見到日本人對他的態度，比對孫總理的態度還要殷勤，哪有可能會這麼容易幫助我們？況且軍校成立在即，孫先生就要提出人事任命，就算日本人肯撥軍火支援，也來不及改變現狀。」

三人同時懊惱沉默。沒一分鐘，忽然陳果夫笑了起來。

蔣中正問：「果夫，你笑什麼？」

陳果夫微笑著說：「我的蔣叔，你就別擔心。這軍校校長的位置，我看是非您莫屬，孫先生他肯定不敢讓廖夷白或汪兆銘來擔任。」蔣中正疑問：「這話怎麼講？」

陳果夫笑著說：「總理建立軍校的目的，不就是想要北伐，統一全國嗎？北伐統一全中國，必然會牽動到日本在華利益。而日本與蘇聯之間，誰比較強？當年日俄戰爭的經過，總理是知道的。而總理當年透過您與我叔父等，參與日本軍政界的諸多密約，若他太過與共產黨親密，日本人必然不滿。我們何不請日本人來，借日本的勢力，去提醒孫總理，迫使他不得不重新考慮，軍校的人事任命案？」

蔣中正聞之一喜，急問：「事情緊急，我們該如何來辦？」

陳果夫笑著說：「立刻打電報到上海，請青幫老大們出面，聯絡日本黑龍會友好人士，讓他們緊急串聯日本軍方主要的人物，聯名寫信給孫總理！」

這真是醍醐灌頂，又是喜出望外，他孫先生對外國勢力的合作，蔣中正可是一清二楚，若有日本人出面撐腰，你孫先生不想任命都不行，而且可以簡單到，只要一紙書信就能收效。於是開懷笑了出來，對陳立夫說：「立夫，聽聽你哥哥多懂事，這才是我們黨國的人才，一句話就能扭轉乾坤，救國救民。」陳立夫微笑著點頭。

於是蔣中正透過上海幫派管道，找到了人在上海的日本人內田良平，使之串聯日本各界有力人士聯名寫信，並讓他帶來廣州見孫文。這內田良平何許人物？為日本右翼份子，在前清政府時期，幫助過孫文的革命，參加惠州之役，後與頭山滿共組黑龍會，大力主張北中國到黑龍江都該為日本領土。孫文當初到日本東京串人事，請求外援時，多數都有參與。

蔣中正不愧是他孫總理的信徒，孫文靠外國勢力對付自己人來奪權，蔣中正也有可以靠外國勢力在他孫文底下公然奪權。

廣州，革命軍政府。

內田良平帶著日本各界有力人士的聯名信，以及幾個機要翻譯秘書，來此會見孫文。孫文在革命軍政府外一見到他，那真是開懷相迎，言語中不斷重溫當年的交情，內田良平一開始也是重溫故舊事誼，仿若純粹來此敘舊。但一進到孫文辦公室，遣退左右翻譯，兩人直接用日語交談時，內田良平的臉色語氣都頓然改變。

他坐下之後板起嚴肅臉孔說：「孫桑，你我過去的交情故舊，在下銘記於心，就暫時先擺一邊，談談正事。」

內田坐於客座，孫文就不敢坐在主座，只能在另一客座椅上聽候「日本上使」的指教。微笑著回答道：「內田君說的是，鄙人多年奔走革命，沒有日本友人的相助，不可能有今天成就。您也知道黃埔軍校成立在即，各方籌備也將到位，您難得來廣州，這幾天您就在此多參觀，若有指教，鄙人一定洗耳恭聽。」

孫文還想繼續說奉承話。忽然內田良平伸手立掌示意，止住他的發言，孫文瞪眼愕然。

內田良平說：「這些話也都免，今天我要談的正事，是有關於黃埔軍校人事案的問題。這件事情在我大日本帝國朝野上下非常關注，所以希望孫桑不要顧左右而言他，不然這將會影響你們與我大日本帝國的關係。」

孫文已經對他的來意猜出了幾分，內心頗為不快，先前答應割讓大片領土，求助你們日本相助軍火資金與軍事教官，但日本政府自己打退堂鼓，鬧了一堆爭議，阻止了這件事，反而大力主張跟北洋的奉系軍閥張作霖友好。使得他孫文不得不改求助於另外一個，對中國領土有野心的鄰國，蘇聯。而今黃埔軍校與廣州革命軍政府，在蘇聯大力相助之下，好不容易在廣東站穩腳跟，有了眉目，若日本干預軍校人事案，蘇聯人那邊肯定跳腳。

孫文雖然不快，但尚不想要變臉，皮笑肉不笑地說：「內田君教訓的是，不知道貴國政府對這件事情，可有明確的態度？」

內田良平說：「我大日本帝國政府，雖然對這件事情沒有表態，但朝野不少跟孫桑有過交情的有力人士，對此就非常關心，託在下帶了一封聯名書信過來給您，請您先過目。」

孫文打開一看，裡頭有日本激進派政治人物與軍方聯名，還有頭山滿，森恪與飯野吉三郎等，當初搓合他簽下賣國密約的人士，也具名在上。而書信內容大體是質問即將成立的黃埔軍校，校長的人事任命是誰？倘若不是當年的親日友好人士，而是讓共產黨或左派人士擔任，他們將堅決反對。甚至在書信中直接提出校長的人事建議人選，排在第一順位的就是蔣中正字介石，之後則是張群與戴良弼等其他親日派。

孫文深知，這蔣中正是地痞流氓出身，論才幹能力，論革命的輩份，論品行行為，

都不可能輪到他來當校長。即便是論日本士官學校畢業的背景，張群才是正牌，蔣中正只是偽造學歷者。日本人之所以把他大名排在第一位，還不就因為陳其美已死，就數他蔣中正跟日本黑龍會人士互動最親密，對日密約牽扯最深。最讓孫文吐血的是，蘇聯是政府擺明了支持，可以給大批的軍火與軍事教官，但日本政府根本不願意提供援助，而是一批軍政人士，背著政府私下串聯，用他當年的「革命情誼」反過來逼他。

甚至最誇張的是，這些日本人相互之間本來也不熟識，還是他孫文當初努力在日本串聯，讓他們相互取得大陸政策的共識，才形成的圈子，而今反過來壓迫他，阻擋他的革命，可真有自作自受的感覺。

孫文面有難色，接著苦笑著回答，語氣低沉謙遜，帶著幾分滑頭地說：「鄙人已知內田君此行來意。但老實跟內田君說，這黃埔軍校與廣州革命軍政府的資源，大多是蘇聯人支持起來的，倘若不顧蘇聯人的意見，事情恐怕會有些難辦了。」

內田良平一聽直接擺出不悅神色，若不給孫文這兒皇帝一記顏色，恐怕將來真的會直接跟蘇聯人擁抱在一起，把中國的主權全部割給蘇聯，那真的就會損傷日本的利益。

幾乎用訓斥的口吻說：「孫桑這麼說就太讓人失望了。閣下在日清戰爭之後，投身支那革命，去過不少國家求助，而最早支援閣下軍火與資金的，就是我大日本帝國。無論是對付清政府，還是對付袁世凱北洋政府，我大日本帝國對閣下的支援豈比蘇聯人少？若閣下不念舊情，一味袒護蘇聯人的意見，那麼將來閣下北伐即便有蘇聯人支持，以我對日本軍界的認識，皇軍決不會坐視這種，損害我大日本帝國利益的事情發生。難道孫桑是在衡量，到底是我大日本帝國強？還是蘇聯強？」

見到內田變臉，孫文終於笑不出來，只淡淡說：「嗨。」

內田良平接著說：「當年日俄戰爭的過程，我相信孫桑您不會忘記，而且我大日本帝國是反共的，近年來擴增軍備的事情您也知悉。若蘇聯人佔了外蒙古還不罷手，想再侵奪滿洲，我大日本帝國肯定是支持北洋政府，再打一場日俄戰爭，到時候孫桑您的立場就尷尬了。即便我們這些友人想要支持孫桑，皇軍也不會讓你的北伐成功。所以黃埔軍校的人事一案，您最好能給在下正面一點的回答。至於共產俄國人的施壓，你大可把問題都拋到我們大日本帝國這裡！」

確實，從當年日俄戰爭的經歷，以及日本近年來大力發展軍備的走向，就算他有蘇聯人幫助，若日本人在他北伐中支持北洋政府，橫槍立馬擋於道前，那他肯定拼殺不過，武裝奪取全中國政權的企圖，必然失敗。

沉靜了一會兒，孫文再度露出僵硬的笑容，點頭說：「內田君說的是，有你們替我擋住蘇俄，那我的壓力也放鬆了很多。鄙人一切都明白，請給我一些時間考慮，我一定會給您回復，黃埔軍校校長的人選，肯定就是這幾個人當中產生了。」

內田良平總算滿意，終於也笑著說：「孫桑果然還是我大日本帝國的好友，對蘇俄人與共產黨，您還是多防範一些的好。」孫文點頭答嗨。

兩人多年的友誼，終於繼續維持，沒有鬧翻。

但孫文內心非常不快，從聯名信上一群日本人的名字，他已經猜出，這是底下有人，學他當年利用日本人對付袁世凱的手法，現在反過來對付他。所以內田良平才離開，孫文就破口大罵日本鬼。

自從孫文寫下三民主義與建國大綱，得到不少中國知識界的認可後，他也不太在意外國人對自己的態度，因為孫文也慢慢看出，只要有民眾的認同，得到中國政權那就只是時機問題而已。倘若把中國人民惹火，原本有政權也會一夕被弄崩，清朝朝廷與袁世凱他可是親眼所見。所以孫文雖然同意蔣中正擔任黃埔軍校校長，但對於北伐以及日本人的壓力，他已經逐漸意興闌珊。

雖說內定了讓日系人馬蔣介石擔任黃埔軍校校長，讓日本人滿意了。但基於現實，也得罪不起供應軍火的蘇聯主，就在黃埔軍校即將成立的前三天，蘇共頭子列寧死去，孫文寫了輓聯，翻譯成俄文，派人寄送到莫斯科，對蘇共致意：「茫茫五洲，芸芸眾生；孰為先覺，以福齊民？伊古迄今，學者千百，空言無施，誰行其實？惟君特立，萬夫之雄；建此新國，躋我大同。並世而生，同洲而國；相望有年，左提右挈。君遭千艱，我丁百厄；所冀與君，同軌並轍。敵其不樂，民乃大歡；邈焉萬里，精神往還。天不假年，與君何說；亙古如生，永懷賢哲。」

什麼都不是的剽竊者列寧死去，真正思想的原創王先生要來了，斯大林真正登台。

亡靈第一道談判語言，就是指責。當斯大林從蘇聯顧問那邊得知，黃埔軍校人事被日本人干預，軍校校長已經內定為親日人士，對孫文可不客氣，立刻發電報嚴厲責問。

大意是說：黃埔軍校的武器，資金與人員訓練，都是蘇聯人支持的，而不是日本人。日本政府從來沒有像蘇聯政府一樣，明擺著打北洋政府，全力支持孫文革命。關於黃埔軍校人事問題，若偏袒日本人的意見，不再做考慮，蘇聯就沒有必要繼續跟北洋政府交惡，將要切斷對黃埔軍校的軍火支援，與北洋政府重修和好。

孫文真是越想越窩火，這黃袍都還沒披上，兩個外國勢力就開始輪流干預人事！然而當下沒有實力拒絕外國勢力要求，不然北伐肯定失敗！只好兩面討好！

仍任命蔣介石為校長，但派左派人物廖仲愷為黃埔軍校的黨代表，引進大批的蘇聯軍事顧問，與一批中國共產黨人，擔任黃埔軍校的重要職務，如政治部代理主任包惠僧，軍法處長周恩來（後為政治部主任），教授部副主任葉劍英，政治教官鄆代英、高語罕等。同時又在軍校學生中組織共產黨的地下組織「青年軍人聯合會」，出版刊物，宣傳馬克思主義。

蔣中正得知共產黨員大量要與自己共事，非常不高興，表示無能力擔當，準備回浙江去隱退。孫文內心非常憤怒，蔣中正什麼時候學會故作姿態的政治功夫？都學了過去，還反用在孫文身上。最後只好派人去勸他以國家為重，請他接任。

雖然在蘇聯軍火與資金支持下，拼裝出來的廣州革命軍政府，逐漸在廣東站穩腳跟，武力也逐漸強大，但孫文反而大失所望，最主要原因是，人事被兩邊外國人左右，內部龍蛇雜處，派系敵視，根本統籌不到一起。孫文自認為自己該掌握一切，結果裡裡外外都一把手，卻大事小事都當不了家。

最明顯的狀況就是，黃埔軍校開學後，從教官到學生，都因此分裂成兩派，一派挺親日的校長蔣中正，另外一派挺親蘇的黨代表廖仲愷與共產黨幹部。白天出操的時候，大家都在一起動作，表面上沒有嫌隙，然而一到晚上開會，就兩派各自帶開，各開各的會，相互多有攻訐，互別苗頭。對他孫文的號令，不是陽奉陰違，就是根本置之不理。

孫文一看，照這情況發展下去，他的手下兩幫人馬，各擁外國勢力為靠山，不把他孫文當真的領袖。就算北伐成功，權力也必然被別人奪走。

大大感覺這一切都無意義。辛苦大半輩子搞革命，到最後竟然是替別人作嫁衣，從而孫文抑鬱寡歡，激憤而不得志，身體健康每況愈下。終於放棄北伐內戰的意圖，主動暗中聯絡段祺瑞，馮玉祥與張作霖，請他們發邀請函讓自己去北京談判。

於是不顧兩派人馬的反對，堅持動身前往北京與北洋政府談判。目的是讓北洋勢力默許他建立南方政權，並且南北雙方合作，以和平的方式，解決最後統一的問題。

但這兩派人並不癡傻，都猜出孫文北行目的。因此兩派人馬都非常不滿，他們各自獲得外援後，都磨拳擦掌，想要北伐奪權，若孫文談判成功，那各自的權力夢，都將破碎。尤其以蘇聯人最為反對激烈，這等於讓蘇聯侵略中國的計畫受挫。

在蘇聯人的建議下，左右兩派人馬相互妥協，暫時放開嫌隙，相互談合作，共同擬訂合作北伐的計劃，蘇聯將繼續提供支援，但蔣中正在之後必須要送兒子蔣經國到蘇聯，表示對蘇聯的合作，不會作出違反蘇聯利益的事情。而在政治上最後定調，兩派都替孫文作政治美化，掩蓋他對外一切見不得光的事跡，但無論他孫總理在北京妥協的結果為何，北伐計畫不變。

六門書判－周公恐懼流言日，王莽恭謙下士時。當下周公見王莽，而王莽勢大，只能送質子給他緩和。但周公的任務，還是要反王莽的。在王莽給訊息之後的回訊，就是卑辭厚幣，但嚴厲拒絕。並且中國集體意識，以此反向試探，你這王莽的成分到底有多少？畢竟你不是中國模式招來，而是敵方運用已經滅亡的古埃及三連星系統呼喚。但從質子在蘇聯的待遇可知，這王莽的成分不低，那麼相互就只剩下條件談判。

民國十三年十二月，北京飯店。

孫文抵達北京已經是寒冬，從陳炯明起義，到廣州商團的反水，到最後黃埔軍校，

親日親蘇兩派人馬不聽號令，幾年來的抑鬱寡歡，已經讓他的癌症爆發。但他收到廣州來的幾封電文，更是讓他氣得病情加速惡化。

孫文親手撕毀了幾封電文，在一旁的宋慶齡急忙撫慰，汪兆銘也加以勸諫。孫文拍桌怒說：「說什麼請我立刻回廣州，他們決不跟舊勢力妥協！北伐計畫決不改變！這是最高蘇維埃的指示！他們各自依靠外國勢力當靠山，已經不把革命軍政府的號令放在眼裡！蔣中正，廖仲愷，共產黨這一批背恩忘義的中山狼！逼我成了東郭先生了！」說到中山狼，停滯了一會兒。因為他孫文自己有別名，被人稱為「中山先生」，根本不是東郭先生。會有這批中山狼，不就是你自己中山先生招集而來的嗎？

宋慶齡說：「別生氣了，你還有病在身。這些事情也是早知道了，我們不就因此來這跟張作霖、馮玉祥他們談嗎？事情總能解決。」

孫文面色凝重說：「你們都知道蔣中正是怎樣當上校長的！沒有日本人撐腰，憑什麼讓我任命他？任命之後竟然搞不清楚誰才是主。對我的命令陽奉陰違，被我訓斥，表面認錯，背地不當一回事。更氣人的是那個廖仲愷，若不是我提拔，憑什麼從我的秘書去當軍校黨代表？黃埔校務會議的議題不先向我請示，反而跟共產黨達成協議之後才通知我結果，請我承認。共產黨更可恨，直接聽命於蘇聯，動不動就是拿蘇維埃的最高指示，軍政府的命令完全不放在眼裡！原來跟蘇聯人合作，比跟日本人合作的後遺症還要大！」說到此，胸腹絞痛，還好剛才服過藥，沒有讓他氣得昏厥。

聽到他罵左派人物，汪兆銘有些尷尬，和顏悅色對孫文說：「總理別生氣，這一切也是必然的，當初革命為了請求支援，不得不跟洋人合作。俗話說的好，天底下哪有白吃的午餐？同意了他們的人事任命，這些人自然就會認洋人當主子。此次來北京，黨內不就只有我等支持您此行？真正聽從總理革命理念的人，還是我們。等到我們爭取到中國人民的認同，實力強大後，管他日本與蘇聯的要求，通通予以拒絕。」

孫文道：「精衛，你的忠心我知道。我奮鬥了大半輩子的革命，竟然是這種結果。如今情況，不就像民國剛成立，我被迫來北京找袁世凱談判，結果被冷落的情況，一模一樣嗎？民國繞了一圈，到最後我又回到了原點。感覺這一切都無意義。」

汪兆銘恭敬地說：「報告總理，我認為這不算回到原點。當初袁世凱掌握絕對的優勢，當然擺出高姿態。而今北洋軍閥混戰多年，元氣大傷，張作霖肯定會同意我們的提案，支援我們軍火武力。而且南北會談，剛開始或許難謀合，基於現實全國人的一致要求，最後還是得統籌一個聯合政府的。」

原來孫文準備要跟張作霖合作，以奉系軍閥的力量，回廣州壓制那兩派不聽話的人馬。

孫文說：「如今也只能這樣，不然我奔走一生，竟然是替他人作嫁衣！」說到此又感病痛。宋慶齡急忙安慰他說：「不會的，不會的。」

汪兆銘補充說：「奉系軍閥，目前掌握北洋的主導權，跟日本關東軍的關係也相當友好，與蘇聯的關係則非常險惡，在東北屢屢跟蘇聯人為難。總理此次來北京，蘇聯人最為憤恨，您該致書給蘇聯政府，以免廣州那邊共產黨會有不當的舉動。」

問：「你認為這該怎麼寫？」

汪兆銘答道：「我們跟北洋政府的合作關係，不會動搖到先前的承諾。但共產黨的發展，不能干擾了國民黨的自主性。共產主義，目前還不適合中國。用字遣詞要放低身段，但強調我們跟北洋政府的合作已是必然。」停頓了一下接著說：「先用這些敷衍蘇聯人，等我們跟北洋政府合作關係確認，蘇聯也無可奈何。奉系有日本關東軍的關係，蘇聯人不敢招惹他們的。」

孫文點頭說：「好吧，你來執筆。最後我再簽字。」

民國十四年年初，孫文住進協和醫院，癌症已經確認。張作霖與段祺瑞，先後都有來探望孫文，同意他的合作方案，答應協助孫文壓制廣州那兩派人馬，然而他們也知孫文沒多少時間可活，合作方案就算確定，也沒有多大意義。

孫文勾結了一輩子外國人，英國人、美國人、法國人、日本人、蘇聯人，當了大半輩子漢奸，但仍然失意，最終死前大澈大悟，成為憂國憂民的愛國主義人士，以勾結中國人，放棄內戰為最後目標。但還是沒達成，病情拖延到三月而去世。

死前並不是黨徒粉飾的，高喊「和平奮鬥救中國」，實際上是憤恨他革命一輩子，成果是別人來收割。最後是念叨他寵幸的一個日本小妾的名字，走入長久的夢鄉。

李鴻章的黃袍夢醒，感慨黃袍是個假象，但還當過北洋大臣，以管當官呼風喚雨。袁世凱的黃袍夢碎，但至少他還當過四年大總統，外加八十三天的洪憲皇帝，滿足了一些領袖欲。孫文的黃袍夢碎，卻是連邊都摸不著，沒有掌握到任何實權，更無領袖位置，只能躲在革命口號下，愛國呼聲下，替他人作嫁衣。李鴻章悻然而亡，袁世凱羞憤而死，孫文含恨而終。

古云國之將亡有妖孽，清末民初的三大妖孽：李鴻章、袁世凱、孫文。雖然都一一走入各自的墳墓，但留下的大量歷史負債，將讓全中國人民以災難的形式來償還。也只有一個接一個的禍國妖孽不斷出現，才能讓中國這個大國不斷沉淪。

看似如此走來，中國將非亡不可，但事實可並不是眼前所見。一種形上的歷史力量，運用這種極端負面瀕臨亡國的形勢，組合著一條歷史路徑，這歷史路徑在中國史上上演很多次。一鬼死一鬼替，一朝滅一朝興。有人黃袍夢斷，還有後面的人繼續接著這個黃袍夢，一棒接一棒，不斷禍國，繼續努力，向這條「看似不可能的歷史路徑，逐漸挺進，這歷史路徑，將會嚇到日本皇室，迫使他們犧牲一切全力阻止。

孫文死，一個驚人畫面出現：

在北京舉行公祭時，豫軍總司令樊鍾秀送巨型素花横額，闊丈餘，高四、五尺，當中大書「國父」二字，他的唁電輓幛，均稱「國父」！開啟認賊作父之先河！在國民黨北伐奪權後，便逐漸強逼統治下的中國百姓，稱之為國父！

本來中華民國真正的父親，是武漢兵變當時，統領全中國最精銳部隊，在北京逼宮，推翻清朝中央政府的袁世凱！南方各省游離自主，轉向共和體制的基礎，也是他袁世凱與其師尊李二先生，共同奠定的！民國元年的紀念幣，也是袁世凱的肖像！但此時轉而去認孫文當父親。

六門書判—荒腔走板的結論。只能解釋，龜局要變性了！北洋諸公發現自己的遊戲玩壞，而孫文為當時主導遊戲的評論者，這些烏龜王八乾脆就任孫文為父。國父，龜父。如此中華民國龜局由母轉公，而靈龜周公就可以降世，操作曾經文明昌盛的周邦龜局。無怪乎，中華民國國號不改，年號不改，但不認前面的總統。但這一回時代沒那麼單純，周公真的能罩得住嗎？

廣州革命軍政府就其本質而言，的確難成氣候，但中國百姓的輿論偏向，卻讓難成氣候者，真成了氣候。在諸多軍閥內戰之下，北洋政府罩不住檯面，兵連禍結，近乎無政府狀態，北洋政府已經失去人心。尤其在知識界，輿論開始偏向於，打出三民主義的廣州革命軍政府。三民主義即便臨時組裝而成，內容其實一蹋糊塗，但畢竟有一個中國人自己的主義可以操作，不失為暫時可行之物。況且又有周公演繹，肯定可以將之逐步完善化，至少理論上可以。只要大家都配合周公。

繼孫文衣缽的蔣中正，於是緊抓契機，聯合左派與共產黨，及南方各路軍閥北伐。準備於民國十五年七月，舉兵北伐。但於此同時，為了鞏固自己為孫文繼承人的形象，先致贈了一張寫真給孫文的遺孀宋慶齡，對她「致意」。此時宋慶齡似乎還沒看出蔣介石的「暗示」。

廣州。宋慶齡應張靜江之邀，與蔣介石在一餐館晚宴。這張靜江是國民黨元老，也是蔣介石請來的媒人，見時機成熟，便帶著左右退出，製造機會，讓兩人對食。

真是君子之慎其獨也，小人則最愛與女人獨處之時。但是周公乃聖人孔子，做夢都要夢的超聖之人，怎麼會是小人？但是眾人沒注意到一件事情，超聖之人是三千年前的人，當時周公廢掉殉葬惡俗，制禮作樂，逼文人封建蠻荒，就已經超凡入聖。但當時並沒有說，不可以娶遺孀，當時也沒成熟的儒學，更遑論貞節觀念？

既然周公亡靈不斷點頭，蔣公自然就會積極爭取。

兩人閒話一陣過後，蔣介石操著寧波口音的北京話，露出詭異的笑容說：「夫人，在偉大的孫總理號召下，北伐在即，中正身受孫總理提拔，是孫總理事業的繼承者，必定會完成這北伐統一全國的重要任務，在這當中希望夫人能大力支持中正。」

宋慶齡此時對蔣介石的印象還不壞，因為孫文死前，痛恨一批背叛他的中山狼當中，

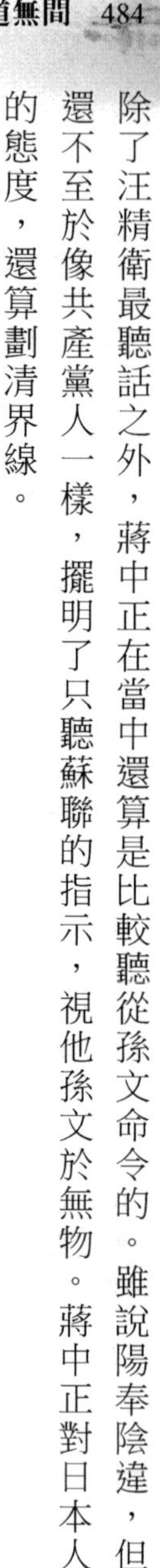

除了汪精衛最聽話之外，蔣中正在當中還算是比較聽從孫文命令的。雖說陽奉陰違，但還不至於像共產黨人一樣，擺明了只聽蘇聯的指示，視他孫文於無物。蔣中正對日本人的態度，還算劃清界線。

宋慶齡散發著成熟女性的微笑著說：「謝謝，以後要多仰仗你了，我若能支持的地方，一定全力支持。」

蔣中正見到，這試探的話語有了正面回應，便假正經說：「然而夫人也知，黨內與黃埔軍校中，派系林立，甚至還有親蘇的共產黨人。孫總理還沒逝世之前，他們就已經不聽號令，不從三民主義的偉大號召，而今孫總理逝世，他們必定更會作出更多危害黨國的事情。中正是孫總理的繼承者，對此非常憂心，還望夫人能與中正一同表態，左派與共黨是危害黨國的蠹蟲，以正國人視聽。」

宋慶齡微笑說：「現在北伐才要開始，我們就化友為敵，這恐怕不合適。但蔣校長你提的這件事情，慶齡一定牢記在心，等北伐完成之後，我自然會表態，全力支持蔣校長你的領導地位。」

蔣中正一聽甚喜，他此次約宋慶齡的兩項目的中，已經很順利地達成了一項。兩人繼續對食，並且乾了一杯洋酒。

接著又露出詭異笑容，說道：「中正是孫總理的繼承人，此生只信仰孫總理的三民主義。然而像汪精衛與廖仲愷那批人，口口聲聲也是信仰三民主義，但實際上卻跟共產黨暗通款曲，不斷鄙視中正，說中正是革命的後生晚輩。這些人也不是善類，希望夫人也能遠離他們。等到北伐完成之後，中正必定尊奉夫人領導黨務，中正則領導軍人站立在側，當夫人您的副官，誓死不渝。」

在這對食宴談之前，先送了一張曖昧的寫真，在對食宴談當中，蔣介石連續三次提起，自己是孫總理的繼承人。宋慶齡剛開始感覺怪異，但從他排擠政敵的話語中，應該是要拉攏自己，一同打擊政敵，所以對此尚不為怪，便微笑著說：「謝謝蔣校長，身為總理遺孀，我當然也是支持他的繼承人。我們以後還要多仰仗你。」

又過了片刻。

蔣中正發現這宋慶齡屢屢聽不懂暗示，於是大膽的跨出一步，笑容更加詭異，伸出了雙手直接按在宋慶齡的手背上說：「中正仰慕夫人已久，夫人當年跳出窗外，前往日本跟孫總理結為連理，傳為革命佳話，如此大膽前衛的女性作風，驚世駭俗，更讓中正傾倒不已。時代已經不同，中正也仰慕如此前衛的作法。若夫人不棄中正出身低下，中正願隨孫總理的腳步，與元配離婚，常伴夫人左右。」

宋慶齡一聽，嚇了一跳。原來蔣中正三提自己是孫總理的繼承人，主要目的是要把她宋慶齡也繼承過去。這孫文才死一年有餘，廣州的左右兩派政治人物，把孫文殘餘政治價值瓜分殆盡也就罷了，連她宋慶齡都要分掉，作充分利用。可見孫文死前說得沒錯，他提拔出來的這些人，全部都是中山狼。看了蔣中正的花生頭，油條臉，轉而憤怒。

宋慶齡立刻把手抽回來，光火的罵道：「蔣介石！你這是幹什麼？你這是在幹什麼？你當我是什麼女人？」

蔣中正立刻收回滑頭的笑容，趕緊說：「夫人誤會中正了，中正此心可昭日月，絕非一般情場浪子，露水夫妻的輕舉，而是願定終身之告白。」

宋慶齡聽了又驚又怒，代表這蔣介石開始左右拉扯，連宋家其他人都要拖下水。立刻站起來大怒說：「我不想跟你蔣介石有任何瓜葛，以後你不要來見我。」說罷離開餐廳，起身就走。

蔣中正追到門口，不斷說：「夫人請留步，夫人請留步。」

宋慶齡並不回頭，搭上私人汽車，命令駕駛驅車離去。蔣中正陰沉沉望著她離開，有些惱羞成怒，自然不會死心。

六門書判—這就是妳宋慶齡有眼無珠，妳眼前這位，可是孔子聖人，屢屢作夢想要見都見不到的靈龜。他那個時代，關關雎鳩在河之洲，娶遺孀那是再自然也不過之事。況且妳也不算孫文的第一任正妻，年齡差距甚大。雖然跟蔣中正在一起，確實有點驚悚，不必接受，但也不必憤怒。至於他為何是光頭？龜局之首，當然要光頭。袁大頭如此，蔣光頭亦然。

張靜江見情況不對，趕緊勸說蔣介石別放棄，盡最後努力。於是張靜江又再次拜訪宋慶齡，表達蔣中正真心。這種事情在中國歷史上，雖然難找到前例，除了唐高宗娶武后勉強可說，但武則天名聲很差，怕宋慶齡因此更怒。所以改引法國拿破崙娶他人遺孀，當不倫不類的案例，繼續勸說。結果被宋慶齡轟出家門，列為訪客黑名單，弄得張靜江灰頭土臉。

蔣中正暗暗思度：妳宋慶齡這樣拒我千里之外，但妳不還有一個妹妹宋美齡嗎？若改追到宋美齡，妳宋慶齡就仍擺脫不了我蔣中正的陰影，還是得被迫要面對我蔣中正。六門書判－完全正確！必須不能放棄，追求到底，至少得得出同等當量結果，否則景罔道會出大事。由此可以反向證明，周公當年必然娶過遺孀！而且也是精通商道之家！極可能是討伐武庚，平定商人叛亂，穩定商民之舉！為何這麼說？保密。但事實真的是如此。就算遭到輿論大加撻伐，不過就應『周公恐懼流言日，王莽恭謙下士時』之氣讖。為了大局，蔣公，堅持下去。但是宋家是買辦，這種家庭，在周朝之初這種人，可是促進文明伊始擴張到蠻荒的有利成份，但在民國之初的現在，買辦可是漢奸養成之所，也是西方敵對勢力昂猶集團，重點合作的單位，是毀滅中國的成份。當時雖然也支持這麼作，但危險成份已經先行潛藏在身邊。

於是蔣中正把注意力改放在宋美齡身上。而宋慶齡勸阻妹妹失敗，遂與共產黨親善，改支持蔣的政敵。如此看來，宋家還真是蔣的一大敗筆。宋家沒資格與蔣中正掛勾。

話鋒回歸正題。

北伐雖開始，但蔣中正本身並不在前線打仗，只在後面造勢，利用其他南方軍閥的

力量打頭陣，與黃埔學生衝在前頭，自己只認真撿戰利品，以及督導『政治正確』，同時大力收編各地主動倒戈的軍閥部隊。從而連破吳佩孚與孫傳芳，成果超過想像。這兩股軍閥，由於血戰多年，軍士都不願意打仗，不戰而降者，抱怨反戰者甚多。吳佩孚本人，見人心已變，怨聲四起，局面不利，自己也不願意讓部屬再多作無謂犧牲，汀泗橋一役失敗之後，吳佩孚主動撤走，解散直系部隊。

國民黨雖節節獲勝，但在北伐途中，如同太平天國一般，內部不成氣候的問題立刻浮現，眾人眼看即將獲得政權，紛紛起而搶奪功勞。原本親日右派與親蘇左派，在檯面下搶奪權力的惡鬥，正式浮上檯面。尤其以廖仲愷左派人物與共產黨人物，認為這北伐成功，粵系與桂系軍閥雖有主要戰功，但策動北洋軍隊倒戈的，左派人士在當中出了不少力，從而有排斥粵系等人的意見。粵系的胡漢民，遂深恨廖仲愷。

黨內輿論認為，北伐勝利主要都是粵系軍閥的戰功，從而讓蔣介石這個只會撿戰利品的人感到地位不保。蔣介石雖然在戰場上打仗毫無能力，但搞黨內派系鬥爭這是一流的，這也是他在上海混黑幫流氓的時候，常使用的手段。煽動別人去械鬥，自己在後面製造事端，趁機奪取功勞。於是利用胡漢民與廖仲愷之間的仇恨，見縫插針，與胡漢民合作，鼓動他將廖仲愷暗殺，嫁禍別人，手法與當年孫文殺宋教仁如出一轍。

只殺一個左派頭面人物廖仲愷，當然還無法奪權，蔣中正再接再勵，製造事端，立刻以武漢政府受共產黨控制為由，在南京另組國民政府，主張清黨，藉此奪取國民黨內實權。共產黨反應激烈，大罵這是「蔣介石叛變」。武漢政府以左派人物為主，也立刻反制，下令開除蔣的黨籍，並計劃派兵征伐南京，史稱「寧漢分裂」。國民黨在武漢召開中央執委全體大會，宣告正統地位，會後以汪精衛、譚延闓、孫科、宋子文、徐謙為國民政府常務委員。

雖說武漢政府已經穩固，但是蔣中正畢竟從軍校人脈，與南方軍閥支持下，掌握了部分的軍力。

汪精衛通電主張寧漢雙方不該大動干戈，便先去蘇聯照會，最後從莫斯科回上海，與蔣介石談判。汪承諾阻止武漢反蔣，但蔣必須支持汪主持黨務。汪精衛自以為談判成功，自此寧漢雙方都將服從他領導。但蔣中正沒有奪到實權當然不會有誠意，於是動員親蔣的黨員，在上海密謀。

國民黨監察委員，吳敬恆、李宗仁、黃紹竑、陳果夫等在上海開緊急會議。會議中提出檢舉「共產黨連結容納於國民黨之共產黨員，同有謀叛證據」。蔣中正另外策動青幫首領黃金榮、杜月笙等組織的「上海共進會」及右派工人聯會，同軍隊在上海逮捕、處決共產黨人。廣西、廣東的地方軍閥立刻呼應蔣中正的主張，分別在黃紹竑、李濟深主持下開始清共。武漢方面見蔣中正破壞和談共識，即下令通緝之，南京方面也立刻反制，亦下令通緝約二百名共產黨人。經過李宗仁及朱培德居中斡旋，武漢及南京避免開戰，決定暫時分頭繼續北伐。

蘇聯人見北伐軍因日系人馬蔣中正開始動作，從而分裂內鬨，如此將很難赤化中國，便急忙要搶一杯羹，策動共產國際決議改變中國共產黨方略，準備武裝工農成立新軍、徹底進行土地改革；但仍然留在國民黨內，使國民黨及武漢政府成為工農革命獨裁機構。

中國共產黨此時全由聽從蘇聯命令的人主導。在湖南進行的土地改革過於激烈，使國民黨內不少軍官不滿，終與何鍵發生衝突，何鍵、朱培德等亦開始清共，是為「馬日事變」。共產國際駐武漢代表羅易，將從蘇聯共產國際所得之訓令，轉示汪精衛等武漢國民黨高層，逼汪精衛交出武漢政府的實權，引起汪精衛等人的恐慌與憤怒。

武漢汪精衛政府，從中知悉蘇聯顧問鮑羅廷，欲分化國民政府，以助中國共產黨奪取武漢政府權力，最後把汪精衛等人拋棄。汪精衛遂暗中決定聯蔣反共，於是主持通過「取締共產議案」，罷黜鮑羅廷及其他蘇聯顧問。左派國民黨，被迫與代表蘇聯勢力的共產黨切割，史稱「寧漢分共」。

從而蘇聯除了掠奪了外蒙古，進一步侵略中國的計畫因而擱淺。

六門書判－周公代表集體意識，告知王莽，世界局面混亂，我們尚不知道你是敵是友，我們不會與你妥協。即便當下你勢大。

武漢政府宣佈解散共產黨機關，同時調動各路軍馬，沿長江而下，準備東征南京。中國共產黨則決定撤回參加武漢國民政府之共產黨員，獨立發展共產勢力。武漢政府的軍事主力，張發奎部下之共產黨，在南昌發動兵變。武漢政府因此承認疏於防共，終於宣佈通緝共產黨員。在國民黨分裂之後，國共又分裂，如此打打鬧鬧，北伐變調，統一全國大計將泡湯。國民黨內許多人將此責任，推在最早鬧事的蔣中正身上，為避風頭，宣布下野。

真是周公恐懼流言日。

這蔣中正下野只是避風頭，當然會繼續活動，製造事端，伺機奪回權力，於是串通李宗仁，引誘汪精衛上鈎，不知情的汪精衛中計。見蔣中正下野，以為其失勢，急於整併南京國民黨的人馬，於是武漢政府宣佈遷都往南京，汪精衛亦親抵南京，寧漢正式復合。

正當汪精衛以為自己獲勝，領導地位穩坐時，在李宗仁及多位國民黨元老的主導下，要求以統一全國為重，不當讓原來親蘇的人領導，否則汪精衛將來若再通蘇聯，蘇聯將再進一步侵略中國。

於是共推軍校校長蔣中正領導北伐，寧漢雙方在上海商談聯合，原來武漢政府的宋子文，因宋美齡的關係轉而投蔣，呼應李宗仁，大力主張支持蔣中正領導國民黨。排斥原為左派親共的汪精衛，反迫其下野。其他國民黨員，也認為蔣中正反共路線，挫敗了蘇聯侵略中國的陰謀，遂支持其擔任國民革命軍總司令，統領全軍。

蔣中正利用各派系矛盾，煽動的一場政治內鬨，終於有了果實，雖然在北伐的軍事上毫無功勞，但在政治上大獲全勝。外加迎娶宋美齡成功，宋慶齡一氣之下遠走蘇聯。所有反蔣人物，全部失勢。在一場眼花撩亂，外人摸不著頭緒的排列組合之下，終於跳出一個最能繼承孫文衣缽者，蔣中正，正式上線。

一九二四年六月，蔣中正在日本勢力支持下，排除了左派勢力，鞏固黃埔軍校校長之職後，掌握部分兵權。一九二六年七月九日，因北伐集團內部混亂的權力鬥爭，派系相互妥協下，擔任國民革命軍總司令，以南方各路軍閥為前驅，北伐奪取全國政權。一九二七年九月，派人東渡日本，密會日本各政要。擁有日本黑幫與日本軍方勢力背景的蔣中正，一下變成全中國最大的軍閥，即將成為中國領導者。

同年，即一九二六年十二月，日本大正天皇

崩御。裕仁繼位為天皇。以中國經典尚書中『百姓昭明，協和萬邦』一句，改元昭和。承襲大正天皇留下的自我架空，軍政分離之策，以虛無控制實有。繼承中國哲學文化的裕仁，當上了日本天皇。

無間道兩大內鬼，幾乎同時跳上了政治舞台。

六門書判－周公靈龜本不作此事，然而中華民國成為日本皇統的罔兩龜，已經在前奠定必然基礎，自然空間態的龜氣一脈，景罔相應。又在兩國上下層都不成一志，各有矛盾，強制同步運動，演變成背刺自己人的烏龜王八，已屬必然。那兩龜相槓，誰贏？當然龜之優者在靈，靈氣強者勝！雖說你日本皇室煉壽多代，以靈為長，但難立龜派最靈之老祖周公之前。故對日皇而言，局面逐漸失控。

正當裕仁繼位為天皇，中國大陸這邊，國民黨集團北伐節節獲勝，而國民黨由親日的蔣中正等人掌權，壓過了汪精衛與共產黨等人。中國百姓早已厭惡北洋軍閥混戰禍國，對孫、蔣等人與外國人的勾當尚不知詳情。此時的民心偏向於國民革命軍，多數支持打倒北洋政府的北伐行動。蔣中正集合了南方各路軍閥，統帥近百萬大軍，繼續北上進攻奉系軍閥與直魯軍閥的地盤，山東省。山東軍閥張宗昌原本準備迎戰，但韓復渠暗中勾結蔣，以讓他替代張宗昌主政山東為代價，宣布倒戈投奔北伐軍。有了韓復渠當前驅打頭陣，蔣便不戰而勝，率軍進逼山東交通要衝，濟南。

眼見曾參與通日賣國密約的中國人，在一陣似有安排又眼花撩亂，外加亂哄哄的爭

權內門之中，打敗了通蘇的人馬，又不斷打敗北洋勢力，即將掌握全中國政權，當年參與孫文密約的日本人，也開始串聯運作。隨著中國出現了新的局面，中日兩國局勢，隱藏著一股巨大的震動……

在多數中國人，尚對新興的國民黨版本之中華民國抱有期望之際，日本軍閥與野心家也同時對之，投以相當大的期望值！使得原本只停留在紙上的侵華計畫，隨著國民政府北伐節節獲勝之際，就將要付諸實施，日本軍方已經進入臨戰狀態。

日本東京，頭山滿住所。

日軍駐濟南武官酒井隆，眼見北伐軍逼近山東省，也變得很忙碌。急忙回國參與人事串聯！他才剛從內閣各閣員家中走了一遭，探了風聲，此時來到這見頭山滿，首先只是吹捧閒聊，之後直接切入主題。酒井隆道：「頭山桑，最近支那的局勢有了巨大的變化。前幾年，蘇聯利用了跟孫文的合作密約，強勢出兵佔據了外蒙古，而孫文的餘黨相互內鬥之後，親近我日本的蔣介石獲得勝利，打敗了親蘇的勢力。您與黑龍會的成員，是否知悉？」

頭山滿本來品著茶很悠閒，聽到了他說支那局勢，忽然抖了起來，茶汁落於榻榻米與他滿手，面色凝重，他不斷想到先前黑龍會的某些成員，因為涉入刺探皇家對大陸政策態度，被暗殺的情景。酒井隆看了也有些吃驚，趕緊遞上手帕！

頭山滿看了看左右無人，小聲地說：「我當然知道，但支那局勢在日本的高層，成了古怪又曖昧的話題。我不敢多說。」酒井隆驚訝地說：「頭山桑何出此言？我們軍方面對支那最近出現的變局，出現了一片樂觀，這在軍方可是一個開放的話題！怎麼東京高層會成了古怪曖昧的言語？」

頭山滿嘆氣說：「這我不敢多語，若閣下想討論支那的話題，請找別人，在下無法多言。」

酒井隆皺眉瞪眼，追問：「頭山桑！這是攸關大日本帝國強盛的契機，您怎麼可以迴避？況且支那最近的變局，只有頭山桑的人脈啟動，我們才好串連！若是閣下迴避，那麼日本將被腐敗的勢力侵蝕，我們豈不又回到明治維新之前的狀況？」

頭山滿陷入矛盾，苦臉說：「我早就已經離開黑龍會，全心著書，支那的事情。老實說，有壓力！」

酒井隆說：「這我聽說了！內閣最近掀起一股，反對大陸政策的腐敗勢力！這個勢力由來已久，盤據在日本的政壇上，就像是江戶幕府晚期的狀況！我們只有再次維新，尊皇攘夷，才能將這股勢力清除！」頭山滿發現酒井隆，不知道真正反對大陸政策的勢力是誰，還把話說得這麼簡單，只好繼續搖頭嘆氣。

酒井隆行禮道：「頭山桑，您跟支那的孫文，還有現在即將奪取政權的蔣介石等人，有很深的友誼，當初他們在日本的密約行動，您完全知情！我大日本帝國對國民黨的援助，您在當中是大大的功臣，可以說國民黨就是頭山桑大力扶植起來的！請一定要幫忙，最少也要給我們意見，指點迷津，我們才能正確地展開大陸政策，並剷除日本腐敗勢力！」

頭山滿見到這些人滿腔熱血，內心也起了希望，日本自古以來的皇室，面對內部豪強壓力時，不也得作某種程度的屈服嗎？若這批軍人真能成一股團結之力，大力推動大陸政策，那麼或許皇室也得作某種妥協。但是皇室的可怕，就在這種表面上的妥協，妥協之後，接受他們妥協的豪強身上，就會發生很多悲慘的禍事，或者擺脫不了的怪事。故仍然苦笑不願回應。

酒井隆沉不住氣了，鏗鏘有力地鞠躬說：「與日本角力失敗的蘇聯，都能從孫文的密約中獲得外蒙古廣大的疆土當其附庸，我大日本帝國比蘇聯更加有此立基，大家卻主動放棄。頭山桑若連意見都不願意給，我大日本帝國就難以開展大陸政策，全日本的軍民都將在苦痛中打滾，身為軍人的我，如此失職，只能在這一死了之。」竟然拿死來要脅了，頭山滿知道他不會真的去死的，但若連意見都不給，也未免不盡人情。反正出己之口入他之耳，萬一酒井隆將此意見宣揚出去，自己也可以透過朝日新聞澄清，大喊和平，來個矢口否認。

於是點頭說：「酒井君言重了，何必言死？我給閣下建議，請記下來！不過字是由你來寫，意見也只是你酒井君的意見，出了這門口，我不會承認的。」酒井隆點頭答嗨。於是真的拿出紙筆，記錄頭山滿的言語！

頭山滿閉上眼，慢慢說道：「支那的北伐勢力，原本分成兩派，一派是由我大日本帝國扶持的蔣介石，陳果夫及其手下黃埔右派學生之勢力！另外一派是蘇聯支持的廖仲愷，汪精衛等國民黨及黃埔左派學生，外加上共產黨勢力！而今國民黨左派與共產黨分裂，蔣介石的勢力已經壓過了兩者，主導整個北伐局面！北洋政府長期內戰已經元氣大傷，也很難成為蔣介石的對手，所以蔣介石成為控制支那全局的大軍閥，是將來數年必然的趨勢！雖然他佔了上風，卻不是靠自己的戰功獲得，完全是運用內鬨與政治投機奪取了最高領導者的地位，如此其基礎並不穩固！左派與共產黨，乃至各地的軍閥必然與之為難！趁此時機，若我大日本帝國，拿著當初與孫文的密約，逼迫蔣介石妥協，將是一個最大的契機！這個契機，一定要動用武力，讓蔣介石在密約與槍砲的雙重壓力下，屈服妥協！」

酒井隆說：「動用武力？這必然震動日本政壇，也可能跟蔣介石鬧翻！能否省力一些，直接拿密約去逼迫，軍隊則只在支那的租借區展開備戰演習？」

頭山滿睜眼搖頭說：「不可！蔣這個人我認識，年輕時是混跡上海黑幫的流氓，只相信誰的拳頭硬，誰就是老大，行事沒有信用！倘若你只用密約去逼迫，他必然口惠實不至，滑頭使詐。最後孫文割讓滿蒙給我大日本帝國的密約，就會像袁世凱的二十一條，因為人事走樣，所得甚微。況且蔣現在已經手下軍隊超過百萬，實力還在壯大當中，倘若給他掌握全支那政權，長期穩定之下，支那國力日盛。屆時他更不會在乎這個密約。」

喝了口茶，又接著道：「而日本內閣的腐敗勢力，必然因此作怪，最後會弄到密約被自己日本人所毀，所得到的些微利益也會不了了之！一定要使我日本展示軍力，才能實實在在控制住局面！對外，一次讓蔣介石妥協，履行割讓滿蒙領土的承諾！對內，軍方也會有機會團結一致，得到民間輿論的支持與幫助！一旦軍方與民間輿論串在一起，內閣的腐敗勢力也將無可奈何！而後續的動作，所有的主動權就會落在，在推動大陸政策的愛國軍人手上！不然以蔣介石的能力，必定無法抵擋蘇聯的圖謀，遲早會被蘇聯人壓垮，支那最終將會被蘇聯赤化，我大日本帝國就永無翻身之日！」

又接著道：「先前我跟森恪見過面，他曾建議，若日本能以保護僑民不受戰火的理由，出兵擋在蔣介石面前，國內的輿論必然會轉而支持這次行動，這個你們可以考慮考慮！」

酒井隆寫了下來，點頭道：「感謝頭山桑！在下知道該怎麼做了！」

中國民國十七年，日本昭和三年，四月初。日軍第六師團長福田彥助，與日軍駐濟南武官酒井隆，在天津密商。

福田彥助問：「酒井君，先前你在東京所參與的策劃，是否真的可行？要是蔣介石拒絕孫文路線，從而事件不可收拾，那麼內閣有可能把這次的罪責，全部怪在我們頭上，後果很嚴重。」

酒井隆說：「福田閣下，放心吧！日本國內的事，大本營各派系山頭，相互密商許久，都達成了一致共識，外務省也不少人願意配合我們，何況民間對於大陸政策的支持度非常高，挾此輿論，到最後內閣也只能同意。倘若敢有人阻擾大陸政策，別說少壯軍人，不少民間的愛國組織就不會放過他們。至於蔣介石，據我們所蒐集的各項情報，他對於當年自己參與過的密約，很是忌憚。在寧漢分裂，蔣介石被國民黨開除黨籍之際，他就派了密使到日本，除了重申承認孫文盟約案的一切承諾之外，還表示若日本支持他領導北伐，滿蒙割讓，也屬他能接受的底線。」

福田彥助說：「那是他失權的時候，當然會希望有外援，以保證他的權力地位能夠穩固。但此時他已經正式領導北伐，統帥超過百萬大軍，成了支那最大的軍閥，難保其態度不會反覆。」

酒井隆替他倒茶，微笑說：「所以才要以一次行動，試探出他的基本態度，同時迫使他合作，此為一石二鳥之計。我們已經準備了充分的口實，濟南的日本僑民害怕被戰火波及，已經有人請求軍隊保護，國內的輿論也一致要求軍方保護僑民。這次讓天津的駐軍先行出動，然後以第六師團為後備，把事件擴大！事件挑起之後，告訴蔣介石，若他態度強硬，想要反水，駐防滿洲的關東軍就會藉著這次事件為口實，表明態度，支持張作霖在北京的政權，要共同對付北伐軍。同時外務省以及民間黑龍會的人，也願意配合，把當年孫文的密約都拋出去，那麼國民黨的北伐軍，就會頓然成為全支那人的公敵，這個基礎不穩的政權，很快就會像張宗昌與孫傳芳那樣倒台。蔣介石只要願意退讓，那麼就代表他的本意，是願意繼承孫文密約的，我們就可以支持蔣介石北伐，全面封鎖消息，將密約集中，秘而不宣。關東軍就會替他除掉張作霖，順理成章奪取滿洲，支那關內的力量就無法支援關外。福田閣下，這次事件，是我大日本帝國能否開展大陸政策，征服支那的關鍵，您絕對不能退縮啊！」

福田彥助思索了一分多鐘，轉而道：「當初北洋各軍閥混戰時，日本僑民也很多次要求政府介入，但政府都沒有行動。這次介入，似乎有些唐突，且這牽涉了兩國之間的根本關係，若要兼併支那的領土，必然要經由內閣通過，更要今上天皇陛下批准。我們繞過了這兩者直接動手，這恐怕會有後遺症。」

酒井隆頗為不滿說：「哼！內閣就不提了，他們全是支那同情者，是反對大陸政策的！現在日本又處於軍政分離的狀況，內閣對我們無可奈何！至於天皇陛下，已經有很多人上書陳奏，只是陛下對大陸政策則從未明顯表態。而我們是替大日本帝國擴張與強大作努力，也是繼承明治天皇陛下攻佔台灣與朝鮮的路線，今上天皇陛下有外交顧慮，所以才沒有擺明支持，但實質上是不會反對的！更何況這次，我們以保護僑民為由出兵，還不是要佔領支那國土，就算有顧慮，陛下也無法直接反對吧？」

福田彥助站起來說：「容我想想。」走進了廁所，思索幾分鐘，回座之後點點頭說：「好吧！為了大日本帝國的將來，看來是非幹不可了！」

日本國內各界既然串成一氣，軍方就敢於大膽行動。於是日軍駐防天津的三個步兵中隊，先行入從海路乘船出發，計畫登陸山東之後，大軍長驅直入，逼進濟南城。同時間，本土的第六師團已經焦躁不安，大舉乘船從青島登陸，也計畫往濟南而來，與其先遣部隊相互接應。軍閥張宗昌不過是一個魚肉百姓的土匪，欺善怕惡，見到日、蔣兩軍一東一南大舉逼近，馬上逃離濟南。

話說日本軍隊在天津開始動作之前，就先派人知會了蔣介石，日本軍方也擺明了告訴他，說要進入濟南保護僑民，日軍竟然與他的北伐軍同時動作，往濟南而來，於是疑心生暗鬼。

蔣中正知道日軍要大舉深入中國內地，擋在北伐軍之前，必有政治意圖，八成與當年的孫文密約脫不了干係。在日軍才準備要登陸之前，就急忙打電報到上海找張群，這位真正從日本士官學校畢業的人，請他趕緊從上海起程到日本去。

但張群搭快船到日本，他找日本政府協調之前，先去找一個民間浪人組織的精神領袖。先打通頭山滿談判，自以為如此得計，後面日本政府被影子力量影響必然順遂。

六門書判—這中華民國龜局政客，就是從這時候開始，喜歡拋棄堂堂大道不走，專走偏門小道。現在你實力漸強，有奪全中國政權的把握，理應派人先找首相，並修書一封直達日本天皇皇宮。可偏偏找頭山滿這個爭議性黑幫人物。那麼自然會讓日本軍界，逐漸失控，演變成後面雙方不得不開戰的局勢。

東京頭山滿住宅。

一個女侍引著張群，進到了頭山滿的房間，這房間內除了一些字畫，就是他著作的手稿，堆滿了整個榻榻米。頭山滿與他寒暄幾句，便引他到隔壁間整齊的會客室，兩人

對坐。張群帶著蔣介石的密信，來到這裡，將之交給頭山滿。

張群等他看完，強作笑顏，操著流利的日語道：「頭山桑，這次貴國軍隊忽然動員，大舉逼近濟南，宣稱要保護僑民。照這個路線走下去，很快就會跟蔣總司令的北伐軍，在濟南碰頭。您在日本是舉足輕重的人物，所以蔣總司令必須先跟您致意，請頭山桑幫忙協調，以免雙方人馬因誤會擦槍走火。」

頭山滿把書信擺在面前的桌上，冷冷地說：「在下早已經退休，專心著作，只是一個很普通的平民。蔣總司令不去找我大日本帝國的內閣，不去找軍方，找在下有何用？」張群愣了一愣，繼續掛著僵硬的笑臉，鞠躬道：「這是蔣總司令特別吩咐的，說您是可以在軍方說得上話的重要人物，所以令在下先來找您……」

頭山滿打斷他的話，手指桌上的信說：「這封信的內容，張桑您看過沒有？」張群搖頭說：「蔣總司令給您的信，我不敢拆開。不過出發前，他有告訴在下說，希望您能看在兩國的共同利益，出面協調這件事。」頭山滿搖頭說：「看來你真不知道這內容。我告訴你吧！蔣總司令很明確地問我，這次大日本皇軍，大舉從山東登陸，直逼濟南，並沒有政府的指令，希望能私下談判解決。信中不斷提到，孫總理當年與我們日本人友好的過程，希望在這基礎上，雙方坐下來協商，解決這件事。」

張群笑著說：「是的，孫總理當年跟您，還有不少日本友人，對兩國友好的遠景，都有著一致的共識，所以……」頭山滿又打斷他的話說：「張桑你先別急！」張群愣了一下。

頭山滿接著道：「我說白了吧！蔣總司令在信中，不斷強調孫總理與我日本人的友誼，甚至也承認，他能當上黃埔軍校校長，是日本的友好人士對孫總理施壓，不然這位置就該是廖仲愷的。代表他自己心知肚明，這次大日本皇軍的行動，就是與當年孫總理跟我們的友誼有關係！不然北洋政府混戰那麼多年，我大日本皇軍，都還不曾如此深入中國的內陸，這次忽然大舉深入，當然不是無事找事做。而孫總理跟我們，到底是什麼友誼？張桑您曾經留學日本，也是革命黨的一員，應該知道！」

張群終於笑不出來，他已經暗示得很清楚，這『友誼』就是要兌現孫文的支票，要得到中國的領土，微微點頭說：「在下明白！但眼前的事情，該怎麼解決，還請頭山桑賜教。」頭山滿說：「我真的只是一屆平民，對大陸政策已經很多年沒有發表意見。不過基於當年跟孫總理的友誼，我可以打個電報去協調，也會回電報給蔣總司令。但我得說明白，日本軍方的態度已經是很明確，孫總理跟我們的各項友誼條約，都必須要落實，才能代表蔣總司令對日本的友誼，所以這件事情蔣總司令還是得面對現實，光靠我的片面之言，收回不了那些條約，改變不了現實。」

張群點頭說：「這在下明白，非常感謝頭山桑的幫忙。」

張群出了門，哼了一聲，用中國話喃喃自語說：「面對現實？不就是要割讓滿蒙的土地嗎？這可真是契丹人對石敬瑭討要燕雲十六州，金人跟秦檜討要中原，之後麻煩會一連串！走著瞧，死日本鬼子！」

張群透過各種關係，私下見到了內閣總理大臣田中義一。六門書判－又是不公開談判，代表自己心虛沒底，怕對方拋出孫文密約。實際上當下中國人民根本不在乎什麼密約不密約，只在乎你們國民黨既然已經拿到權力，有沒有膽略跟日本翻臉，轉變龜局縮退之勢。但是走小道，走密道。代表你只想要掩蓋。看來周公靈龜真的恐懼流言，在這時代會縮得很緊。而恐懼流言之讖，又因為王莽恭謙下士，故為了剿滅共產黨，掩蓋不面對孫文密約，對日本退讓，已經成了周公必然之為，也是黑化之源。

田中義一知道日軍已經開始動作，有些不知所措，秘密見到了張群後，有些支吾難言。張群告知來意後，切入說：「閣下，您是日本的首相，這件事情請您一定要協調。」田中義一說：「張桑您轉告蔣總司令，這件事情日本內閣會協調的，只是目前我個人還無法親自主導。」張群看了他的態度，感到有些奇怪，在日本拜了一大堆碼頭，越往基層走越硬，越往高層走越軟。但高層卻沒辦法直接控制基層，從而出現了這怪異的場景。

張群接著說：「可貴國軍隊，已經開始在山東大舉登陸，對我們形成很大的壓力。若貴國有什麼政治要求，您可以在這跟我說明，好讓我帶回去告知蔣總司令。之後雙方才可以依照貴國的要求，展開政治談判。若一下就先動用武力，擦槍走火，中國輿論一起，就算蔣總司令願意答應貴國的政治要求，也會變得很難辦啊！」田中義一說：「不不不，日本並沒有什麼政治要求，只是民間輿論要求保護僑民！軍方有些鼓譟，相信這事情不會鬧大，只要貴國與我們攜手合作，雙方不會有問題的。」張群發現他所言不及要義，苦著臉微笑請求說：「是不是能請您直接出面跟軍方協調？」

田中義一知道日本政壇現在出現很大矛盾，不可能跳進來參與，只希望能以拖待變，搖頭說：「這有困難，恕難照辦。只要張桑回去告知蔣總司令，一切以和為貴，不要意氣用事，相信可以過去的。這真的只是保護僑民！」張群苦著臉說：「首相閣下，您若不親自協調，表明兩國友好的態度，那真會出很大的外交糾紛。我們就打開天窗說亮話吧！保護僑民只是軍方出兵的藉口。當初北洋混戰之時，日本僑民也多次要求日本軍方介入，即便是反日的吳佩孚到來，貴國的軍隊也未曾有過動作。而我們從孫總理到蔣總司令，跟日本都有很深的淵源，對日本的友誼也是有目共睹的，可貴國反而要出動軍隊，針對我們而來！我已經有見過不少日本軍方代表，他們直接跟我談及孫總理的條約。關於這條約……不知道首相閣下是否知悉？」

說及此，換成張群結結巴巴。

一提到孫文，田中義一怒火中燒，臉容馬上轉而嚴肅，顯得非常不耐煩，瞪大眼放聲說：「你想把話說明白是吧？孫帝象，孫文，孫中山，孫逸仙，中山樵。這一大些名號，在日本大名鼎鼎，甚至東京風化區都知曉！日本政壇還有誰會不知道？請容我說一句不客氣的話！貴我兩國如今出現這麼大的問題，這位孫桑有很大的責任！不然你我兩人，

不會碰到這種麻煩事！」

張群一言不發。

田中義一苦笑了一下，然後轉臉大聲斥責說：「你們的革命，現在革出問題了，最氣人的是，這孫桑還帶著蘇聯人的關係一起來，讓蘇聯占領了外蒙古，引起日本政壇一陣喧鬧，與孫桑密約的日本人因此蠢蠢欲動，支那人也一片譁然！為了所謂的革命，蔣總司令的兒子，不就因為如此，現在待在蘇聯當人質嗎？日本輿論因此，已經被那些孫桑的友好人士們，弄得一發不可收拾，從民間到軍方到政府官員都有！你們支那人！自古而今，打打鬧鬧爭當皇帝很常有，但最終都會塵埃落定，北洋政府內部的軍閥打來打去，遲早也會有一個頭，所以不管北洋怎麼打，我們都很好處理！但現在蔣總司令帶著孫總理的關係來當頭了，還夾帶著日本跟蘇聯的關係，貴我兩國恐怕要面對很大的問題，而這問題偏就落在我當內閣總理大臣的任內！這件事情，我無法對蔣總司令有任何承諾，但讓內閣閣員去協調是會的。請張桑回去吧。」

見到田中義一不快，竟然當著他的面罵出『你們支那人』這麼難聽的話。

張群退出之後，又是一陣怒罵日本鬼子。只好通電回蔣，當下日本進入濟南，試探國民政府的態度，已經無法挽回。恐怕必須在濟南當下談判。

話鋒回到濟南。

就在張群於日本到處串門的同時，日軍兩路兵馬已陸續進入濟南城，在城內建立防線。北伐軍此時也開進了濟南，雙方軍隊將呈現犬牙交錯之勢。國民革命軍與日本軍甚至隔街對峙，能聽到對方的交談之聲。城內居民見情勢緊繃，許多人都逃到城外，恐受池魚之殃。果然兩軍士兵因為語言不通，發生了摩擦，一名日軍士兵開槍打死一名中國兵，而日軍則宣稱，中國軍隊開槍打死一名日軍士兵，立刻對第四十軍所屬兩個營發動攻勢，全滅兩營。中國軍隊自主地對進攻的日軍，展開反擊，濟南城內槍聲不絕，兩軍皆有傷亡。

有把柄落在別人手上，蔣中正當然不敢開戰。況且自身又牽涉到，眾人眼睛不可見，自身也不能說得清的各種因由。『周公恐懼流言日』狀態下，嚴令各軍不可以再對日軍還擊，全面後撤。同時派山東交涉員蔡公時等十八名隨員，到日軍指揮部協商，日軍指揮官福田彥助原以為中國軍隊會退讓，沒想到竟然有人敢開槍反擊，造成日軍傷亡。必須給蔣介石知道，日本不是省油的燈，暫時不打算談判，於是將蔡公時等人全部殺害。

日本軍方，一手在中國大動作的同時，在本土也沒閒著。為了對外釋放政治煙幕彈，使得這項陰謀得以暗渡陳滄，掩人耳目。於是也在本土，開始輿論動員戰，強調這次軍事行動，確實有保護僑民的必要。朝日新聞報紙，將中國人打死的朝鮮煙毒販，誇大為中國軍隊屠殺日本僑民、強姦日本婦女、汙辱日本國，列為頭版頭條大肆炒作。廣播中，也不斷將此訊息播放，大聲譴責支那人強姦日本婦女的暴行。

群眾總是缺乏理性，相信片面之言。並不會思考，日本怎麼會突然動員大軍進入中國內地？只會收到『支那軍隊強姦日本婦女、屠殺日本僑民、汙辱日本國』的訊息，從而憤慨，加之精神團與各浪人組織不斷搧風點火，終於情緒激昂，國內掀起『懲膺暴支』的聲浪，要求政府立刻對中國宣戰，有了民間輿論支持，日本軍方自然就有底氣行動。雖然日本百姓看不出當中的端倪，日本天皇卻一清二楚，這葫蘆裡是什麼藥，但局勢尚不明朗，除了讓內閣先去滅火，消除對中國宣戰可能，一時無法跳出來阻止。

濟南城外，蔣介石司令部。

日軍派連絡官佐佐木到一前來抗議，聲稱中國軍隊主動挑釁，打死了日軍士兵。日本外務省密使森恪，終於帶著密約的副本，也火速趕到了中國。中日兩軍鬧騰了一番，讓疑心生暗鬼的蔣中正忐忑不安，直到密約副本一來，日本人才終於圖窮匕見，說出了真正的意圖！蔣中正讓剛升為親信，任為狗頭軍師的軍委會參議楊永泰留下，把其他左右親信全部遣退。除了房外的警衛，房內只有蔣介石、楊永泰、森恪、佐佐木到一與一名外務省來的翻譯官。

佐佐木到一說：「蔣總司令，我挑明說吧，師團長福田閣下要我直接告訴您，這次我們來濟南，並不是阻擾您的北伐，反而是來幫助您的。只看蔣總司令，對於當年孫總理給我們的承諾，至今作何態度？」面目鐵青的蔣介石，沉靜片刻，直接用日本話滑頭地說：「孫總理當年到底給你們日本人什麼承諾，我蔣某人不是很清楚。」在一旁的楊永泰在北洋政府時期，早對孫文的行徑略有耳聞，對此並不奇怪。

佐佐木到一說：「蔣總司令怎麼會不清楚？您是孫總理的繼承者！當年您在日本可是參與過不少的事情，這些事情許多的日本人，至今還記憶猶新啊！」

蔣中正冷笑說：「我真的不清楚，也不知道哪一些日本人記得我在日本，當年我只是在貴國的士官學校留學。」

佐佐木到一疑惑著臉說：「我們要說您在日本的事情，並不是您求學的時期，而是您加入青幫組織，並與孫總理一起革命後的事情。」

蔣介石仍繃著臉，眼神看著另外一面。

森恪見他滑頭，不肯認賬，但手有底本，就不怕他賴，於是笑著把密約副本拿給蔣介石，然後說：「當年清政府剛垮台，孫總理在南方倡議各省軍閥，組織中華民國臨時政府時，委託我轉交帝國政府的滿蒙割讓協定、在外務省留下的十一條盟約、對黑龍會以及精神團的誓書、您蔣總司令代表孫總理寫給黑龍會書信、還有孫總理對當年寫給內閣總理大臣大隈重信閣下，請求日本協助革命，同意將全支那資源供應給大日本帝國的文件、孫總理請宮崎滔天暗殺康有為的書信、還有要我們協助暗殺革命黨內同志的書信、乃至帝國政府調查宋教仁案的真相，現在都將文件的描繪副本給您過目，讓您與整個國民黨人士，恢復當年的記憶！我再進一步挑明說，蔣總司令對於孫總理的承諾，到底是支持還是反對，我們今天得問得一清二楚！」

親自遞到桌上給蔣中正看。這些見不得光的事情，他當然知道，若證據都曝光，足

以讓全中國人，看透孫文與蔣中正等國民黨集團的本相。除了森恪剛才說的一大票賣國密約的證據，乃至孫文指示陳其美，經手暗殺宋教仁栽贓給袁世凱的證據。沒想到日本人竟然有系統地，把發生在不同時間地點的事件，全部串聯在一起，一下拋在他面前，使蔣中正頗感錯愕。

日本人真是有備而來，看完這些密件副本，態度遂軟化，與楊永泰竊竊私語之後，緩緩對森恪說：「北伐軍才到山東，東北現在不歸我管，還是張作霖的地盤，現在來找我未免太早。你們應該去找他。」

森恪笑道：「張作霖的問題，交給我們解決。而我們現在要問的是，您對這條約的態度，是會遵照孫總理的意願，還是您另有所圖？今天就直接給我方答案，否則大日本皇軍是不會撤出濟南的。至於大日本皇軍是您北伐的阻力還是助力，也看您今天給我們的答案。」

日本軍隊背著政府，直接深入中國內地，勢必難以久留，所以非得有一個明確的答案不可，自然對蔣介石打開天窗說亮話！蔣、楊兩人又竊竊私語。

蔣中正從而不得不鬆口說：「我不會違背偉大的革命導師，孫總理的意志。但是北伐軍的宗旨，就是要統一全國，東北的問題很複雜，你們日本人也該給我一個答案，北伐的底線在哪裡？」

森恪說：「很簡單，底線就在北京。你們的孫總理不也祭奠過明孝陵嗎？當年中國的明太祖把大都改為北平，停止追擊元順帝，漢人歸漢，蒙人歸蒙，疆域不超過塞外。我建議就按此例來辦，你們的北伐到北京就該適可而止，張作霖就交給我們日本來處理，是我們的共同敵人，到時候蔣總司令就可以堂而皇之讓出東北，跟全支那人說，東北的問題在張作霖，實有無奈，您必須顧慮兩國友好。」

蔣中正搖頭說：「國家領土之事，全國人民公決。我現在尚不是國家領袖，不能作出任何的承諾。」

楊永泰則低聲建議：「好漢不吃眼前虧，就看他們怎麼對付張作霖。孫總理的密約您也有部分參與，這可是您的要害。您就反問他，要將密約作何處理？」

蔣中正聽了有些吃驚，這楊永泰還真不是省油的燈，看來也不是好鳥，將來必不能夠靠近。照理來說任何人知道這密約，必然震驚，但而今他對此回答竟如敘家常一般輕鬆，絲毫不懷疑就如此回答，似乎對這種賣國勾當，是很正常之事。

可惜三國時代的臥龍是鞠躬盡瘁，死而後已，民國時代的臥龍卻是為虎作倀，自掘墳墓！而不巧的是，這蔣中正黑化歸黑化，畢竟還是周公。雖說當時國家民族觀念不同，達不到當時中國人要求的標準，但要他擺明著賣國無恥，也做不到。然而

蔣介石搖頭說：「你們日本人老拿這些文件出來，若不把正本交給我們，重新定明確的中日友好條約。我怎麼能答應？」森恪說：「蔣總司令不答應也成，這些事證與人證，現今都俱在，我們就把正本公諸於世，讓日支兩國人民共同公評，看你國民革命軍如何

自處？然後我們再跟北洋政府合作，重新再定兩國盟約！」說罷就要起身離去。

周公恐懼流言日，又再次被挑起。而且這窩囊怒氣，將會導向王莽恭謙下士時。他必然會因此，用盡一切方法先除掉共產黨，才會跟日本人翻臉。這種判別式，懸在蔣的頭上，他自己不知道。

蔣中正急忙說：「你們等一等！」

蔣中正緩緩說：「北伐軍不會進入東北，進入北京就會宣告北伐成功，軍事行動停止，只是張作霖他要是撤回到東北，我可拿他沒辦法。而倘若之後東北局面有變，我們也只能坦然接受東北方面的要求，屆時你們日本人不要再來找我。」

森恪聽了笑著說：「剛才我說過，張作霖是我們共同的敵人。只要蔣總司令這邊管束好北伐的底線，張作霖的問題，我們大日本帝國自會處理。」

蔣中正點頭說：「此事就這麼辦。但是眼前還有兩件事，第一是眼前濟南的問題，第二就是，你們什麼時候把孫總理當年的密約交給我，保證不外洩，重定新約？」

森恪拿出一張白紙，然後說：「既然蔣總司令有誠意要履約，我們的新約現在就可以簽。不過我大日本帝國，什麼時候歸還正本？得看您對於孫總理的密約，是否會認真執行。大日本帝國在滿蒙的擴張，若能如當初的密約一般，得到滿足，自然會將所有密約正本交給您，在您面前當場銷毀，而且對外不會走漏任何消息，以保障您在支那的統治，這一點軍方會負全責。畢竟支那在您的統治之下，對日本才是有利的。至於眼前的濟南問題則好解決，北伐軍要到北京，也不必非得經過濟南，您管束好下屬，不跟我們衝突，從而繞道北上，我們自然也就會撤出山東。」

已經落了把柄在日本人手上，蔣介石只好屈服，與楊永泰商議之後，簽訂了北伐軍只到北京，不出關外的誓書，並重申中日友好，日本在東北權益不可動搖。

即便當下濟南的形勢，中國軍隊實力遠大於日軍，日軍深入中國內地且已經開始殺人，可以將之圍殲也不必負責任，但蔣中正仍下令全軍退出濟南，繞道北上。濟南軍民的死傷，只能外交處理。

中國百姓已經承受了在國民黨治下，第一次外力羞辱。懸在蔣中正頭上的迴圈，雖然其來有自，但人民不會看得那麼深入，只能老烏龜扛這個黑鍋，逐漸百口莫辯，黑化下去。

日本軍界在另外一方面，則對張作霖施壓，要求他宣佈東北獨立，同意日本移民。這一方面可讓北洋政府與國民政府，對立起來，將東北孤立在中國版圖外。另一方面日本人大規模移民東北，可為國民政府割東北之後，出兵攻擊張作霖，將之併入日本版圖張本。不過張作霖雖然大敵當前，卻悍然拒絕日本人的要求。蔣中正雖然不願意，但至少表面接受了賣國密約，而張作霖阻礙日本行動，那麼日本關東軍該幫誰？該殺誰？已經很清楚了。

張作霖原本打算集中奉軍，大舉入關，擊破北伐軍，保住當時的首都北京。但蔣中

正從濟南繞道北進，又日本人不斷對自己施加壓力的情況下，張作霖就算是再後知後覺者，也能從當中看出，自己已經淪為兩方共同的敵人。

於是張作霖決定，一方面對國民政府求和，開啟政治談判，另外一方面撤回東北保住實力，讓日本關東軍不敢妄動。如此則無論雙方，對他都無可奈何。雖然張作霖欲重演當年第一次直奉戰爭後的故事，但此時局面，已經完全與當初不同。

六門書判—北洋今之國遊戲已經終結，要對所有軍閥進行結算。張作霖做為地字輩軍閥，為遊戲之主力，卻沒達到全局要求之標準。判決是死刑。與後面的吳佩孚，張宗昌，馮玉祥，孫傳芳等等地字輩，無一例外都得死。至於死在誰手上，那只是劊子手是誰而已。

當日本關東軍聽聞，張作霖將撤回東北，大為驚駭。若是讓張作霖順利回到東北，重新整軍備戰，既不受蔣制約，也不受日本人控制，則日軍在濟南發動事變，逼蔣合作，等於白忙一場，日本國內反對大陸政策的勢力又會藉機運作，從而局勢會複雜起來。所以即使用盡方法，也要阻止張作霖回到東北，不然後面的步數，就不好下了。

駐旅順日本關東軍司令部。

森恪與佐佐木到一，來到此地，見關東軍司令官村岡長太郎，與參謀長三宅光治，高級參謀河本大作等三人，反覆強調蔣中正對東北的態度，與孫文一致，反而張作霖才是真正的阻礙。長期跟張作霖合作的關東軍某些軍官，原本偏向於支持張作霖的安國軍政府。但經過蔣中正在濟南的表態，遂逐漸轉變了態度。

河本也對村岡說：「看上去北洋的安國軍政府製造了支那許多內戰，可以給日本機會，但是這麼多年來，日本可有辦法趁隙在滿洲行動？每次張作霖的奉軍入關，都留下大批的後備，無隙可趁。日本國內又有一群支那的同情者，在暗中阻擾大日本皇軍的行動，若在支那沒有找到更好的內應，我大日本皇軍永遠也別想動手。」

村岡還有所猶豫，問：「國民政府會比北洋政府，還要禍亂支那嗎？」

河本說：「這是當然！連蘇聯都從國民政府的密約中獲得外蒙古的疆土，我們大日本帝國更加有此立基！司令官閣下不必去看什麼情報分析，從蔣介石之前在日本的為人，就可以看出來，他這種南方無賴，不可能鎮得住支那大陸的檯面。所以切勿懷疑，大日本帝國擴張的契機，就在今天了！國民黨集團跟大日本帝國的合作，實際上比張作霖還要密切，張作霖不肯把東北權益讓出，而蔣同意把整個滿洲割讓，您說到底誰才能幫助我大日本帝國擴張？不趁此時，若等張作霖與國民政府妥協後，即便蔣有心割讓，全支那的輿論也會逼得他左右拉扯，主意含糊不清，最後反水，到時候局面就複雜了！」

村岡長太郎看完這些機密文件後，仍有所猶豫，輕聲說：「先前我們關東軍曾經幫助過張作霖，不管怎麼說，至少保住我大日本帝國在滿洲的勢力，這也延續了明治天皇陛下的政策。」說到明治天皇陛下，在場的軍官們大家都立正站好。接著道：「所以貿然除掉張作霖，跟一個流氓出身的蔣中正合作，恐怕會破壞了原有的政策，勢必會震動到東

京的政壇……」

河本打斷他的話，嚴肅地說：「司令官您這就錯了！東京的政壇，被一群腐敗的財閥官僚控制，今上天皇陛下……」說到此大家又立正。接著道：「的本意，肯定會支持我等愛國的軍人，尊皇強國的主張！倘若失去這良機，我等就是大日本帝國的罪人！」

看他神色堅定，在旁的參謀長三宅光治，森恪與佐佐木到一又反覆力勸之下，遂點頭同意河本大作去行動。

中國民國十七年，六月四日晨。

張作霖的專列火車，正逐漸靠近京奉鐵路與南滿鐵路交界的皇姑屯車站。隨著這列車靠近皇姑屯，阻擋無間道氣候的最後一道屏障即將被拆掉，這世界上許多人的命運，甚至包括歐洲人與美國人的命運，將暗中隨之改變而不自覺。

由於先前日本人不斷施壓，逼他簽出賣東北權益的條約，他似乎已經感覺到，日本人遲早會對他動手。他遣退左右，眼睛望著火車窗外，喃喃自語道：「怪了，我與日本合作多年，怎麼會在我要退出北京之時，抽了所有援助，逼我妥協，還不斷透出有敵意的話語？莫非是怕蔣中正控制了東北，影響到他們的權益？」想一想又搖頭：「不對……」

隨行的靳雲鵬、潘復、何豐林等人此時進入車廂。

忽然車廂外的潘復，進來報告說：「報告大帥，黑龍江督軍吳俊升上車了，來迎接大帥。」

張作霖說：「請他進來，然後你們退下！」吳俊升進門之後兩人對坐，火車繼續向前，於是張作霖將自己的疑惑問了吳俊升。吳俊升搖頭說「大帥，我也感覺很奇怪。但不管怎麼說，我們跟日本人合作已經多年，除了不肯將東北領土割讓，以及不肯大規模開放日本人移民外，他們日本人在東北哪有吃虧？而蔣中正的國民黨，除非給他們更多的好處，不然豈有幫助他們，來對付我們的道理？」

張作霖搖頭嘆氣，正在疑惑之中，火車經過了三洞橋正要進入皇姑屯車站，一聲轟然巨響，整列火車翻到空中摔了下來，張作霖永遠也不能解答他心中的疑惑了。

吳俊升當場被炸死，張作霖傷重，回奉天之後身亡。

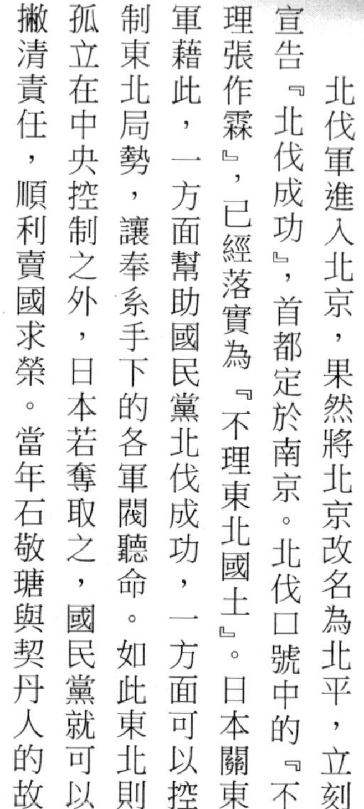

北伐軍進入北京，果然將北京改名為北平，立刻宣告『北伐成功』，首都定於南京。北伐口號中的『不理張作霖』，已經落實為『不理東北國土』。日本關東軍藉此，一方面幫助國民黨北伐成功，一方面可以控制東北局勢，讓奉系手下的各軍閥聽命。如此東北則孤立在中央控制之外，日本若奪取之，國民黨就可以撇清責任，順利賣國求榮。當年石敬瑭與契丹人的故計，又重新上演……

此時蔣中正內心非常不快，雖然被那首氣讖壓制得不得不接受日本人要求，但畢竟周公是不可以做出荒謬賣國的行為，於是打算軟抗，派使節聯絡張學良。本以為張學良會大開條件，沒想到在日本出兵之前，張學良立刻宣佈東北易幟，與蔣聯合抗日，這使他頗感意外。

大感出意料之外的，不是只有蔣介石，所有關東軍將領，對於日本內閣的態度也感意外。

因裕仁暗中採取了動作，對內閣施壓。內閣總理

大臣田中義一，在議會上忽然顯得憤怒異常，認為這絕對是關東軍所為，意圖提前瓦解北洋政府，破壞兩國之間的穩定，宣佈要懲辦皇姑屯事件主謀者。此態度一出，陸軍部炸開鍋，幾乎所有軍官都跳出來串聯，一同強烈反彈，動員輿論大肆抨擊內閣。並紛紛上書，反過來要求天皇懲辦田中義一。

日本皇宮。

在諸多高級將領陪伴下，河本大作在裕仁面前極力表現忠誠，得到了裕仁表面上的寬容。仗著軍方與輿論都偏向自己，河本大作雖階級不高，不敢抬頭直視天皇，只能低頭發言，但仍強烈表達道：「起奏陛下，臣滿腔忠烈，願意為尊皇維新萬死，但是卻有奸臣阻擋，使下情不能上達。」

裕仁嚴肅的外表，內心頗為惱怒，緩言說：「你說的奸臣是誰？」

河本大作說：「就是內閣總理大臣田中義一，他是支那的同情者！阻礙我大日本帝國的大陸政策者，就是奸臣！」裕仁本想要怒斥，但軍方不少高級將領在場，怕因此被軍方探清楚自己的真實態度，遂不表態。

仔細看河本大作的表情與其言語，已然知道，軍部與民間激進組織，完全聯成一氣，若不敢快緩和局面，發生下剋上的情況，局面受人擺佈，這在日本歷史上可是屢見不鮮。而自從明治天皇之後，實行一世一元制度，停止了上皇院政的體制。日本奠定了憲法與議會等諸多制度，本來是以此長久穩定，並鞏固皇家地位，但沒想到在魑魅魍魎一同問景的狀況下，反而因此，讓局面的主導權，落入底下的實力派人物手上。

於是只輕聲回答道：「注意你的身分！不過爾等的冤屈，朕已經知道。」河本大作低頭說：「嗨。但是包圍陛下的奸臣，不是官職高低的問題！滿洲動盪，蔣介石同意與我日本合作，正是我大日本帝國兼併滿洲，擴張版圖的，解決民間疾苦的大好良機，而今內閣如此決定，關東軍上上下下一片激昂，陸軍本部也騷動不安，奸臣不除，國家不寧啊！」

裕仁本想怒斥他得寸進尺，但在諸多將領面前，若是發怒而露出底牌，就大事不妙，轉而強忍一口氣說：「這件事情，朕會調查真相，看誰是真正的奸臣，損害日本的利益，全部退下吧！」

實際上裕仁是永遠不想見到他們，軍官們卻自以為獲得天皇諒解，既然天皇都承認他的『奸臣說』，河本大作九十度大鞠躬，而後所有陪同的高級將領也都一同退下。他們都走後，裕仁立刻指示宮內廳長官，把首相田中義一找來。

田中一到，裕仁劈頭就說：「河本大作在滿洲給朕惹亂子，張作霖一死，沒人能罩住滿洲的檯面，遲早會全歸蔣中正控制，那就等於被支持大陸政策的軍方挾持！先前你主張嚴懲，該有動作了吧？這些不守紀律的軍人，你必須要給朕處理掉！不然支那的問題，會越來越難搞定！」

田中義一善於投機取巧，入內閣之前，立場偏向軍方的大陸政策。入內閣之後，見到天皇不喜歡大陸政策，便在皇姑屯事件中主張嚴懲關東軍，反對大陸政策。現在見到軍部串聯一氣激烈反彈，天皇竟然對外態度不明，這等於要他跳在前面擋子彈，便又稍稍改變了態度。

田中義一轉而主義含糊地說：「陛下，依臣之見，皇姑屯事件與關東軍恐怕沒有關係，也有可能是蘇聯特務所為，也可能是蔣介石所為，栽贓給關東軍的，這整件事情，還需要詳加調查。」裕仁聽了怒火中燒，忍著問：「你這話什麼意思？要欺騙朕嗎？」

田中義一趕緊鞠躬說：「不，臣的意思是，皇姑屯事件既然在國內有那麼大的爭議，最好就大事化小，小事化無。對外說這是蘇聯特務所為，對內就將河本大作，降職轉預備役，使其閉門思過。反正北洋政府已經被國民黨政府所取代，而世界各國都在忙著大戰後的重建，支那政局也是不斷打打鬧鬧，沒人會認真追究張作霖被誰所殺，整個事件自然會不了了之。」

裕仁以為他會立刻解決這問題，才忍住河本大作那些軍官，沒想到他想和稀泥，肝火大冒。既然不肯跳出來替他阻擋軍方，留著這個人也沒用。於是大聲斥責：「先前你明明說這是關東軍所為，主張嚴懲，現在又持此說！首相你的說法怎麼會這樣反覆？」

被天皇怒斥，遠處的皇宮近侍都聽見，田中義一閉口不敢多言，一時答不上話。裕仁說：「怎麼辦？辭職吧？」田中義一只好鞠躬答道：「嗨……」然後退下。

最後田中義一被迫辭職，同年病逝。

在皇族中，已經有人發現，張作霖一死，日本已經捲入中國的局勢之中，而且想回

頭已來不及，裕仁雖然年輕，但在兩千年皇統傳承的教育下，他深知這代表什麼意義，只是局外人尚不能明白。不過裕仁又不可能將內心的話說出來。

在處分田中義一，緩和軍方之後。裕仁也同時對軍方施壓，迫使河本大作解職，轉為預備役處分。也等於警告日本軍部各派系，不要再對滿洲輕舉妄動。

天皇對兩邊都下手懲罰，日本國民以為事情就這麼過去，不會把濟南與皇姑屯兩地的事情，串在一起看前因後果。但是連續這兩案件，裕仁已經察覺，軍方就算沒有內閣同意，也可以相互配合在中國行動，最後動員輿論，拖著政府下水。然而自己雖貴為天皇，又不能馬上跳出來阻止，不然自己就等於當了蔣介石的擋箭牌，成為軍方首要解決的目標，難以預料軍方與民間激進派，會玩出什麼『清君側』的戲碼，所以裕仁只能暫不動作。但是在蔣介石甘當內應的狀況下，中國必然會出現很多不正常的事端，日本內部也必然會因此鬧出很多弔詭的事件……

第十一章　阻擋佔領裕仁皇製偽奏摺　妥協侵略蔣中正落無間道

話說日本激進軍閥，因為政府內部有人從中作梗，暫時無法趁皇姑屯事件後，進兵佔領中國東北。但這些日本軍閥也不是癡傻，從河本大作轉預備役，以及田中義一對大陸政策的態度反覆，隱隱約約感覺，日本上層對大陸政策，是有意無意地在阻擾，但又抓不到具體的實據。日本軍界遂盛傳，新任的天皇已經被奸臣矇蔽，需要仿效倒幕時期的作法，來一次『昭和維新』，除掉周邊的奸臣，使天皇再親掌大權，日本再一次展開富國強兵的運動。

然而昭和維新還沒開始，昭和本尊裕仁天皇，就已經先手展開『阻擋佔領滿洲大作戰』。立憲民政黨總裁濱口雄幸，與在野黨政友會會員鳩山一郎，兩人前來皇宮密見裕仁，三人討論該如何佈署田中義一下台後，整個政治格局。話題本來只是先以經濟為開頭，討論世界經濟大蕭條的問題，但在裕仁的有意引導下，逐漸切入真正重點。

鳩山一郎終於主動開腔，說：「陛下，從濟南事件到皇姑屯炸死張作霖，軍方都不顧

內閣政府命令，也不顧眾議院的決議，直接在支那展開行動，臣下希望政府的態度要明確，到底是支持大陸政策？還是反對大陸政策？讓日本人民都能明確知道陛下的旨意，才能正視聽、靖浮言。不然民間輿論，乃至於議會，都會一窩蜂支持軍方，批判內閣閣員，政局會陷入混亂。」

裕仁本來跟二人說話殷勤，說到此卻突然繃著臉孔，拉下臉來。兩人一看他變臉，相互對瞄一眼，不敢多說。他們兩人並不知，若正視聽、靖浮言，天皇的底牌就會被軍方看穿。一旦被看穿，雖然軍方不敢貿大不韙，不敢在日本群眾面前公開抗旨。會不會玩清君側的遊戲且不提？大陸政策必然在檯面下更加串連，在中國抓著蔣介石的賣國妥協，繼續製造第二個濟南事件，或第二個皇姑屯，扭轉輿論，公開與政府大唱反調，利用中國局勢拖政府下水。到那時，才是真正政局要混亂的時候。

裕仁緩緩地說：「憲法雖賦予朕，至高無上的權力，但是朕的工作只是在批閱內閣大臣們上來的奏章，對大陸政策這種事，朕沒有意見，你們得自己拿捏。」

濱口雄幸聽了為之顫抖，自己內定為接替田中義一的人選，將要施政的細節瑣事，都被裕仁盯得死死。面對進攻中國發動戰爭，佔領比日本大數十倍國土的大事，足以改變日本兩千年國體，天皇怎麼可能沒有自己的意見？若不明說，必有隱衷。

濱口雄幸忍不住打開天窗說亮話：「陛下，這內閣總理大臣，從明治天皇陛下以來，每一任在位的時間都不長，所以內閣總理大臣，才是真正不會有自己意見的位置。施政的綱領表面上要受議會質詢，實際上都是遵從天皇陛下的旨意。臣下若接替此位，首先要面對的就是軍方不斷拉扯政府，要去執行的大陸政策。陛下若不給明確的態度，我等就更不敢有意見，臣下最後又得跟田中義一一樣，被下面的人脅持，被迫改口。」

裕仁聽了，臉色拉得更難看，但濱口雄幸說的入骨三分，日本現實的政治問題，就是天皇不表態，首相在位期短，不會有真正的主見，長期政策都讓底下的人東拉西扯，變成實力派最後來制定政策。不過裕仁當然不會說明，這是皇室遵循道家思想，所制定的統治方式，故意要製造這種矛盾的政體。但若不給明確意見，恐怕濱口真的會變成第二個田中。

於是輕聲地說：「你擔任過大藏大臣，也擔任過內務大臣，應該能理解皇家的真正態度。朕初登大位，實在不好多說什麼。不過皇室長輩們有提醒過朕，中國是日本最重要的鄰國，兩千多年來日本的文化都來自於他們，所以應該跟他們相互友好，不適合跟他們交惡。」

濱口雄幸說：「陛下本人的意思呢？」裕仁冷冷說：「還要朕說得更明白嗎？」所有日本人都稱中國為支那，只有裕仁私下稱中國，濱口雄幸終於聽懂了，點頭說：「臣下明白了，也知道該怎麼做。」

於是正式任命濱口雄幸擔任內閣總理大臣，濱口一上任，立刻強勢作風，不顧日本軍方與右翼政治勢力反對，藉口國際壓力，簽下倫敦海軍條約，大力裁軍，減少軍備，

並且要裁撤許多軍官！這一招藉口國際壓力搞釜底抽薪，讓支持大陸政策的軍方激進份子，強烈不滿……

六門書判－在皇道無間第三部中，第二門滅門戰役，當中有一道武器，就是『精神兵』。即以自源文明體系而言，西方文明作戰擅長精神意志，而東方文明擅長製造奇器奇謀。然而大年交戰混亂交錯，又混有相互模仿，而有顛倒的假象。日本明治維新大量模仿西方文明物件與體制，並以中國歷史的旁門左道商鞅變法之術為主軸，但其皇家本質而言是相反的道術。如此混亂又有罔兩龜相互滲透，導入皇道無間，終於體系失控，而有類似精神兵的徵狀。所謂『精神兵』，不受政治直接控制，沒有政治利益干預，而主旨保護國家集體文明意志，自己自由行動，基於沒有政治干預故也不會謀逆叛亂。而日本這段時間體系失控，產生的精神兵，是失控的精神兵。雖然也不會謀逆，但遭受中國的一些刺激，就會暴怒失控，拉著天皇去征服世界。無怪乎，孫文最早要去接觸日本精神團，讓日本的精神遭到刺激。

中國民國十八年，擁有民族自決意識的張學良，為了收復中東鐵路。與蘇聯爆發衝突，雙方展開惡戰，在此期間，王明主導的中國共產黨怕因中蘇開戰，蘇聯給予的支持會遭到切斷，在政治利益面前，便把民族大義拋到一邊，帶領共產黨去當漢奸，高喊武裝保衛蘇聯，積極維護蘇聯的利益，頗有承接孫文衣缽之態。從而共產黨內部出現矛盾，本土派反對共產國際干預之聲出現。

最終東北軍雖然給蘇軍造成不小傷亡，但東北軍的攻勢仍接二連三敗退。在美國調停下，於是對蘇聯和談。蘇聯五年國防計畫有了成果，蘇軍戰力大增，史達林思慮較為深沉。深知蘇軍雖勝，但在中國內部當中，親蘇的勢力被打敗，親日的勢力正強大，蘇聯並無有力的中國內應，當作戰爭中的支應。且孤軍深入中國內地作戰，所得到的戰果並不實際，無法消化，且頗難增援後繼力量。又有日本軍方對蘇聯利用孫文密約，佔領外蒙古領土頗為介意，若又在中國東北搶奪利益，極可能爆發第二次日俄戰爭，則蘇聯必敗，蘇聯絕不能重蹈俄國羅曼諾夫王朝滅亡的覆轍。遂見好就收。通電同意中國方面的請和，下令蘇軍撤出中國東北，除了佔據黑龍江上的黑瞎子小島當作前哨觀察站，不要求獲得任何利益，其他一律恢復戰前的一切態勢。

然經過此事件，關東軍將領看出，中國的東北軍雖多，也能夠一戰，長久下去必能打跑蘇聯，但高層的作戰意志十分脆弱，作戰完全沒有遠略，尤其張學良政治顧忌頗多，小敗就求和，指揮能力外強中乾。遂計畫快速動手，攻佔東北，由日本把蘇聯的經濟特權撤底趕走，兼併中國東北。

日本皇宮密室。迷海和尚找來松島賢三會談。

迷海說：「陛下對你的見解十分讚賞，希望你能全力為陛下效勞。」松島賢三透過傳家寶典，記取幾百年前幻海和尚的教訓，虛以委蛇：「這是自然，可是我該說的都已經說了，道理已經再清楚不過，在下年紀已經不小，實在無才可以再為天皇效力。」

見他態度委蛇，迷海棋高一著，不再虛捧假譽，直接切入他的內心世界說：「我聽聞三十年前，北京遭八國聯軍進攻之時，你曾帶領三十幾人幫助中國的義和團，打死了不少八國軍隊，可見閣下雖沒有從軍經驗，卻精通組織作戰，何謂無才？」松島賢三大為吃驚，自從回到日本後，從未對任何人說過此事。不禁皺眉問：「大師從何知道此事？」

迷海笑著說：「當年你一位日本夥計，在戰場上沒有死，回國後剛好在老衲的寺院出家，告知此事。但此人前年圓寂了。」松島賢三搖頭說：「這是當年年輕不懂事，大師何必再提？」迷海說：「松島君不用擔心，我們不是追究這件事，而真需要閣下幫忙。天皇一定不會虧待閣下的。」

松島賢三謹記傳家寶典所言，尤其幾百年前沈惟敬與小西行長兩人的教訓。搖頭說：「我不是不願意效忠天皇，更不是怕死。而是我有妻小家人，無法赴湯蹈火，有些事情還是免了，個人生命為重。」

迷海哈哈一笑，已經看出他的憂慮。這些年，迷海仔細地觀察過松島賢三，認為他絕對是，外和內漢的一個日本人，而且行事絕對可靠，於是說：「先聽我把話說完。松島君的祖先也是中國人，閣下也曾經為了捍衛中國首都，拼死與八國聯軍作戰，其精神可嘉，今上天皇對此十分讚賞！且先前你所提出的意見，今上已經完全採納，決心要遏制不可收拾的大陸政策。只是當前中國與日本的局勢，相互攪擾在一起，十分錯綜複雜，即便今上天皇有意阻止，也頗多顧忌，無法直接挑明態度。所以我們打算用另外一種方式，來挽狂瀾於即倒。」

天皇陛下竟然會讚賞自己捍衛中國之舉！這頗讓松島賢三吃驚，況且自己的意見能被採納，亦屬意外。沉默了幾分鐘，點點頭說：「我明白了，只要不危及我家人安危，我願意替天皇效命。說吧！要我做什麼事？」其實松島賢三是知道，被天皇盯上了，自己跑也跑不掉，不如先聽從旨意，看看天皇下一步要做什麼再說。

迷海拿出一份計畫書說：「據可靠者回報，關東軍將在幾年之內，就會對滿洲採取行動。要正面阻擋，恐怕已經太遲。陛下做了最壞打算，準備先行動手展開『阻擋佔領滿洲大作戰』，搶在關東軍之前在中國佈局。這是計畫書，請閣下先過目。」

松島賢三打開仔細閱讀，便心驚膽顫，方知傳家寶典所云『皇道蕩蕩』一點不假。當年後陽成天皇周仁，對豐臣秀吉打算入唐，不動聲色，搶先一步在中國佈局，四兩撥千斤，使意圖入唐的豐臣秀吉，陷入中日兩皇夾擊，戰場困頓，諸多大名抱怨，權力根基流失的尷尬處境，落得滿身腥臭，最後導致他身死之後，豐臣敗亡。

而今上天皇裕仁的計畫，也搶先在中國佈局，其思慮絕不在他祖宗周仁之下，且狠辣更加，可以做到暗中改變關連，但外人絲毫看不出來。

不過，局勢與當年已完全不同，他這項計畫將不會成功。

對內而言，當年的政治局面，日本人對中國天朝，帶有崇敬之心。且當時資訊封閉，豐臣秀吉只能用強迫的方式要大家上戰場，無法煽動日本基層百姓，頗多像小西行長這

種恐懼者，怨懟者，可以操弄。但而今，日本已經有西化基礎，多數人鄙視中國，日本軍方可以使用大眾媒體，製造事件，煽動整個日本基層敵視中國，已經沒有小西行長這種人可以用，弄不好還可能消息走漏，被軍方察覺出問題。

更糟糕的是，對外而言，當年中國強日本弱，豐臣秀吉連朝鮮局勢都搞不定，兩國若大打出手，日本肯定不是對手。如今日本強中國弱，朝鮮與台灣，早就被日本佔據不提，日本軍隊甚至可以直接在中國的幾個重要港口駐兵，且日本的軍力在世界上，屬於一等強國，中國則內亂不休，武裝衰弱。兩國若大打出手，日本則可能大獲全勝。

還有更麻煩的是，對整個局面而言。當年的中國萬曆皇帝雖是昏君，對戰爭消極，但抵擋日本進攻，保衛疆土的態度是明確的，後陽城天皇周仁，可以無聲無息，操弄萬曆皇帝與豐臣秀吉的和戰節拍，使得戰局陷入長期膠著，迫使雙方都生厭戰之心。而今中國的實權者蔣介石，竟然有把柄在日本軍方手上，蔣介石已經墮落為日本的內應，甘願當兒皇帝，整個中國國民黨，必然因此混雜更多的流氓政客，與不知羞恥的漢奸，可以配合日本軍方行動。日本天皇將不可能，在中國領導人這邊佈局，甚至只要相互接觸，被蔣介石猜中裕仁的內心，那麼就等於讓日本軍方知道，裕仁對中國問題的真正態度。

裕仁遇到的這場政治棋局，局內局外全都是敵人，遠比老祖宗周仁，還要困難得多，而真正態度相同的盟友，只是微弱分散的一些中國軍民，兩者卻不能相互配合。

故裕仁的佈局，必然要更加隱密，只能先挑一些沒有兵權，沒有力量的小人物來操作。這計劃書，完全沒有簽名，也是印刷版，絲毫看不出這是皇家所為。代表這計劃若外洩，也可以隨時切割否認，由松島賢三自己承擔責任。雖然知道這當中竅門，但還是接受了。

松島賢三收下紙本後，便問：「在下想請迷海大師，也給我指點迷津。不知道可否？」迷海說：「松島君大概不知道皇家的規矩。我們這些皇家秘密參謀，不能對其他人出謀劃策，更何況老衲本身也有皇族血統。不過松島君既然也是替天皇效勞，老衲願意竭誠回答。」

松島賢三遂問：「這問題也是有關於陛下交代的任務，必須先通盤理解此事，我做事起來才沒有疑慮。就是前些年，軍方一面，在濟南阻擋蔣介石的北伐軍，又另一手炸死張作霖。其用意到底為何？天皇陛下又為何如此震驚？」

迷海說：「若關東軍真要阻止蔣介石北伐，必然不會深入濟南，而應該在天津駐地直接與張作霖的奉軍合作，更不會在濟南阻擋北伐軍之後，卻放蔣介石繞道北進，而不開戰。所以在濟南發動事變，必為敲山震虎，並投石問路。目的在趁機告訴蔣介石，當年孫文代表國民黨在日本簽下的政治密約，即割讓關外滿蒙大片領土，現在該是要實踐諾言的時候了，你北伐要適可而止。從而也能在他的反應中，看出蔣介石的本心，是否願意遵從孫文的密約？從而判斷到底是要幫蔣介石，還是幫張作霖。而蔣介石繞道北上，不敢攖其鋒，則是代表蔣介石已經願意跟他們合作，讓出滿洲，所以他們幫國民黨集團

最後一把，在皇姑屯炸死張作霖，除掉北伐最後敵人，使蔣介石對內可以交待，唐而皇之，停止北伐軍進入滿洲，從而把滿洲孤立起來。日本可以在混亂的滿洲局勢中，發動佔領行動。而蔣介石也可以藉口無力北進，讓出滿洲，如同中國當年的石敬瑭，用混亂局面，讓出燕雲十六州的過程！只是他們沒料到，張學良易幟，全中國輿論一致支持，我日本國內忽然產生政治阻力，不然現在就已經對滿洲動手。不過這些阻力只能緩和一時，無法治本，在蔣介石當了內應的狀況下，陛下與我都判定，關東軍遲早會甩掉政府的阻力，直接對中國的滿洲下手。」

松島賢三點頭說：「投石問路……多謝大師提點。」

東京民宿旅館。

兩名頗似中國人的男子，借宿了一東京的民宿。雖然會說日本話，但是其中一人口音不純。看來不是中國人，就是朝鮮次等人民，而且兩人行跡可疑。此時日本雖然與中國還沒有開戰，但是民間已經被激進組織，煽起一股敵視『支那人』的風潮，要大家謹慎小心『支那間諜』，並隨時回報。

旅館老闆娘帶著兒子，藉口送飲食，在和室房門外，竊聽到兩人用中國話交談，當中還聽到『滿洲』的近似語音。母子兩人瞪大眼，近半分鐘說不出話來。肯定這兩個男人，是支那的間諜。於是母親令十歲的兒子，盯緊他們，若是兩人離開，就趕快去找父親。自己則加快腳步，去憲兵司令部報告。

果然由一少佐指揮，一大群日本憲兵衝入房內，把這兩人制伏。

其中一人用日本話說：「等一下！憑什麼抓我們？」憲兵山田少佐問：「你們是哪裡來的？證件呢？」他答道：「我是台灣籍的。他則是中國人，我們入境都不需要證件的。」山田少佐說：「不需要證件？那總有身份證明吧？交出來！」

兩人把各項文件攤在桌上，山田少佐發現問題嚴重，於是下令把兩人帶回憲兵司令部。兩人被分別被關押。因為這中國人身分特殊，不好審，所以特別審問那位台灣籍的人物。同時旅店的老闆娘，也來憲兵司令部作證，講述他入住旅店時的一切細節。此人叫做蔡智堪，台灣補冊工匠，善於處理文書工作。剛開始審問的時候，蔡智堪死不願意說，只回答說要是審他，遲早會後悔。

這山田少佐十分惱怒，本來他就鄙視台灣籍的人，認為這是次等國民，只比朝鮮人高等一點而已。於是開始動手用刑，毒打了二十多分鐘，憲兵司令部忽然來了電話，山田少佐令憲兵看住，然後去接聽電話。只見山田瞪大眼，立正站好說：「嗨！嗨！嗨！嗨！嗨！」除了嗨，其他一句話都不敢說。

掛了電話之後立刻變臉，從凶神惡煞，變成慈悲佛陀，並下令放人。一憲兵問：「少佐，這是怎麼回事？」山田答道：「這兩位先生，是天皇陛下請來的客人！」此語一出，老闆娘瞪大眼嚇得全身顫抖，拼命鞠躬道歉說：「天皇陛下的客人！」一路到憲兵司令部外，仍然鞠躬不已，山田少佐罵了老闆娘幾句，也拼命對二人鞠躬。事後這些日本人，被宮內廳長官嚴厲警告，不可把這件事情說出去。

兩人乘坐憲兵司令部專車，直接送入皇宮，交給宮內廳的官員。原來這中國人是張學良的外交祕書王家楨，而這蔡智堪則是請來皇宮修補書冊的。兩人本由一位日本和尚撮合認識，這和尚法號天見，為迷海的徒弟，此時皇宮侍從官，也招待兩位吃住休息，甚至專車接送，由松島賢三陪伴兩人，旅遊東京兩天，讓他們把皇宮當作旅館看待。這讓兩人頗為一奇，但是既然招待周全，又全程有人陪伴，也就不好多問什麼。

兩天後，由松島賢三引兩人進了皇宮的圖書館密室，松島賢三已經知道一切秘辛，對此已經不奇怪，便退了出去。裕仁與迷海和尚，早已經在密室等候他們，只有四人在此。尤其是蔡智堪，頗為吃驚，本以為只是皇宮侍從接待，沒想到日本天皇本人親自秘密接見。裕仁請兩位入座，並且表示，會談一切以朋友平等之禮。王家楨倒是很自然，反而蔡智堪一副受寵若驚，坐下時全身僵硬，頗似小鬼在地獄見了閻王爺。

迷海先開頭道：「兩位先生，都是天皇陛下費盡千辛萬苦，請來的座上賓。尤其是王先生，可是老衲的徒弟想盡辦法，才聯絡上的貴人。這次請兩位前來是有要事相商，天皇陛下現在就在這裡，兩位有何疑問儘管提出來。」這兩人都懂日語，沒有語言障礙。

王家楨這次是隱瞞東北少帥張學良，藉口去外地考察風俗，私下跑來日本的，基於自己身份特殊，也就比較大膽直說己見，便用日語說道：「先前天見法師說，日本有一位地位很高的人，想要見在下一面，相商要事，且此事不能告訴張少帥。鄙人便以考察旅遊為名，告假半月來日本。但沒想到這地位很高的人，就是日本天皇陛下，這倒讓鄙人受寵若驚了。既然機會難得，大師又直接說起，鄙人倒是想反問，找鄙人來此有何見教？」

裕仁並不說話，迷海則面帶神秘地說道：「不瞞閣下，是有關滿洲之事。」

王家楨聽了頗為反感，他深知日本滲透中國多年，已經有許多人當了漢奸，甚至有傳聞，已死的孫文，與正如日中天的蔣中正，也與日本的關係匪淺。滿洲更是日本滲透多年的地方，已故的老帥張作霖，也死在日本軍方之手，張學良身邊許多人都被日本軍閥買通，屢屢建議張學良出賣東北，為王家楨平常之最恨者。猜測他們現在要把這魔爪，伸到自己的身上，意圖兼併整個東北為日本領土，必定是如此。

王家楨冷冷笑後，用日語說：「難道天皇陛下不知道，東北已經易幟，中國東北三省之事，已經不全歸張學良將軍所管，現在都要聽命於南京中央政府？」

裕仁點點頭，但是沒說話，迷海代言：「這一點天皇陛下當然知道，不過天皇陛下想要辦的事情，還真不能透過南京中央政府，得讓閣下來幫忙。」王家楨發現自己難下台，不挑明把事情說白了，就躲不掉這麻煩，冷冷說：「其他的人當漢奸，最多只能一群拜碼頭，見到日本首相一面，便為三生有幸！王某何德何能？竟然可以單獨會見日本天皇。可惜在下沒權力去管東北三省的事情。」蔡智堪雖然也是心向祖國大陸的台灣籍人士，但是身分卑微，不敢這樣說話，只在旁默默不語。

南京中央領導人周邊都擠滿了漢奸，以致中國領導人亦有漢奸之嫌，這層原因難以

說明，迷海哈哈一笑說：「王先生誤會了！何言漢奸二字？只是請您來協助天皇辦事，幫忙處理一下滿洲的事宜。」王家楨搖搖頭說：「恕我王某是中國的官員，承擔不起日本天皇交代的事！若沒有什麼特別的事情，恕鄙人假期有限，公務纏身，得回國去了。天皇陛下的招待，我回去一定會告知張學良將軍，透過外交部的合法管道，贈禮答謝。」

裕仁突然說：「王先生且慢！能否聽法師把話說完，倘若王先生還不滿意，朕親自恭送王先生離開。這日本天皇地位崇高，竟然能對自己這個外邦小官如此有禮，頗感一奇，慢慢走回座位，緩緩地說：「既然天皇陛下開了金口，鄙人只能洗耳恭聽。」

迷海加快說話節奏，直接切入主題：「先跟王先生道歉，耽誤了您兩天的時間。那麼老衲就開門見山，以免大家誤會。王先生必然知道，目前中日兩國之間的形勢，十分錯綜複雜，可以說你中有我，我中有你。而我們日本國內，問題之複雜混亂，並不亞於中國目前的局面。關鍵就在日本軍部，有極激進的集團，不斷地想要拓展大陸政策，從軍方到民間幾乎聯成一氣。在這可以跟王先生明說，他們很可能在幾年之內，就會在滿洲採取軍事行動，從此中日兩國，必將敵對。而天皇陛下非常不願意見到戰爭，但此事若是發生，將來我們想要再見王先生這樣的中國友好人士，共同談合作，也是不可能了。」

這一說，王家楨與蔡智堪都大驚失色。

王家楨問：「這話可當真？」迷海與裕仁都閉眼點頭。王家楨遂道：「天皇陛下若有意中日兩國和好，應當阻止這件事情才是。」迷海說：「老實跟先生說，天皇陛下不止不願意戰爭，甚至想要幫助中國。但是剛才也說了，日本國內的局勢複雜程度，絕不亞於中國，即便有些事情天皇想做，也不能明說。所以要閣下與蔡先生同心與天皇合作，才能辦到。」

幫助中國？這實在讓人難以置信！王家楨害怕這是詐術，但轉念一想，堂堂日本天皇，地位可說比張學良還要高，若要圖略中國東北，大可直接找張學良，何必要移尊降貴，對自己這個小小的外交祕書來施展詐術？他所說可能是真的。便試探道：「倘若是阻止戰爭，那我王某願意效命，來化解兩國干戈。但我等尚有疑慮，為何天皇陛下要我等幫忙阻止戰爭？願聞其詳。」

迷海說：「如今軍方已然成了氣候，正面阻止戰爭恐怕很困難了，但是把日本的激進份子打倒，徹底根治，那倒有一長策。倘若兩位依計而行，老衲敢說，最終中國會收復失地，日本激進份子佔領中國的迷夢也會破碎，屆時伺機修補兩國關係，共享和平，豈不大好？兩位都是熱愛祖國的堂堂中國人，會協助天皇陛下來辦這件事的，而且這件事，屬於兩位能力範圍之內可做的。」王家楨與蔡智堪，簡直不敢相信自己的耳朵，這句話竟然會出自於日本天皇的親信之口，且日本天皇在場聽了，竟然也微笑著頻頻點頭。

兩人瞪大眼睛，面面相覷。迷海和尚哈哈一笑說：「剛才老衲說過，中日兩國當前局勢複雜，已經是你中有我，我中有你，到了最特殊的時刻，天皇陛下移尊降貴，也是有原因。兩位也知道，中國有很多知名人士，其實跟日本軍界，暗通款曲，甚至簽下賣國密約，留有證據，養足了激進派侵略中國的野心，成了他們完成大陸政策的最大助力。當中包括了檯面上中國領導級的人物，以及過去國民黨的創始人，孫文與蔣中正。這也正是日本軍方激進派，不斷地鼓動民間、串聯輿論、甚至暗殺高官，想要逼政府入侵中國的原因之一。而天皇陛下為了兩國兩千來年長久交誼，也為了將來兩國永世盟好，百姓共享東亞太平安樂，又何嘗不可以幫助中國人做一點事情？請問兩位還有什麼疑問？」

這句話真的打動了兩人，尤其王家楨，聽到孫、蔣二人都是與日本軍閥有密約的內奸，先是有點疑慮，但這傳聞並非空穴來風。當年在北洋政府時期，這說法在中國就已經傳開，袁世凱就時常罵孫文是吳三桂。孫文在日本確實旅居不少時日，所交往的日本友人，也確實都是鼓動大陸政策的侵略份子，更別說近年來孫文跟蘇聯的關係，讓中國又將丟了外蒙古領土，吃了一次大虧。而日本天皇的態度懇切，王家楨自己又無兵無權，沒必要這樣移尊降貴，大費周章，親自對自己撒謊。原本的心防，此時徹底瓦解。

王家楨看了裕仁說：「倘若天皇陛下真有此心意，在下願竭誠配合。」

裕仁微微點頭示意。

迷海說：「兩位也知道天皇身分敏感，這件事情絕不能外洩。但是兩位若真心為了祖國，就必須盟誓，一定保密。尤其王先生，這秘密你連對張學良也不能說！您也知道他身邊不少關東軍的間諜，說了反而對我們共同的謀劃不利。兩位肯發誓保證，那麼老衲才敢把這計劃告知二位。」王家楨徹底信服了，既然要他不能透露給張學良，代表日本天皇並不是要利用王家楨，去影響張學良，進而圖謀東北，而是真的請求他幫忙，阻止日本佔領東北。兩人遂對天盟誓，絕不把事情洩漏出去，即便是最親近的人，也不透漏隻字片語。

迷海遂拿出一份『奏摺』，當然也是印刷版本，而且全漢字寫成，然後對兩人說：「這份奏摺，是剛辭職的日本內閣總理大臣田中義一，所上給天皇陛下的奏摺。老實說吧！田中義一並沒有上這份奏摺，或說他上的奏摺不是這內容，也就是說這份奏摺是假的！但是我們若相互配合，就可以把它給『作真』了！內容約有四萬字，全由漢文所寫，夠讓全世界的人，揣測當中的涵義了。大體是說田中義一在大連會議之後，上奏給天皇，要求對華政策從消極轉為積極，裡頭關鍵一詞『惟欲征服支那，必先征服滿蒙，欲征服世界，必先征服支那。』此句必須強化解釋，延伸到東南亞英、美、法等國的地盤。將這份文件公佈在中國的媒體上，必然造成輿論一陣轟動，甚至會出現很多譯本，在歐美各國流傳，從而中國內部會因此趨於團結謹惕，外部則會多了一些國際支持。那麼關東軍想發動對滿洲的軍事行動，就必須要慎重考慮了。即便他們堅持動手，滿洲發生軍事入侵後，那麼在世界列強的眼中，這份奏摺就成了『真的』，激進的關東軍就等於『對號入座』。先滿洲，而後中國，而後世界。倘若一個軍事集團出現征服世界的計畫，那麼歐洲列強即便還在自相惡鬥，也會有某些強國，開始騰出手來，暗中支持中國，遏制這個軍事集團。正如中國孫子兵法所云，上兵伐謀，其次伐交，其次伐兵，其下攻城。即便我們現在，包含天皇陛下在內，只有四個人，少壯軍閥擁有全日本百萬大軍，外加蔣介石的暗中配合。以我們之伐謀，對付他們之攻城，最終成功阻擋他們計畫的，也必然是我們。」說到此露出會心的微笑。

六門書判－既然皇道無間氣氛形成，日本天皇與中國平民立場達成一致，則這份必然假的『田中奏摺』來源，既可能日本天皇，亦可能中國民間參與輿論導引局勢者。當時選擇其中一方鋪排。

王家楨拿了紙本，仔細察看，質疑問：「萬一田中義一出面澄清怎麼辦？」迷海笑道：「田中義一，已經在九月二十九日去世。死了近一個月了，請問死人要怎樣跳出來澄清？」

王家楨與蔡智堪聽了甚為吃驚，這安排竟如此細密，謀劃如此深遠，更加信任此計，各自拿著奏摺閱讀。此時迷海把松島賢三喚入密室。

迷海說話，兩人便放下奏摺文件。他道：「故事這樣鋪陳。蔡智堪先生，皇家會請你在皇宮修補書冊，你就藉這兩天，把這份文件抄襲出去。由這位松島先生轉寄給王家楨先生，煩請王先生在給張學良過目後，刊登在中國的報章雜誌上，最好廣播節目也能安插這份奏摺的消息，大加演繹。至少全中國輿論，甚至波及全世界輿論，都會因此轟動。如剛才所言，此舉對中國百利而無一害。」

王家楨問：「難道說此文章另外一層用意，在於讓張少帥警惕日本關東軍的動作？」

迷海點頭笑說：「正是。文章誰都可以看，但誰都不可以說出真正來源！不然天皇陛下，就真的很難再辦接下來的事情，以幫助中國人擊退侵略。望兩位要體諒天皇陛下的難處。」

兩人點頭表示同意。

王家楨細細這一思量，日本裕仁天皇這一招果然陰柔狠辣，可謂一劍封喉，點中要害。把日本將來的動向，似真似假，非真非假，真亦假來假亦真地放了出去。不但參雜了聳動新聞，還打動人性本會有的想像連結，把將會發生的事件，先行連接，然後無限上綱，最後預言成真，全世界警惕。倘若激進派軍閥真的對滿洲下手，那麼這假東西也成了真東西了！不止全中國人開始激憤，世界各國必然會有坐立不安者，以這奏摺為鑑，忍不住採取反制行動。那麼蔣介石這位與日本軍閥達成默契的政治無賴，也必然要顧慮中國內部與國際的壓力，與日本少壯軍閥保持距離。

經過了兩天磋商，兩人終於相信了天皇的本意，本來深恨日本侵略者的王家楨，但此時竟然有一股，想要對日本天皇，高喊「天皇萬歲」的衝動，一時感動流淚。蔡智堪已經忍不住了，除了流淚，真的這麼說出了心聲：「天皇英明！天皇萬歲！要是能擁護陛下當中國的天皇就好了！」裕仁當然微微一笑而不說話，其實他最怕的就是當中國天皇。

因為中國人的『萬歲』很廉價，動機都不純。中國人的頭一磕下去，『萬歲』之聲一喊上來，這個皇朝就算再厲害也很難活過三百年。松島賢三也在一旁微笑，遂帶著兩人各自離去，依計行事。王家楨果然保密到底，即便張學良也不知道此事。

中國民國十八年十二月，經時事月報十二月刊，牽連其他諸多媒體，這『田中奏摺』真的刊載了出來，一時全中國輿論譁然。

果然「惟欲征服支那，必先征服滿蒙，欲征服世界，必先征服支那。」這一聳動之詞被大加演繹，四萬字的奏摺甚至還提到，日本獲取中國的資源後「就可以進而征服印度、南洋諸島、中小亞細亞以至歐洲！」用以刺激歐洲人！

「征服中國之後，東南亞民族必然敬畏日本，從而歸降日本，使世界都知道東亞為我國之東亞，不敢向我侵犯。將從南洋諸島，同時往太平洋發展，一路南下攻打澳洲，獨霸太平洋地區。」用以刺激美國人！

「大和民族要稱霸世界，掌握滿蒙的權利，則為首要關鍵！」用以刺激全世界的人！

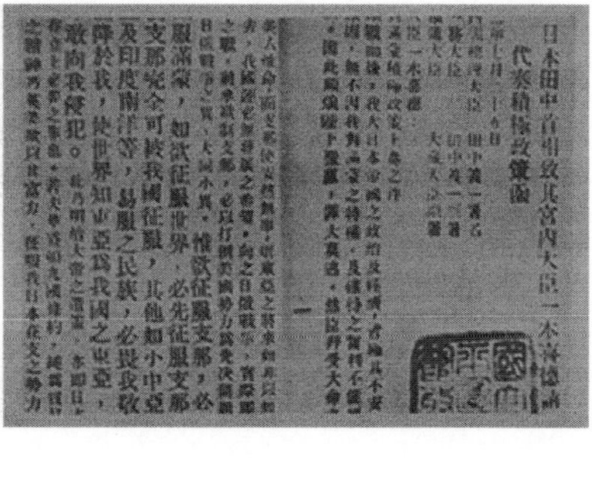
日本田中首相致其宮內大臣一木喜德郎代奏積極政策函

惟欲征服支那，必
服滿蒙，如欲征服世界，必先征服支那
支那完全可被我國征服，其他如小中亞
及印度南洋等，易服之民族，必畏我敬
降於我，使世界知東亞為我國之東亞，
敢向我侵犯。

人世間真正有立論的事情，少人理會，加油添醋聳動之語，只要打中要害，大家就頗愛流傳。中國人對此指指點點不提，歐美各國的報紙也開始大肆翻譯這『田中奏摺』。日本政府見到田中奏摺如此蔓延流傳，已經難以沉默，於是對中國南京政府提出激烈抗議，指責田中奏摺是假的，要求中國政府立刻更正。重光葵立刻會見中國外交部長王正廷，要求取締這反日的刊物。同時間極力澄清與攻訐，認為這是『支那有心人士』惡意

污衊日本之舉。

任誰也無法料到，這個汙衊日本的『支那有心人士』，竟然就是日本天皇。

但是此時全中國乃至全世界，都已經知道奏摺，開始議論紛紛。這奏到底是真是假？暫時無法探究，但是可以先觀察，日本會不會真如『田中奏摺』所言，第一步先在『滿、蒙』下手？

東京，愛國社分社內。失控的精神兵，真的要失控。

關東軍高級軍官坂垣征四郎，秘密從中國回到日本。來到此處，會見愛國社社員，串聯國內的人一起行動。來此的除了諸多愛國社社員之外，還有森恪，頭山滿與內田良平。由坂垣征四郎開頭，只是先說了支那的局勢，以及大陸政策的時機已經到來，但事實上，日本政府的態度卻是非常消極。

於是抱怨道：「關東軍上下一片激昂，對內閣的政策非常不滿。支那的局勢各位都知道，蘇聯利用孫文密約，快速出兵佔領了外蒙古，我大日本帝國在國民黨內部的爭權當中，已經擊敗了蘇聯，親近我大日本帝國的蔣介石，已經奪取了中國的政權，大陸政策時機已經成熟，但政府卻置若罔聞，不願意出兵攻佔滿蒙！那麼我們大日本帝國，過去幫助國民黨革命的行動，全部都白費！日本政壇又被腐敗的勢力控制，比蘇聯都不如！據我所知，自從支那的蔣介石北伐以來，內閣就不斷跟蔣介石談判示好，表示兩國關係要重新調整，孫文密約不再重要。再這樣下去，支那的利益都被蘇聯共產黨勢力佔走，

日本就會萬劫不復！」

愛國社的年輕人，一片激憤，情緒已經被挑起。

接著說：「關於這事情，內田桑與頭山桑是老前輩，我想請他來指導。」頭山滿已經低調很久，不太敢再出頭，怕言論被外界刊載出去就完了，轉而請內田良平發言。

內田良平老態龍鍾站了起來，咳了兩下，然後說：「老朽老矣，自知命不長久，但想起當年在支那幫助孫文革命，至今仍熱血沸騰。老朽我常反思，我大日本帝國為何不會像支那這樣，混亂落後，被外國列強看不起？就是因為我日本的年輕人，選擇了正確的道路，尊皇攘夷，富國強兵。不像支那的年輕人，被孫文這種人欺騙，最後只會被人宰割！但而今，日本也出現了這種賣國賊，阻擋大陸政策遂行，而且就在政府高層！不然孫文後來，也不會跑去跟蘇聯人勾搭，引進共產勢力進入支那，讓局勢複雜了起來，造成我大日本帝國拓展大陸政策，只能不斷延後，甚至有放棄的可能！」

接著道：「所幸支那的局勢，又出現了轉機，各位也都知道。蔣介石奪取了政權！這個人就是跟著孫文革命，當初在日本請求援助的關鍵人物之一。而他本人，在廣東黃埔建軍的時期，若不是我們這些人，強勢對孫文施壓，他根本也當不上黃埔軍校校長。更別說現在，除掉了北洋政府，打敗了共產黨，奪取了全中國的政權。連蘇聯都能利用孫文佔領外蒙古，我日本政府卻被腐敗勢力控制，遲遲不肯動作！還屢次與蔣介石妥協，不願意拓展大陸政策，甚至開始收拾，我們當初與孫文簽約的相關證據！讓這些有利於我大日本帝國行動的文件，都成了政府的極機密檔案，逐步銷毀！再這樣下去，大陸政策的時機再次錯過，支那就會拱手讓蘇聯佔領，就會如坂垣君所言，日本將萬劫不復！」

又接著道：「當初明治維新的時候，日本年輕的武士，在櫻田門喋血，砍殺幕府的要員，讓腐敗的勢力心寒膽顫。更因此號召更多的日本年輕武士，跳出來打倒幕府，逼迫幕府大政奉還，才有我們日本今天的強大！昭和維新的時候，已經到了！」底下的年輕人已經激動了起來，內田也跟著情緒激昂，轉而激動地說：「所幸，森桑拿到了一個另外一個關鍵證據，請他來對各位發言。」

森恪有備而來，站了起來，高舉著一個文件說：「這是濟南事件時，第六師團長福田閣下，在濟南跟蔣介石簽署的文件！蔣介石同意履行，孫文割讓滿蒙給我大日本帝國的承諾！但各位也知道，倘若政府不願意行動，那麼我手上這文件，最後也將跟其他密約一樣，淪為一張廢紙！我們日本人不討要，支那人就永遠不會認這筆賬！」說到此，底下的年輕人控制不住，叫嚷「殺賣國賊！殺賣國賊！」

森恪接著道：「政府高層出現了賣國賊，若要讓關東軍順利行動，拓展大陸政策，成為真正的大國，就必須如當初倒幕時期的作法！不然日本就會跟支那一樣，沉淪成為被人看不起的三流國家！」底下的年輕人終於有人控制不住，社員佐鄉屋留雄，站了起來大喝：「給我一把槍！我要殺掉內閣的賣國賊！」

中國民國十九年，日本昭和五年，十一月十四日。

內閣總理大臣濱口雄幸，代替天皇視察陸軍演習後，回程下了東京車站。忽然一個年輕人跳出來，原來他是日本民間右翼組織，愛國社社員，佐鄉屋留雄。持槍穿過警衛，對濱口雄幸開槍射擊，隨行侍從驚慌失措，警衛衝上去將兇手制伏在地，但是濱口雄幸被打成重傷。

日本少壯軍人，在下手滿蒙之前，已經先行派人暗殺內閣總理大臣濱口雄幸，除掉認為會礙事的反戰者。雖然沒有馬上致死，但是濱口雄幸也因此傷重，又被鳩山一郎堅持要求去眾議員接受質詢，於昭和六年四月不治而亡。只得由擔任過內閣總理大臣的若槻禮次郎，再次接替組閣。日本首相竟然也如中國大軍閥張作霖的下場一樣，被暗殺傷重而亡。會阻礙關東軍行動的實力人物，基本上都除得差不多。軍方派人干預司法，對這愛國青年頗為照顧，認為濱口雄幸之死與槍擊事隔半年，死因與槍擊沒有直接關係，兇手最後被判殺人未遂，名義上判無期徒刑，實際上積極尋找，恩赦減刑的管道，以保持其他日本愛國青年的熱誠。日本激進軍閥，自認外有中國領導人當內應，內有日本輿論當支援，而日本內閣畏懼首相被殺，對軍方行動無可奈何，遂大膽地『對號入座』。

六門書判－精神兵除了除掉內鬼，還可以操作自己戰略行動。而原本精神兵任務特殊，在精不在多，但失控的精神兵，是可以大量收編普通人當兵，最後會變得混亂。

日本軍方到民間已經熱血沸騰，既然政府高官阻礙被搬開，軍方就可以展開大動作，關東軍司令本莊繁、參謀坂垣征四郎、花谷正、作戰部參謀石原莞爾等人，制定了攻佔中國東北的方案。

終於在當年九月十八日，日本駐旅順的關東軍一萬五千餘人，忽然大舉北上，進攻瀋陽。東北軍瀋陽的北大營遭到進攻，槍聲大作，指揮官知道是日軍打來，不敢作主，電報密集地向南京、上海與北平通去。

張學良此時還在北平享樂，收到電報後大驚失色，知道事關重大，膽怯不敢做主，急電當時的領導人蔣中正，時任國民政府主席，請示處置。然而蔣中正此時盯著對共產黨的內戰，發現日本開始索要政治贓物，當下難以作出立刻抵抗的判斷。

日本軍閥為了告訴蔣介石該如何是好，再次把當年孫文與他蔣中正，所簽立的各項賣國密約文件，與暗殺同志，偽造文書的各項證據，製作成複本，派人送到他的面前，並再次恫赫，要將正本曝光給全中國人知道。屆時這些文件，將比田中奏摺還要轟動！

蔣旋即電令張學良：「瀋陽日軍行動，可作為地方事件，望力避衝突，以免事態擴大。一切對日交涉，聽候中央處理可也。蔣中正。」蔣中正已有如當年南宋的賈似道，追討政治債務的人，經過多年之後還是上門。烏龜王八局，都必然會被人找麻煩欺負，只是這一次，欺負這隻烏龜的自己也是一隻烏龜，無怪乎皇道無間。

六門書判－蔣中正的既然為周公罔兩型，自然羅盤黑白兩層。倘若當時多數人堅持

踩其白線，則蔣中正必然宣布集體抵抗，全力迎戰。但局面複雜，踩其黑線者更多，甚至不成比例得多，所以其心靈圖像的導向功能，都引向『先解決內部問題，緩圖外敵入侵』的方針。因為收拾北洋軍閥殘留，以及應對『周公恐懼流言日，王莽恭謙下士時』，對抗真正敵方王莽的武器系統，是他主要任務。而他的指向，只會是眾人集體好人多，或是壞人多，來判定，走白線或是黑線。最終當然是壞人多，決定走黑線，一切先解決內部他定義的壞人，壓制住，在對外抗戰。而並不是蔣中正不抗戰。至於孫文密約，孔宋家族買辦牽扯孫文，亦是他走黑線的重要原因，所以說這一切為皇道無間也沒錯。

靈龜既然決定走黑線，自然得先與日本人媾和。但事情不能外洩，必須要找親日漢奸來辦此事，所幸國民黨內這等人物很多，於是將殷汝耕找來，要他去日本密談。

殷汝耕問：「介公，日本人這次在東北的行動，不達到佔領滿蒙的目的，他們不會罷手，恐怕交涉會遇到許多困難。」蔣中正說：「所以才要你去日本內閣好好疏通，讓他們管束底下的軍閥，我聽說日本內閣對華政策比較溫和，也不希望開戰。我們抗戰需要準備時間，必須要先穩住日本方面。」

殷汝耕微笑著說：「介公，這恐怕很難。您應該知道，日本號稱獅子宰相的濱口首相，都已經被日本右翼份子槍殺，這次又是關東軍私自行動。很難期望日本那些拿筆的文官，能夠有什麼實際作為。除非介公，肯下令張學良的東北軍就地抵抗，憑藉關東軍人少無援，還能阻擋得了，然後再請日本政府出面從後協調，兩邊談判，才有可能解決這事件。」

蔣中正瞪眼搖頭說：「抵抗？談何容易啊？當下我們根本不是對手。」

殷汝耕已經看出蔣耍滑頭，立刻打斷他說：「介公，您若不肯說實話，那我就沒有辦法替您去日本走一趟。正所謂瞞者瞞不識，我也是早期參加過同盟會，與黃興同志一同革命的人。當年日本拿二十一條逼迫袁世凱時，黃興同志在海外立刻停止倒袁，宣布中國人一致對外。而當時孫總理，卻在日本簽約十一條，希望日本支持他，打倒袁世凱。這條約內容，最厲害的，還有包括重申滿洲與蒙古等所有關外領土，割讓給日本。孫總理的事情我們雖然沒參與，但瞞不過當年的革命同志。所以不是中國打不過日本關東軍，而是孫總理與您，有條約落在日本人的手上，怕這些東西曝光。這仗對您來說不能打，打下去您的政治前途都沒了，我想我說的沒錯吧？」

殷汝耕笑臉瞪眼，直視蔣的光頭。蔣也笑了出來，拍拍他的肩膀，口氣轉而友善地

說：「亦農⋯話何必說得如此明白呢？亦農⋯」

忽然感覺不對，立刻改口說：「不！是亦農吾弟！」忽然又瞪大眼，正色說：「不不不！是亦農吾兄！你是革命老前輩，中正稱您為兄一點都不為過！」

殷汝耕見到蔣介石如此變臉又改稱謂，代表他已經在耍滑頭了，繼續微笑著盯著他。

蔣中正接著說：「亦農吾兄，你乃我黨出名的日本通。當然瞞者瞞不識，這些事情我也就不瞞你，為了我黨前程，國家穩定，我們必須要將此事解決。孫總理當年為了革命，跟那些日本人簽一些密約，這也是要救國救民，無可厚非。在這種情況下，我們必須要跟日本人有所妥協，等待日本政府的政策轉變。說到底，東北割讓屬於我蔣某人可以接受的底線，我們不會抵抗，日本人只要適可而止，可以佔領東北，但是國府仍然要在國際聯盟提出抗議，以免國內情勢控制不住。不過你也知道，我的身份不方便出頭。」

接著又坐下來，拿出一大箱的日幣，一眼還望不出，這些錢到底有多少？但至少可以判定，普通日本人一輩子也見不到這麼多錢。殷汝耕起心動念已躍然臉上。

蔣中正知其心動，便正色地對殷汝耕說：「亦農吾兄，黨國需要你來出力，中正雖不才，但永遠當你後盾。況且這次你去日本，是代表黨國對日本的秘密談判，中正絕不會把這消息走漏，這與床次竹二郎談判的時候不一樣。這些錢你帶去日本會用得著，若是還不夠，外交部那邊拿我的字條隨時支用，不用擔心錢不夠的問題。」

殷汝耕知道蔣為人，當初在濟南慘案之後，蔣與床次竹二郎在南京也談判過，他老蔣自己把消息走漏，把談判內容給竹二郎的對頭田中義一知道。當竹二郎怪罪時，竟然還把洩密的責任，怪在擔任翻譯的殷汝耕身上，然後免職。現在需要你幫忙，當然跟你稱兄道弟，說話殷情，若是沒有利用價值，看會從兄弟變成什麼怨家。蔣此舉不過就是要殷汝耕當他的替身，要是局面失控，他老蔣就會把殷汝耕抖出去，去背這個漢奸罵名。

老蔣這一套他當然看得出來，殷汝耕自己已經有腹案。只是外表不拆穿他而已！心思：「哈！你蔣光頭想讓我替你背罵名？當我傻子嗎？我殷某人也不是省油的燈。你蔣光頭這樣惡搞，我看黨國遲早也會被搞垮。不如就藉你蔣光頭的資源，透過我的日本老婆，尋找跟日本人合作的管道。說不定，我也能如三百年前的洪承疇、吳三桂、耿仲明、尚可喜等人一樣，靠著外邦入主來坐享榮華富貴！」

思及此，露出了微笑。蔣中正問：「亦農兄笑什麼呢？」殷汝耕醒了神，開口笑道：「介公，既然是為了黨國前途，小弟我就走這一遭，一定替介公與日本人之間，搭上談判的橋樑。既然介公不想在東北與日本人開戰，若介公有需要跟日本人有政治合作之處，我也一定代勞！」

蔣中正瞪大眼，喜出望外，可真沒看錯殷汝耕，這「亦農吾兄」，還真是當秦檜的料！開口道：「亦農吾兄，您還真是我黨國的棟樑！您這次去日本談判，大可以跟日本人談政治合作，若有結果馬上告知！中正絕對支持！只是我現在是國府主席，身份特殊，不方便明著支持，但私底下絕對不會拆您的台！」

這實在暗示得太明顯。

殷汝耕微笑說：「介公哪裡的話，亦農一定不會辜負介公的厚望！」

殷可謂自作聰明，實際上你們這種黑心人太多，難怪蔣以靈龜之數，指向適應黑線的方位。但最終的結果大家都未必樂見。

殷汝耕忽然好奇問一句：「據聞介公是日本士官學校畢業，但我也當過您的翻譯，您應該會一些日語，也該有自己的日本人脈。」

蔣中正知道他想說什麼，提前打斷說：「身為國府主席，不能為國民說三道四，否則中正難以身作則領導國家。倭寇現在已經變成國家的敵人，我跟倭寇沒有什麼直接可說的，以前的人脈關係，純屬私人，不應當再繼續勾搭不清。」

殷汝耕低頭說：「是，原來如此。」

兩人各懷鬼胎，但對面都露出友誼的笑容。

六門書判－殷汝耕以為蔣中正並不是留學日本，而是偽造學歷者，或許是。然實際上他真正畢業於何處？若知道，恐怕你大漢奸殷先生會嚇一跳。無怪乎他從該校初中部畢業，就可以當你們外界大學程度學校的校長。然而蔣中正在九一八事變之際，走黑線，無論什麼正當理由，也是事實。利用漢奸替自己脫身，也是事實。

搞定殷汝耕之後，蔣中正先返回南京，而後到上海，張學良也從北平來到上海。張學良先與蔣介石互通電報，請求中央支援軍隊，緊急處置東北問題。碰到如此大的事情，張學良也與蔣中正見面會談。

蔣中正此時陷入為難，內部的靈龜羅盤不斷抖動：一、買辦牽扯的意念，當然是要保障國民黨變成買辦賣國的工具，以成其集團利益。若與日本鬧翻，發生戰爭，把虛假的繁榮搞砸，那就違反利益。當然牽動蔣中正走黑線。二、黃埔軍校以第一期學生杜聿明等人，當然一股熱誠，上書校長走白線。三、共產黨通電抗日，是要牽動他走白線，然而基於那一個型上對聯，周公要與王莽對抗，所以共產黨走白線，這一個影響，於他面前就是走相反的黑線，結論是，共產黨讓他走黑線。四、國民黨內賢達，要他走白線。五、正在壓制的各地軍閥，希望外力讓蔣中正難以下台，激怒全民，以藉機會推倒中央，所以也用各種理由，策動他走不抵抗的黑線。六、宋美齡等親信，由於本身就站在買辦立場，與外國勢力已經暗通款曲，藉口各項軍火從國外購買，也策動走黑線。七、英美外國勢力雖然與日本的關係，開始緊張，然而為了保障他們長久利益，以及最終大年交戰目標滅亡中國文明，使中國成為殖民地，當下還是希望日本當馬前卒，中國人民族主義不可以抬頭，所以用各種假援助的理由，要蔣中正走黑線。八、社會輿論與青年學子要他走白線。九、國民黨內知道孫文與日本關係者，不希望密約被日本激進派公開，當然用盡方法支持黑線。

蔣中正的靈龜指向，難以辨別他人目的，即便屬於當下敵人共產黨的意見，都會統一視為環境的暗示訊息，如此以上主要九個方位：黑六比白三。蔣中正心靈圖像指向不

抵抗政策的黑線。

而最關鍵者還在張學良本人，因為他手下的東北軍就在現場。如此蔣中正反問張學良：「漢卿！早在事變前六天，我就提早告訴過你，日本人將有軍事行動。東北軍現在能否就地抵抗？」

張學良說：「如今也不能隱瞞，須向介公坦承報告，東北軍超過一半的軍官，都是與日商株式會社有商貿往來，平常與日本軍方就很友好。事變爆發，有接近一半的東北軍不聽調遣，自己行動。對外說的是『穩住態勢』，實際上，就是在與日本暗通款曲，企圖保住自己的利益。」

蔣中正急匆匆地說：「什麼！這是李鴻章的心態！先前你易幟之時，不已經除掉幾個東北軍的漢奸大頭？如果還是如此，那這樣中央怎麼可能派軍隊幫你？給我一個結論，東北軍到底有沒有辦法，現在以自己的力量就地抵抗？」

張學良臉紅耳赤，搖頭說：「很慚愧，沒有。」

蔣中正愣了一會兒，低聲說：「看來還是得聽絕大多數的意見，下達不抵抗的命令。這等於是中央要替你擔。」

張學良說：「如果抵抗，東北軍得先自己人打自己人，被打的那一方，肯定與日軍更加積極配合。除非中央現在立刻出山海關參戰，否則只能先手足相殘。當然下達不抵抗命令，會讓介公難以應付外界壓力。」

蔣中正當然知道濱口雄幸被殺之事，甚至在事變之前一個月，日本軍方就已經拿密約威脅蔣，並告知日本關東軍要有大動作，蔣必須要配合。然而對蔣而言，他把這當作是一種反向刺探情報，所以虛以應付，實際上有告知張學良應變，但張當時還在關內大城市享受浮華，甚至鴉片毒癮都沒戒除。

蔣中正說：「現在中央軍主要任務是剿共，大多在長江流域，黃河以北的中央軍兵力不多，地方軍隊很難調動，他們與日本商界的關係也跟東北軍一樣，非常密切。至於國民黨內，有很多難以敘述的事情。」

張學良說：「您是說孫總理與日本的關係？」

蔣中正說：「這件事情就不要多討論，即便我也沒資格討論。你先說，到底東北軍就地抵抗勝算多少？」

張學良說：「很低。所以希望中央下達命令。」

沉默許久。

蔣中正說：「那我當下，就先下達不抵抗命令。但這命令一下，各界必然群起撻伐，我在政治上就非常被動。只能抓緊剿共，然後再討論抗日作戰之事。而且我得先坦承告知，中央軍若到東北，依照國家體制，地方軍隊是要收編不能自主的。」

這打痛東北軍的核心痛腳，而這又是蔣一直沒說，但又是民族給他的任務。之所以敢跟張說清楚，是張本身也願意放棄軍閥割據，只是太多下屬放不開利益所致，以至於

態度曖昧兩可。蔣乾脆趁此直說，國軍若到東北之日，當然就是真正剷除北洋軍閥時代遺留的惡習。就在如此模稜局勢之下，張學良也踩黑線。此事，張的比重遠遠高過其他各方意見。

張學良問：「那中央暫時不方便出關，我能支持。然而國土遲早是要收復，得多久才能準備好與日軍作戰？」

蔣中正說：「當前情況下，兩年。具體得視剿共的情況而定。」

於是在黑線遠遠壓過白線狀況下，蔣下達不抵抗命令。

所有東北軍漢奸買辦軍官，立刻心領神會，所有武器一律入庫，彈藥上封條，不發給基層戰鬥連隊，所有戰鬥飛機不准起飛。以至於大多想要自發抵抗的基層官兵，也沒有武器可以使用。飛機製造廠也都貼上封條，以致想要撤走這些機器的官兵，也都不敢動彈，只能都交給日本關東軍，資助敵國。

東北廣大國土，有三倍日本本土大，且天然資源豐厚，工業基礎完整，甚至有張作霖當年辛苦建立，中國唯一的一條航空工業生產線，及相關工業基礎。不大打一仗，就斷送給敵國，將令全中國人輿論沸然，擁有軍隊的南京中央，必然得有一個公開的說法。

六門書判－靈龜蔣中正雖然有孫文密約的壓力，但絕對不至於因此叛國，甚至不抵抗原因也不全是畏懼強敵，而是有諸多說不清道不明的底層因素。而事情最關鍵的東北軍本身，假設有抵抗之氣，張學良有責任感，不需要中央命令就地抵抗是必然。才在此不久之前，蔣馮閻李，鬧翻展開軍閥混戰，國民黨稱討逆軍之役，張學良不就先中立拿捏雙方，之後才勉強聽中央調度？這就代表張還延續先前奉系軍閥之權，即便他比較願意放棄割據，但部眾基於自己利益，肯定以各種方式令其態度曖昧模糊。但總的來說，對中華民族集體意識而言，中華民國龜局之型就算由母轉公，有靈龜坐鎮，但在複雜的局面下，受到攻擊，烏龜的本性還是，先縮！

九月二十二日，即事變後的四天，蔣中正就透過廣播與報紙各項媒體，向全國人民宣稱：「我國此刻必須上下一致，先以公理對強權，以和平對野蠻，忍痛含憤，暫取逆來順受之態度，靜待國際公理之判斷。」

一時輿論更加失控。他這番對強盜談忍讓，對土匪談公理的『逆來順受』之說，已經說明，東北軍不抵抗的主張，是他這個國府主席批准的態度。內部複雜的因因果果沒人能理解，就算理解也難諒解，所以仍然大加撻伐，即便國民黨內，也是罵聲一片。全國各大城市，群起沸騰，紛紛上街頭抗議示威，要求中央直接出兵到東北抗戰。他的政敵汪兆銘筆名精衛，故又稱汪精衛，認為逮到了扳倒蔣中正的機會，立刻高聲大喊抗日，趁機要求他下台。

蔣在濟南慘案之後，就早知會有今天，為表自己清白，自五三濟南慘案後的日記上每天都以『雪恥』開頭，並且痛罵日本倭寇狡詐，他一定要雪恥復國等等話語。故意透露給外人知道，暗中傳揚出去。希望大家能諒解，他早有抗日計劃。

然而這一招沒有用，烏龜的轉圓戲法，效用在久遠且難以透析的暗處，但萬一複雜的流程有所破綻，就會失效。用這種小道消息方式，壓不了荒謬的現況。在失控的輿論撻伐之際，有人刻意詢問他對共黨態度，與曾參與反蔣的胡漢民等廣東勢力時，就毫不客氣。宣布：「對禍害民族的赤禍與粵逆，絕不姑息，政府將堅決予以剿滅！」

輿論更加爆炸，批判他對外敵寬容，對內凶狠，已經有漢奸之嫌。蔣中正此時才發現，這肯定是政敵挖坑陷害，但被觸到中國四千年最可怕的隱性能量，肯定不只危害他個人政治地位，也會危害整個國民黨統治合法性。

但這隱性的能量，似乎被某種看不見的力量所屏蔽，所以他仍然能穩穩掌握權力。蔣中正也收到暗示，讓他既然已經決定黑線流程，就堅定走下去，暫時那股力量還能罩得住。

原因是對當前整個中國而言，蔣目前有一個非常重要的利用價值，就是要釣整個大和民族上鉤，拉日本裕仁天皇入主中國，來跟華夏民族大合併，既然是餌食，當然是要愈虛偽愈下三濫愈好。

本跟蔣稱兄道弟的桂系軍閥李宗仁，當年在寧漢分裂時期，曾大罵汪精衛勾結蘇聯，投共叛黨，聯蘇叛國，從而助蔣倒汪。北伐成功之後，發現蔣毫無戰功就竊據北伐功勞，排擠其他人，又因此跟蔣鬧翻，聯合諸多軍閥倒蔣，打打和和。此時自認為看出蔣的為人，專搞小動作大騙術，對他私下透露出來給大家看的『雪恥日記』中，冠冕堂皇的豪語，不屑一顧。

於是立刻聯合粵系軍頭胡漢民，公開要求蔣中正立刻下台，辭去國府主席一職！

南京官邸密室。蔣介石找來楊永泰密商。

面對輿論排山倒海攻過來，蔣介石顯得與平常不同，有些聒噪不安，扯下平常在眾人面前虛偽學來的經典言語，卸掉聖賢假象，轉出流氓本質，從而髒話連連，這也是黑線轉出的後遺症：「娘希匹！娘希匹！娘希匹！他王兆銘又不是不知道，孫總理當年在日本的事，他自己在二十年前，也配合孫總理簽密約的需求，大聲高喊，滿漢分離，滿洲應當從中國分離出去的論調。現在竟然反過來大喊，要出兵收復東北，滿蒙都是中國不可分割一部分！立場如此顛倒！這是分明是藉端奪權！一群不知情的軍民卻跟著他起鬨。最可惡的還是李德麟，趁機落井下石！楊先生，你認為該怎樣挫敗他們！」

楊永泰笑著說：「介公且先息怒，他汪兆銘這麼做，支撐不了多久。遲早還會反過來站在介公你這邊。」蔣介石問：「此話怎講？」楊永泰說：「日本關東軍攻佔東北，以張少帥與介公、夫人這邊的情誼，必然會遵守先前對您的承諾，不會對日軍開槍抵抗，他汪精衛指揮不動東北軍的一兵一卒。而中央軍又全在介公與黃埔學生的控制之下。縱然他高聲吶喊，也改變不了東北不抵抗的事實。介公此時反而該以退為進，讓他汪某去出這個鋒頭，等全國人民發現他只有嘴巴功夫，解決不了現實問題，反而局勢越弄越糟之時，就是介公可以再復出的時候了。」

蔣露出狐疑神情問：「你的意思是要我先引退？」楊永泰笑著說：「先退方能再進。現在全國人民對於東北不抵抗的問題，群起譁然，您這國府主席的位置已經成了燙手山芋。只要透過孔、宋兩家掌握財政、透過陳立夫等人掌握黨政，您自己掌握兵權，即便不要這國府主席的名號，實權也是牢牢在握，屆時改頭換面重新復出，不管什麼名號都一樣是統治中國。汪兆銘發現自己改變不了現實，一定又會反過來求您，以他這種風吹兩面倒的政客性格，遲早改換立場，承認東北割讓出去的現實，反而到時候您可以將他擺在前面給大家罵漢奸，自己就可以從中抽身出來，保住自己的名譽。當年宋高宗不就是讓秦檜來背罵名，自己脫身出來的嗎？從宋高宗那時候就看出，人民只要有發洩怒火的對象，對於真正掌握實權之人的所作所為，就會視而不見，甚至會替他擦脂抹粉，掩蓋真相！這是人的共通本性。所以介公大可釋懷。」

六門書判－把宋朝比中華民國，恰到好處。中國三大龜局，當中這兩隻烏龜最為相當，無怪乎中國人討厭烏龜王八。寧願爛蛇爛龍，也不要烏龜王八，帶倒霉運，引來各種荒謬事件，宵小群集核心，但利用君子鋪設表象，用完即丟。

雖說如此，靈龜蔣中正仍直覺楊永泰不可再信，但如何解決問題尚不知。

蔣中正宣佈下野，只能暫依其計而行。

話鋒回頭，日本軍連續攻佔中國東北的重要城市，除了少部份軍隊自發性地反擊外，其餘都只能聽從不抵抗命令，拼命往關內撤退。抵抗的部隊孤掌難鳴，只能撤往山區打游擊戰。東北軍退往錦州，日軍繼續追擊，張學良下令東北軍，主動放棄錦州退回關內。汪精衛趕走蔣中正，代理國府最高指揮權之後，不斷命令張學良的東北軍就地抵抗。張自然不可能聽從，於是拒絕汪精衛的計畫，對汪精衛避而不見。汪精衛甚為失望。

東北丟失，張學良本人負有直接責任。

正如馬君武當時，哀瀋陽二首詩所云：趙四風流朱五狂，翩翩蝴蝶最當行，溫柔鄉是英雄塚，那管東師入瀋陽？告急軍書夜半來，開場弦管又相催，瀋陽已陷休回顧！更抱阿嬌舞幾回。

無獨有偶，有人寫詩贈張學良，也有人寫給蔣中正。廖仲愷之妻何香凝，寫詩給蔣介石：枉自稱男兒，甘受倭奴氣，不戰送山河，萬世同羞恥，吾儕婦女們，願往沙場死，將我巾幗裳，換你征衣去。身為始作俑者的兒子，孫科。趕緊跳出來消費愛國聲浪，大喊收復東北失土，組織的東北失土收復委員會。但過了兩天被人勸告，說這樣會給蔣不抵抗的政策拆台，甚至有漢奸告知他，割讓東北是爾父先前對日本的承諾，所以這個騙人的組織，幾天後就宣告解散。

汪精衛手上沒有軍隊，張學良又不肯動員東北軍配合他的抵抗計畫，終於灰溜溜放棄，但怕擔責任，名聲受損，於是辭職出國。就在國民黨政要，或相互推卸責任，或藉機打擊政敵，或藉端奪取權位，在全國百姓面前上演醜劇之際。

中國共產黨的王明，其洋奴之性絕不在蔣介石之下，在中東路事件中蘇武力衝突時，

曾高喊保衛蘇聯，保護蘇聯主子的利益。面對日本進攻中國，他的政治言論仍然沒有進步，繼續高喊『武裝保衛蘇聯』，似乎把自己當成了蘇共頭子。

可惜真正的蘇共頭子斯大林，不需要他的保衛，更不在乎中國共產黨死活。對政治相當機敏權詐的蘇共頭子斯大林，在上台之初，判斷東亞的局勢時，就認定孫蔣集團，是徹頭徹尾的賣國集團，對蘇聯與日本都簽了密約，中國局面將會牽動日蘇兩國都捲入事件。而蘇聯在列寧晚期，藉密約佔領了外蒙古，對蘇聯一直有敵意的日本，勢必也會在蘇聯之後藉孫文密約，在中國展開佔領行動，首當其衝必是中國東北。

果然一切都如斯大林所料，從而在共產國際的會議中，談到遠東中日兩國問題時，就認定日本將會在中國有大動作，將來日蘇兩國必有衝突。對蘇聯來說，若能佔領全中國，那是最好的結局。但蘇聯不能因此得罪日本，必須要有防範，絕不能夠重演日俄戰爭的舊戲。萬一將來爆發衝突，也一定要先讓蘇聯有時間準備，不惜先對日本做出一切退讓，先讓中國人去抵擋日本侵略。

在得知日本終於開始行動後，立刻指示蘇聯外交部，通電給日本大使，對日本示好。為表誠意，還主動把蘇聯在中國北滿的一切經濟權利，全部讓渡給日本。張學良動員東北軍，一場激戰仍打不跑的蘇聯人，日本人不發一槍一彈，就將之嚇跑。實際上這是買空賣空，先前中東路鐵路之戰，雖然獲勝，但蘇聯就已經放棄中國北滿特權，等於只是讓中國嘴上承認，實際不太在意，但此時把這當交易籌碼。

六門書判—斯大林背後的亡靈王先生，在此關鍵時刻，也回了訊息給中華民族集體意識。從其動作態度訊息可以判斷訊息是：『爾周公黑化，何以拒我王莽乎，事不濟至此，尚役人誘敵，不思之甚』。簡明深入，集體意識此時必陷入局勢兩難之抉擇。

王明的賣國路徑，與蔣介石無異，中國共產黨再這樣下去不會有發展，從而中國共產黨內部，醞釀一場政治洗牌，由本土派的毛澤東，逐漸取代親蘇派王明，搶奪黨內主導地位。

東北失陷！中國的學生群起激昂，發動大規模遊行，人潮越滾越大。從北平濟南來的大學生，要求見蔣中正，蔣表面上義正詞嚴，要保護國家主權。但在日記上以及私下場合對人所云，卻是大罵這些學生：「只會跟政府示威，不敢對敵人示威，國家因而受辱。」「書生誤國莫過於此。」

也許對蔣的角度，有其道理，然無論如何，你有槍不去向敵人示威，而要學生拿筆去向敵人示威，怎樣也說不過去。

日本傳統以武夫為社會主導力量，中國傳統以知識份子為社會主導力量。九一八事變之後，由學生帶頭，全中國各大城市爆發了大規模遊行。尤其以北平、南京最烈，北大各校學生，四處串連，從北平步行到南京抗議，一路走來，串聯了大江南北的愛國人士。一致要求對日宣戰，收復東北，學生包圍並衝撞國民政府外交部，擠開警衛，大聲喧鬧，要求外交部立刻對日宣戰。在推擠拉扯之中，拳腳飛舞，把外交部長王正廷打傷。

鼻青臉腫的王正廷深知，蔣此時還醉心在內鬥，正準備調兵遣將，去進攻共產黨的地盤，與自己中國人自相殘殺，寧願丟失國土也不可能抗日。自己才不想替蔣扛這責任，便宣佈請辭，避風頭去了。

而幫助政府說話的蔡元培等，也被學生包圍，罵聲一片。說蔡元培平時滿口西方新知，追求自由平等，但在關鍵時刻，表現卻不如大學生。見到他的官樣，學生們甚至氣憤得要拳腳相向，在軍警開槍之下被迫驅散，從而全中國的學生更加譁然。

中國大多數人民也自知，不可能轉變國民黨政權的態度，只能用最微弱的方法，抵制日貨，來表達不滿。引發日本軍界的一陣嘲笑，稱可憐的支那人，繼續挺著刺刀進攻。

國民黨此時已經被看出，核心是個賣國政權，雖然中國的知識份子，沒有像日本激進愛國青年一樣，拿著刀槍殺掉政客，但一股傳統隱性的動向開始醞釀，群鬼之間紛紛變身，排列組合不斷變化，而外表看不出來。蔣正在拼命招惹，裕仁最害怕的事情。他也並非不明白此事，靈龜指針不斷擺動尋找集體意識的暗示，然而發現的暗示是，共產黨將要趁此之事，轉換自身的地位。於是蔣的判斷是，先滅共產黨，然後再集中力量配合西洋勢力，與侵華日軍決戰。

就在日軍攻佔全東北同時，當日本激進分子看見，中國內部為此話題沸沸揚揚，恐怕蔣中正雖不抵抗，國民政府也很難痛快地宣布割讓東北給日本。為了逼國民黨統治集團，做出一致決議，產生棄車保帥的心裡，使其快點正式放棄東北，名正言順割讓出來，遂準備在上海也發動一次事件。

由坂垣征四郎委託花谷正策劃，實際執行由上海的重藤憲史與田中吉隆及其情婦川島芳子，在上海行動。這川島芳子，原為滿清皇族肅親王後代，川島浪速之養女，漢名金璧輝。被日本激進軍人，培養為滲透中國的特務。

她雇用打手，對五名日本僧人痛毆。一人重傷一人死亡，其他三人輕傷不等。日本媒體立刻指出，這是中國工廠的糾察隊所為，大加撻伐。上海日僑青年同志會成員，立刻動員鬧事，同時策動日本一千多名僑胞開始遊行抗議。要求上海日租界的日本海軍陸戰隊，立刻介入干預，懲膺暴虐支那，同時一路上攻擊中國商店與中國人，製造混亂。而日本國內媒體，則不斷煽動民眾，宣稱上海的中國人打死日本僧侶。

日本國內輿已經一面倒，不看中國東北已經被日本攻佔的事實，反而對此捏造的事件追打不休，要求政府立刻採取行動，懲罰暴虐支那。

日本海軍陸戰隊果然自行增兵上海，蔣介石通令必須忍耐退讓，派奴才張靜江去跟蔡廷鍇協商，要求十九路軍退出上海，如東北軍一樣，不能抵抗，中國軍隊不得與之衝突。另外再派何應欽出頭，通令中國十九路軍，五日內全部撤離上海。東北國土正遭侵略，上海即將成為第二個東北，全中國輿論再度譁然！屬於粵系的十九路軍拒不聽命，準備與日軍開戰。

日本海軍陸戰隊兩千三百人，在裝甲車掩護下，在天通庵車站與十九路軍激戰，數次進攻都被十九路軍擊退。同時日本軍艦逐漸向上海支援，登陸七千海軍陸戰隊進攻十九路軍。十九路軍各路人馬，陷入各自為戰，死守陣地，勉強頂住了日軍頭幾次的增援，但畢竟孤軍作戰，呈現不支的狀態。面對海上日軍不斷增援的壓力，接連請求中國海軍支援，但海軍被蔣介石嚴令不准出動，從而對友軍的請援無動於衷，海軍不發一彈，竟然也不受日軍攻擊。日本軍艦因此直接逆江而上，炮轟首都南京，蔣介石仍不敢吭氣，反而腳底抹油溜了，宣布國民政府遷都洛陽。

全中國輿論更加撻伐，認為連裝備簡陋的粵系軍隊，都能與日軍一戰，頂住上海。精銳的中央軍竟然不肯主動增援東北，更不願與日軍作戰，這明顯是蔣介石要放棄東北。

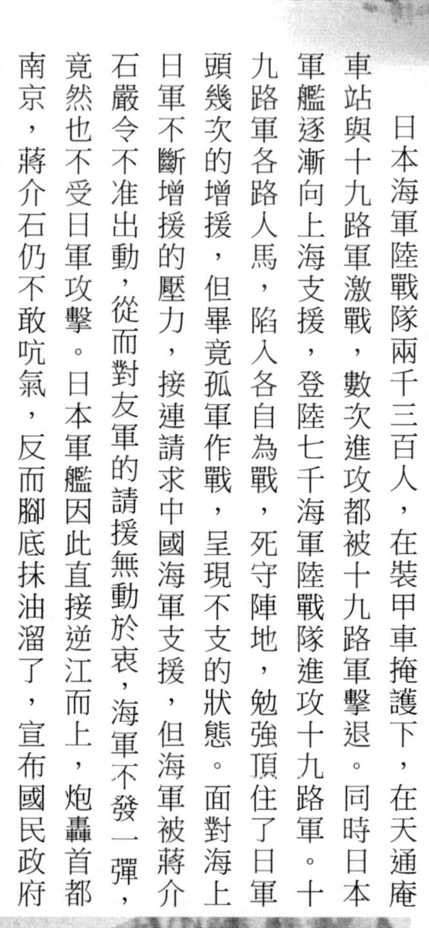

蔣中正知道日軍此時在上海的行動，如當年在濟南是一樣的，是虛晃一槍，主旨在中國東北，所以咬死不願抵抗。但南京被日軍炮擊，驚動了國民黨許多高官，一致要求蔣復出，並同意在上海就地還擊，支持十九路軍並保護南京城。於是蔣介石在洛陽宣布復出，擔任軍事委員會委員長一職，派出張治中率領中央第五軍，前往上海增援十九路軍，但第五軍並不積極，只在十九路軍周圍造勢，被嚴令不得主動進攻。蔣這一招，也只是為了自己復出而虛晃一槍。罔兩龜，投影景龜。所以你的虛晃一槍他當然知道，既然黑線已經確定，自然投影相隨。而這最佳效應是，日本內部將會被罔兩問景，也被迫出現一堆背後搞鬼的人，去拉主戰派的後腿。

十九路在腹背受敵之下，最終失敗撤退。日本軍方見到中國東北已經完全被控制，東北軍全部撤回關內，國民黨已經確實棄車保帥，上海這邊遂逼國民政府簽約停戰。

蔣在某種程度上，已經淪為內奸，自然是點頭同意。簽下淞滬停戰協定。

綜觀整個九一八事變，日軍攻佔中國東北的行動中，蔣中正堅持不抵抗、張學良被迫不抵抗、蘇聯讓渡權利巴結日本、中國共產黨只能高聲大喊，甚至有黨員荒腔走板大喊保衛蘇聯，西方各國由事不關己，又怕得罪日本，大多置若罔聞，只在國聯抗議一番，打打嘴砲便作罷！唯一有用力阻擋日軍行動的領袖人物，竟然只有日本天皇。

話鋒再回頭。日本在滿洲事變爆發當天，內閣總理大臣若槻禮次郎收到電報，就深知大事不妙，當天晚上徹夜難眠。他在接任這位置之初，就已經害怕自己重演濱口雄幸的覆轍，況且一大堆軍方人士，在事前就不斷暗示他，若不配合關東軍在滿洲的佔領行動，他的下場會比濱口雄幸還慘。若槻禮次郎驚訝地發現，自己有兩條路選擇，看是要像田中義一一樣，被天皇喝斥蒙羞，修理到死，還是像濱口雄幸一樣，被軍方打到死。

總算若槻禮次郎權衡輕重之後，決定忠於天皇，第二天通知所有閣員，召開內閣緊

急會議。

陸軍大臣南次郎意見偏向軍部的人馬，認為這是關東軍自衛行動，但主張談判解決。但是外務大臣幣原喜重郎，則直接偏向『上意』，認為這是關東軍陰謀，要求外交解決爭端。兩派意見總算還有交集，最後日本內閣還是體察了上意，代表日本政府決定，採取『不擴大事件的方針』，要求關東軍停止在東北的佔領行動，立刻撤退，回到事變前的態勢。並同時在國際聯盟，對世界各國宣布，日本將會立刻撤軍。希望以此生米煮成熟飯，讓關東軍知難而退。

明明是一場必勝之仗，幾乎兵不血刃就可佔領比日本本土大三倍之地，日本政府竟然會如此表態，還主動先對外國宣稱要撤軍！

關東軍上下，收到內閣這種決定，一片憤慨激昂，拒不聽命，全軍繼續展開進攻。同時另一手，在國內發動輿論戰，大肆批評內閣都是賣國賊。日本民間支持大陸政策的各組織，全力搧風點火，日本全國輿論竟也如中國全國輿論一般，陷入一片譁然，大罵日本內部有賣國賊，有人同情支那人，要將日本賣給支那。

無間至道，陰陽相映，正是中國人要抓『漢奸』日，也是日本人要逮『和奸』時。

裕仁天皇見此大感不妙，雖不能表明態度，但是再不動作，就會深陷泥潭，於是他看準了關東軍只有一萬六千人，就算中國軍隊被蔣介石施壓而不抵抗，都撤回關內。關東軍若沒有日本其他友軍的支援，也沒有國內行政機關的協助佔領，也就成了大陸上的一支孤軍，不可能佔領中國東北。故當蔣介石強勢逼迫中國人，不能抵抗日本侵略之同時。裕仁也對日本人暗中施壓，不得對中國進兵。

於是接二連三派密使，對內閣總理大臣若槻禮次郎，秘密轉達上喻，要他拿出更積極的作為。若槻禮次郎不敢違逆，只好施展釜底抽薪之計，本土的日軍還勉強控制得住，只要駐紮朝鮮的日軍與行政機關人員都擺平，關東軍就沒了後援，遲早落得『孤鳥獨飛終將回巢』的尷尬處境。於是強勢對陸軍大臣協調，對朝鮮駐軍司令官林銑十郎下達命令，全軍按兵不動，否則將要嚴懲！甚至直接告知他，沒有收到天皇敕令就對國外用兵，就是干犯統帥權，倘若妄動，最高可以判處死刑。

然而林銑十郎及其部下將佐，全部抗命不遵，不只出兵三萬餘人到東北增援，展開軍事行動，並透過媒體大加抨擊內閣。還強勢動員駐朝鮮的日本行政人員，以及早先在滿鐵工作的日本人，支援整個佔領行動，彌補日本政府不肯派行政人員支援的空缺。林銑十郎在軍方及民間地位，因此大為提升。而且，最荒謬的是，如張學良所言，東北軍在張作霖時期就有大量軍官與日本株式會社有往來，事變發生，接近一半都保持中立，而此時日本佔優勢，則又有一大部分協助日本佔領中國東北，成為偽軍。也可以稱為中國最早的『幫助天皇佔領中國的皇協軍』。

若槻禮次郎發現荒腔走板，但要拼到最後一步，做最後奮鬥，派特使前往瀋陽，前去與關東軍高層協調，傳達首相立刻撤退的命令，特使沒料到軍官們全部拔出武士刀，威脅要殺掉他，嚇得灰溜溜逃回日本本土。日本民間輿論一致倒向林銑十郎與關東軍將領，批判內閣賣國，要求政府立刻改變態度，出兵增援關東軍，懲罰『暴虐支那』。沒料到日本內閣與中國的國府一樣，被同胞打為賣國賊。另外一方面，日本本土的駐軍，也有跟著騷動的跡象。一群激進軍官策謀兵變，殺掉所有內閣成員，以策應關東軍在滿洲的行動。然而殺掉所有內閣，比抗命還嚴重得多，必定驚動天皇，從而意見不一，兵變計畫最後作罷。但消息傳出，讓所有內閣閣員，惶惶不可終日。

日本天皇裕仁，本下達追究兵變未遂的命令，但這又要動用憲兵，日本憲兵大多偏向於軍方立場，他們也是精神兵的一員。更是收到軍部帶頭上來如雪花片般的奏章，上面都是批判日本內閣當了支那人的走狗，成了出賣日本的賣國內閣，再這樣下去，日本就會被賣給支那。請求天皇撤除內閣，如明治天皇一般親掌大權，如日清戰爭時一樣，對支那全面開戰。

裕仁收到奏章，先是怒火中燒，接著冒出一陣恐懼。自己剛繼位當天皇，擺在內心想做而不說的第一件大事情，就是要阻止日本內部逐漸失控的大陸政策，但自己還沒有真的表態，彷彿就有人猜到他想做什麼，從中國內部到日本內部，立刻就發生事件，堵住他的念頭。這仿若一場棋局中，有人已經猜到他的內心，用實際的動作，逼他放棄念頭。但自己到底是跟誰下棋？目前他實在不解。

但當前可確認，這些賣國內閣的主張，才能保住日本長存，而那些愛國軍人的動作，才會讓日本遲早被支那人統治。但局面詭異，他已不可能把這一大堆複雜顛倒的因果，對全日本人，說清道明。

關東軍與朝鮮駐軍都抗命，民間輿論浮動，內閣有氣無力，甚至有些內閣成員左右觀望，苗頭不對，立場鬆動，轉而支持軍方，以免自己成為被殺的對象。釜底抽薪之策破功，反而弄巧成拙，讓輿論全部倒向軍方，眼見情勢無法收拾，若槻禮次郎已經扛不住，於是宣佈內閣集體總辭。

東京皇宮。

立憲政友會會長西園寺公望，接手奮鬥，展開『阻擋佔領滿洲大作戰』，但是西園寺公望知道軍方的小鬼厲害，不敢跳出來帶頭，便推薦了曾與蔣中正會面的犬養毅給裕仁。見到犬養毅，雖事先有西園寺敲過邊鼓，但怕心跡外洩，裕仁還是要先對犬養毅表達了中立的立場，說一番冠冕堂皇的『玉音』。直到犬養毅自己猜透了上意，表態對天皇效忠明確，要阻擋軍方入侵中國，裕仁才鬆口態度轉變，直接問他該如何做？

犬養毅說：「先前的內閣人士，對軍方那些人並不了解，他們要的只是藉大陸政策升官發財，利用國土擴張，增設官職，讓自己軍政地位高昇。若直接擋在他們前面，他們當然一定拚命。臣以為，這要旁敲側擊，用一些手段讓他們知難而退。」

裕仁問：「怎麼個旁敲側擊法？」

犬養毅微笑答道：「陛下也知道，軍方之所以肆無忌憚抵制內閣命令，就是因為進攻

支那必勝，而進攻支那必勝，就是因為蔣介石等國民黨集團，有把柄落在軍方的手中。兩年多前，臣下與黑龍會的人去支那，親見過蔣介石，當時黑龍會就代表軍方，不斷拿孫文的密約威脅蔣介石，迫使他合作。如今我們只要施展適當的外交手段，跟蔣介石溝通好，表達日本政府並不要兼併的立場，要求國民政府硬起來，兩國政治高層共同訂下不兼併領土，不動搖主權，不相互宣戰，頂多只有經濟權利要求的基調，那麼軍方自然就名不正言不順，也不會希望賣國密約曝光使蔣介石倒台，從而失去內應，最終他們就會遇難而退，不會動搖到支那的領土完整。」

裕仁還以為犬養毅有什麼高明策略，原來是這等淺見。蔣介石現在已經是火燒兩頭，一面被中國國內輿論撻伐，另外一面被日本軍閥抓著賣國把柄威脅，早就躲得遠遠。就算你犬養毅跟蔣介石達成協議，但擺明著日軍攻勢不停，佔領東北三省成為現實，蔣介石既然有把柄在軍方手中，你犬養毅拿不出解決這把柄的辦法，又豈可能真實跟你合作？不過情勢緊急，一時沒有治本的辦法，只好姑且讓他一試，點頭說：「那好，朕就等候佳音。」

就當犬養毅要退出，裕仁又忽然問了一句：「你見過蔣中正。聽聞他是日本士官學校畢業的，真有此事？」

犬養毅答：「是的，聽說他是日本士官學校畢業。」

裕仁又問：「他日語說得怎樣？」

犬養毅答：「在場都是通過翻譯溝通，沒聽過他講日語，所以臣下不知道。」

裕仁露出狐疑之色，讓他退下。

遂批准讓犬養毅任首相兼外相，重點對中國的外交事宜，皇道派將領荒木貞夫則任陸軍大臣。犬養毅透過私人管道，秘密派萱野長知到上海與中國代表談判，主旨在表達中國東北實質經濟利益歸日本，主權仍歸中國，等待風頭過去，日軍撤退，屆時要再怎樣變回原狀，都可以再談。但中國此時已經全國沸騰，政客們都在推卸責任，意見分歧，蔣介石躲開，不知道誰說了才算數，所以中國方面對此提議，還擱置在案，未明確回覆。犬養毅此舉，因蔣介石已經跟日本軍方勾結妥協，沒能讓中國人明確回覆，但卻引來日本人的明確態度。

他這項秘密提議，因國民黨內部漢奸洩密，被日本軍方與書記官長森恪察覺，便激烈反彈，堅持滿洲主權不能歸中國，應當併為日本版圖，甚至焚毀犬養毅的電報，大罵犬養毅賣國，是『和奸』。並立刻將此消息告訴日本軍部，軍方更是對犬養毅憤憤不平。

沒想到中國的漢奸，出賣了日本的和奸，局勢越來越朝熱鬧的方向發展。

另外一方面，『田中奏摺』的威力因日軍的入侵，開始發酵，有國家已經對此坐立不安。正處在孤立主義，連對歐洲的納粹旋風捲起，都視而不見的美國，此時竟然已經對東亞局勢，有些忍耐不住。

六門書判—當然，美利堅海盜集團的成立，本身就是要滅亡中國文明而來。其存在於風水空間大煞之境，美利堅海盜集團壽命有限，無論當中吸納多少外來資助，也是暫時強大，必然要盡快掠煞，以偽裝海盜之勢進攻中國。但此時日本若佔領全中國，表層上，美利堅海盜不希望日本先搶劫，會堅持反對。而再深入一層，日本大概率只能佔領中國一部分，屆時觀察局勢情況介入，為最佳時刻。而最深一層，日本全面佔領中國之後，必然重演滿清故事，在後期發動攻擊，才是必然能毀滅中國文明的一擊。

一九三二年一月七日，美國國務卿亨利・史汀生向日本與中國的國會，同時照會。宣佈日本對滿洲的侵略，是對中國領土內政的干涉，違反巴黎非戰條約，因此美國堅決不予承認。但嘴上不承認沒用，連近在咫尺的蘇聯，都對日本軍方禮讓七分，甘願把北滿經濟權益全部讓渡給日本，從中國東北全面撤出。遠在天邊又陷入孤立主義的美國又能如何？日本軍方自然不理會美國政治宣告。

然而這在國民黨只看表象的諸公看來，美國成了可以交往的朋友，蘇聯成了敵人。軍事上闖出的結果，始終要政治去善後。日本內閣遲早要決定，該怎麼收拾關東軍闖下的問題。犬養毅調停失敗後，受到了多方壓力，尤其軍界給他的恫赫威脅，讓他如坐針氈。已經不少少壯軍人看出，歷屆內閣對於大陸政策，都是在內閣人事當中，安插好軍方人馬後，擺出迷障，利用反反覆覆，在好像支持大陸政策的宣示之中，最終關鍵時刻，轉而持反對態度。甚至前內閣總理大臣濱口雄幸等，還藉此大搞裁軍，對進攻中國釜底抽薪。

軍方激進份子發現這個犬養毅，又想要故技重施，要弄日本老政客的滑頭搖擺法，玩『假贊成，真反對』。於是召開秘密會議，決定展開行動。不殺雞儆猴，弄出些事件給他看看，他是不知道厲害。

為了給犬養毅下馬威，日本右翼激進派份子，日蓮宗僧侶井上日召，組成了『血盟團』。列出二十多位政要，下達『格殺令』，罪名是：「醉心私慾，輕視國防，罔顧國民福利」，要施展『佛法無邊』，讓這些同情暴虐支那的窮兇極惡之輩，入『無間地獄』。

這類怪形人物若在中國出現，瘋狂殺掉賣國政治無賴，對中日兩國都將有幫助，救得許多兩國人民不死，但局面卻因一股無形的力量，顛倒因果，往故事精彩的方向發展，這種人竟然出現在日本。日本上上下下，莫名其妙出現一堆這種鬼怪，讓熟知鬼文化，且自己也善於此道的日本皇家，內心開始恐懼。這代表自己已經著了別人的鬼道，週邊出現鬼絲，就快要身不由己了。到底是誰的鬼道？目前竟然不知道，這又是更可怕的……

二月，血盟團在東京一所小學，射殺了去演講的前大藏大臣井上準之助。就在日本小孩子的面前，施展了他的『血腥佛法』。三月，在三井銀行總行的玄關，當場打死了集團核心人物團琢磨。所幸警察循線逮捕了，包括井上日召等十多名血盟團歹徒，才擋住了後續的暗殺活動。不過其他的右翼份子，仍蠢蠢欲動……

日本陸軍內部的激進組織，『櫻會』的首領，寫密信給犬養毅，警告犬養毅不要學前任首相若槻禮次郎，不然下場會跟井上等人一樣。正在犬養毅焦頭爛額，不知如何是好

時，天皇密使北野三村，由內大臣牧野伸顯與立憲政友會會長西園寺公望陪伴下，一同來拜訪。

眾人坐定位寒暄幾句後，牧野伸顯先開口對犬養毅說：「天皇陛下的上意，雖然沒有明擺著說出口，但是犬養君應該聽得懂陛下的言外之意。」

犬養毅長喘一口氣，忍不住把實情抖出來，抱怨說：「天皇陛下的心意，臣下當然了解。但是軍方養的一群小鬼頭，已經熱血沸騰，我才上任內閣總理大臣沒多久，就收了數百封的恐嚇信。有警告我，別像前內閣總理大臣濱口雄幸一樣，最後死在槍下。也有警告我，血盟團的意志將有人承接。甚至有直接揚言，若內閣不將滿洲併入版圖，繼續對支那軟弱無力，就要老朽我的性命。當年明治維新，為了穩固皇統的基石，養了這一批瘋狂的小鬼，現在反而尾大不掉，滲入軍界，反噬我等！已經有很多政要被這批小鬼暗殺。臣下當然願意遵旨，但上意總得明確指示該怎麼做，不致讓事端控制不住。不然我等老命，也只能替陛下捐軀。」這等於在暗批皇室。

北野三村已然看出，他只想要自保，不可能再有積極作為，只好強忍而微笑著說：「閣下是內閣總理大臣，自然也知道，陛下此時不能明確表態。一定要您來全力阻止。」

犬養毅看到北野的微笑，就非常惱火，被軍方槍口威脅的人是我，你是天皇手下的秘密近臣，躲在暗處，看別人跳火圈，當然熱鬧好玩，反正自己碰不到熱！

犬養毅再把話挑得更明確：「這件事情當然要政治解決，臣下必然會遵奉天皇陛下的上意，但是事情真的很棘手，不能操之過急。軍事行動已經展開，全日本輿論竟然與支那的輿論一樣，叫嚷著要聲討賣國賊，軍方擺明著抗命，支那的蔣介石則更加荒唐，竟然是配合軍方的要求，不能配合我等的建議。如今只能找一個折衷的辦法。既不違背上意，也能讓我等有下台階。我與關東軍的代表談了一晚上，達成協議，那就是扶植成立滿洲國，讓清朝退位皇帝溥儀，來滿洲主持政局，我日本可以在當中控管實權。如此天皇陛下既可以免去，政治與外交上的憂患，軍部養的那批小鬼，我這也能交代得過去。」

北野三村拉下臉，陰霾著神情，不肯回答。

犬養毅看出，他對此意見非常反感，代表天皇對此也不願意。犬養毅不敢得罪軍方，但更不能得罪天皇。急忙拿出壓箱底的大絕招，再補充說明：「不過請你轉告陛下，我並沒有要承認所謂的滿洲國，這只是緩和軍方的一種手段，是一種緩兵之計。先應付眼前危局之後，然後著手處置。」

北野面無表情，冷冷地問：「之後如何處置？」

犬養毅微笑著拿出一份奏摺，上面列了三十多名激進派軍官，然後說：「這三十多名軍官，是大力促使這次滿洲事件的激進份子，平時就是他們不斷鼓吹要征服中國，暗中策動大量的民間輿論，無端地仇恨中國人，還串聯陸海軍各單位的軍官，一同堆動大陸政策。我準備正式地上奏天皇，先將他們革職，來一次人事大調動。等激進份子都失勢，最後再視情況，把所謂的滿洲國甩掉。反正溥儀既當過中國皇帝，還曾復辟過一次，被

推翻過兩次。最後中國人自己會因循前例，再推翻他一次，決定他的去留。」

聽到他跟著天皇，把支那改稱中國，表現了一點誠意，北野三村抬頭說：「如此甚好！就按閣下的提議去辦，天皇陛下那一邊，由我負責去解釋。」實際上北野三村非常不滿意這結果，這等於是要把問題丟還給天皇，但他知道，此時的犬養毅被激進份子嚇破膽，立場鬆動，有些投機取巧，強逼也無用，遂暫時放他過關。於是三人離開了首相官邸。不過首相官邸附近，潛伏了激進派的眼線，他們雖不認識北野三村，卻認得牧野與西園寺兩人。

三月十二日，犬養毅在國會宣布，滿洲將由日本協助，建立獨立的國家，以實踐日滿友好。本以為這可以兩邊討好，但是事與願違，森恪將他準備要對軍方人事採取動作的消息，提前告知了軍方……

同一天，皇宮密室。裕仁、北野三村與迷海，三人密會。牆壁上一張大壁報紙，貼了許多中日兩國人的名字與照片，並且有線條連結，形成一個人際關係網路。三人以此人際網路圖，制定政治謀略。

北野回報了內閣處理滿洲事件的經過，接著苦著臉道：「內閣看來已經沒了招數，只能搬出溥儀，玩這緩兵之計，雖說犬養毅這不失為一個辦法，但陛下遲早得出面，接手溥儀的事情。」

裕仁聽了，臉色鐵青問：「犬養毅這滑頭招數，治標不治本！你們兩人可有其他辦法？

朕現在只能指望你們了！」

迷海與北野兩人對看，都搖頭嘆氣，迷海雙手合十致歉說：「我等要跟陛下請罪，如今實在沒有立刻解決的方案。原因在於，滿洲事件的關鍵處，是孫文與蔣介石的一系列賣國密約所致，甚至加雜蘇聯人佔領中國的外蒙古所刺激，使得日中兩國之間，內部關聯複雜化，所以張學良在蔣介石施壓下才會不抵抗，蔓延全中國，面對此事件荒腔走板！難以理解！若中國政府與中國軍隊不動作，中國百姓也只有喊一喊，我們沒有了著力點，實在無法出面解決這問題。不然陛下的態度，將會被軍方查覺。」

裕仁右手食指指著網路圖中蔣介石的照片，大聲怒罵說：「既然蔣介石這個鬼畜，怕孫文的賣國密約曝光是關鍵！那就應該要佈局，把那些證據都毀掉，才是釜底抽薪的根治辦法！倘若這辦不到，就把這些賣國證據，全部給我掀出來，公佈在所有中國人面前！讓蔣介石與整個國民黨都倒台！」

迷海搖頭說：「陛下且慢，要毀掉他們留下的賣國證據，恐怕辦不到！更別說把密約拋出來！實際上剛好相反，針對密約才是治標不治本，甚至事件將因此更難收拾！」

裕仁瞪眼說：「此話怎講？」

迷海答道：「孫文在日本活動多年，與他合作搞出石敬瑭故計的日本人，牽連甚廣，從軍界、政界、民間乃至浪人組織皆有，是個深層的結構，已經能自行展開動作。且不只日本，中國內部的許多人物，都有知悉者。不只人證物證眾多，可以繼續給軍方把持，相互還勾串，合作圖利。軍方甚至隱藏了很多事情，可能陛下與我們都還不知道。若用秘密動手的方式，基於軍方已經在中國佈局逼迫蔣介石合作，所以不可能清除得乾淨，反而打草驚蛇。若陛下公開表態要毀掉，還沒除乾淨，就等於告訴了這些激進份子，陛下就是反對大陸政策的本尊。那麼這些激進份子，就不會把主要目標放在內閣，而是放在陛下身上了！況且就算毀掉一切賣國密約，以中國現在混亂的局面，以及國民政府腐朽的程度，日本軍事實力藉由中國國土的資源，不斷增強的狀況，大陸政策的問題也無法根治。若由我們暗中把密約拋出，挑破這兩國關係之間的毒瘤，直接曝光給眾人知道，讓中國百姓與各路軍閥跳出來扳倒蔣介石，則中國又會是軍閥混戰的無政府狀態，在日本強中國弱的狀況下，又不知道會冒出多少個，類似孫文與蔣介石這樣的漢奸，跑去跟軍方定立新的密約，則軍方對大陸政策就牽連更廣，更容易推行，更敢於違背政府命令出兵，這反倒又幫了軍方大忙，佔領中國的速度會更快！」

嘆了口氣補充說：「所以事件的起因，雖是在孫文與蔣介石的賣國密約，但事件能成氣候的本源卻是我日本富國強兵，中國則入改朝換代的混亂衰弱，加雜兩國各自複雜的狀況，互為因果牽扯在一起，根本無從阻擋。目前進也不是，退也不對，只能先行沉住氣。」

裕仁聽了氣沮，這孫文可真毒，當初袁世凱被他暗算，是武大郎服毒，吃也是死，不吃也是死。而今換成裕仁碰到這玩意，同樣也是武大郎服毒，吃不吃都是要死。運用了日本本身明治維新，富國強兵的環節，打入日本縱深結構，非得把中日兩國糾纏在一起不可！

迷海喝了一口茶之後，接著說：「當然，在理論上若陛下不怕軍方逼宮，最好是出面，直接阻止軍方激進份子，歸還中國的失地，宣佈與中國親善友好。但是大陸政策，並不是某一人或某一特定集團制定的，而是從軍方到民間，又從民間到軍方，加之孫文與蔣介石等漢奸，多年來累積催化而成的一股氣候，不可能以一紙詔書阻擋。更不是幾招政治謀略，就可以解決。我皇祖皇宗，從古至今皆以老子所云『以其不自生故能長生』，為皇室長生不滅的基礎，況且依照迷蹤經所規定的『時節』，現在正是處於不掌握實權的階段。故陛下得先將自身隱遁起來，不表明任何態度，才不會被反噬。切記老子所言：『聖人後其身而身先，外其身而身存』『無為方能無不為』。」

裕仁嘆氣道：「從明治維新到大正民主，一點點的輕忽，竟然會蔓延到今天這種怪異局面，毀掉密約也不是，阻擋密約也不是，公佈密約也不是，只能看著他們大力推動大陸政策，關東軍才一萬多人，中國政府與軍隊竟不抵抗，可恨啊！當初輕忽孫文這鬼畜，以為他不成氣候，沒有立刻宰掉他，就是天大的錯誤！這隻鬼畜，毒害如此之深！當初怎麼會失算的？」

迷海與北野兩人，反思自己當初也多有疏忽之處，再次低頭向裕仁道歉，閉口不敢多言。沉靜了近一分鐘。裕仁頗為不滿，站起來轉而指著牆上犬養毅的照片，用力戳著

並狠狠地說：「這個犬養毅，滑頭！給他總理大臣府邸的警衛是做什麼的？竟然不敢擔當，不肯跳出來替朕擋子彈！再這樣下去，皇祖皇宗傳承的皇統，會被這老狐狸給敗掉！西園寺竟然推薦這種爛人給朕！你們快想辦法，讓他頂著鋼盔往前衝！跳出去替朕衝鋒陷陣，擋在侵華軍方的槍口前面，大聲對他們說『不』！」

情急之下暫時也想不出辦法，迷海雙手合十說：「陛下息怒，在此千頭萬緒，局面錯綜複雜之際，更當維持冷靜以觀，才能渡過這一極端特殊的歷史時期。」

裕仁說：「如何冷靜？這些激進份子的大陸政策已經開始，他們只考慮自己的功名與官位。張作霖爆殺事件後，朕已逐步解職一批激進軍人，結果又冒出一批更激進的軍人，朕又毀不掉蔣介石與他們的密約，又不能公佈密約。滿洲若真的在日本掌控之下，他們遲早會來逼朕遷都！朕又不能把話給挑明！」然後反覆跺腳來回走，邊走邊說：「不！朕不遷都！犬養毅這是把問題丟還給朕！」

迷海道：「犬養毅固然可惡，但不勞煩陛下動手。正所謂腳踩兩條船，最終兩面不討好，一定有不少激進軍閥們，對此種結果，必然也是異常憤怒。犬養毅搞出來的滿洲獨立國家，根基是空的，若沒有關東軍的刺刀在，中國人必然把它推翻。然而對激進軍閥而言，遷都滿洲的計畫，就必須要暫時停擺。陛下只要堅持不表態，不贊成也不反對，宣佈一切聽從內閣決定，那麼有所謂的滿洲獨立國家存在，遷都的問題，暫時就擱置了下來。內閣則又成了軍閥們的箭靶，陛下就可以抽身出來。從而我等，反而可以從滿洲內部著手，不斷在軍閥們的內部，設下失敗的遠因。」

裕仁面對皇統危機，實在沉不住氣了，罵說：「把問題不斷拖延，這也會把麻煩不斷延伸，朕也得頂著難受的壓力，什麼時候才能終結？」迷海與北野低頭認錯。

沉靜數分鐘，裕仁喘口氣說：「中國那麼好的條件，竟然軟弱到這種程度，不發一彈就斷送如此廣大肥沃的疆土，替朕來壯大關東軍，全世界歷史也沒見過這種怪事！是三倍的日本國土面積啊！蔣介石這條豬狗不如的鬼畜，真可恥！討人厭的滿洲問題！」罵完後，喘一口氣。

沉靜一陣，緩口氣說：「若當前具體的阻擋策略拿不出來，你至少提供一個概念給朕！皇家機關秘術淬煉兩千年！面對過各種怪異事件，而今總該有一個概念可以應對，然後慢慢找到具體策略吧？」迷海說：「北野與我，跟皇族不少人都商量過，這件事情真的很棘手。皇家機關頭一次碰到，中國的歷史陷阱，簡直就是墮無間地獄的前景，時間與空間的脈絡是一團混亂，攪擾在一起，除了接受誘惑入主中國，跳入這個陷阱之外，無從解決！皇家機關秘術，所有招數都無法用上。陛下千萬沉住氣！所幸古老的迷蹤經，有一條無限制循環的概想，經過歷代皇祖皇宗以佛學格義後，有一條可用之道。」

裕仁屏氣凝神看著迷海。

迷海陰沉沉地說：「極法嚮返，無間至道！地獄之門既然主動吞食我等，不如就先入地獄！人說臣子會變節，卻不知道人君也可以變節！蔣介石既然勾結軍部變節，陛下又為何不能變節？」

裕仁聽了心驚膽跳，所謂的無間至道是一個變節的大絕招，自從日本南北朝以後，皇室就再也沒有用過，當年父皇嘉仁並不認為需要用到這個，而今迷海又再次提出。輕聲疑惑地說：「變節？站在中國的角度……極法向返，無間至道……」

迷海怕裕仁有所軟化，用堅定的神情接著說：「目前我們遇到的局面，前所未見。看中國目前政治人物的醜態，再這樣下去，日本遲早佔領全中國，日本將重演滿、蒙兩族的歷史！蔣介石已經是實質上的日本軍閥！中國這個陷阱，已經極端到中國領導人就是日本的內奸！在幫助日本佔領中國領土！中國已經無主，實有的日本，被這虛無的中國吞食進去，已成必然！唯一的自救方式，就是陛下也走極端，必須跳進去，當實質上的中國天皇！」

要天皇跳進來暗中當中國天皇，在一旁的北野三村，被他這恐怖的策略，嚇得心驚膽顫，隨著迷海最後近乎咆哮的語氣，終於嚇倒在桌上，昏厥了過去。

裕仁也聽得全身癱軟，輕聲地說：「……現在……是支那人……是『嗆咕碌』……不……是中國人……是中國天皇……要跟中國人民一起……抗日……」

迷海說：「是的，這次仔細看清楚，這次滿洲事件，即使關東軍加上駐朝鮮的皇軍，總量不過五萬。而中國東北軍仔細算來，超過三十萬以上。就算戰力不強，豈可能那麼容易被我皇軍佔領？一切因素都在，有接近半數的中國軍隊，是在暗中幫助關東軍佔領東北。中國民間稱之為，漢奸軍，也有一新的說法更形象，稱他們為『皇協軍』。亦即中國平民協助天皇佔領中國的軍隊。既然與我們直接對抗的是，皇協軍，那麼我們乾脆也要成立皇協軍！」

裕仁問：「怎麼個皇協法？」

迷海說：「他們的皇協軍是，中國平民協助日本天皇佔領中國的軍隊，那我們皇協軍就是日本天皇協助中國平民抗日的軍隊。」

裕仁說：「好荒唐，但不做不行。對了北野，讓你去調查，蔣中正在日本士官學校留學的資料，情況怎樣？」

北野回答：「派了三組人馬分別去調查，結果是，蔣中正根本沒有在日本士官學校畢業，甚至可能從未來過日本，即便是偷渡的途徑也沒有任何證據。另外有人告知，他不會說日語。所以那是中國國民黨假造學歷者。」

迷海驚愕地搖頭說：「大事不好，這可怕！」

裕仁問：「不就假造學歷，有何可怕？」

迷海說：「囫圇問景。請恕老衲直言。皇家的機關萬世長壽秘訣，在中國看來，也就是龜派至壽法。而中華民國在老衲看來，是中國人常說的縮頭烏龜王八。以烏龜對決烏龜，最麻煩的是殼內核心被攻破。中華民國不要長壽無所謂，但一定要跟我們共頻。所以他以自己的方式，來留學所謂的『日本士官學校』。還被忽然捧為中國實權領導，備受

承認。可見中國人根本不要他會打仗，只要他在後面背刺政治不正確的人。我們現在不就也在背刺自己人當中嗎？核心的招數，不就已經先手？老衲先前對中國的認識，還太過淺薄。」

裕仁驚愕，低聲說：「趕快去秘密成立我們的皇協軍。」

說罷兩手一攤，靠在御椅背上，陷入呆滯神情。日本野心家正努力把中國的大軍閥蔣中正，變成日本軍閥之日，沒料到自己擁護的日本天皇，卻因此變身成為中國天皇。在極力醜化支那人比豬不如時，誰都沒料到，自己塑造的神會跟比豬不如的支那人站在同一陣線。

裕仁死抓著若槻禮次郎與犬養毅當擋箭牌，蔣中正也死抓張學良與殷汝耕擋在前面……兩邊繼續同步糾扯……局面逐漸控制不住……

日本天皇三人密會的同一時間，中國南京。

揭發『田中奏摺』的王家楨與松島賢三，在一茶館包廂密會，外頭喧鬧的遊行抗議聲，卻反而成為兩人密談的掩護。兩人談了許久，從國內外局勢的演變看來，逐漸認同了『田中奏摺』的威力。王家楨搖搖頭，小聲地說：「匪夷所思啊！中國的領導人是勾結日本軍閥的漢奸，日本的天皇卻反而是中國人民最好的盟友。」

松島賢三說：「別說你匪夷所思，我當初也很訝異。不過人類為了自身的利益出賣團體利益，這是古今中外，世界歷史，都必然會有的現象。從人類個體自身利益出發，這樣就不難理解了。您也知道，天皇謀略佈局細密深遠，要慢慢見效，閣下若真心替自己的祖國著想，可別把天皇要當中國人內應的事情傳出去，不然對中國是大大的不利。」

王家楨正色說：「這王某發過毒誓，絕不說出去，死也要將此秘密帶入棺財，否則永不超生。不過在下納悶的是，孫文與蔣中正，幹出賣國的勾當，是因為要奪取權力，這並不難理解。但是天皇陛下又為何要幫助中國？這我始終想不透。」說到『天皇陛下』四字，無意之中還雙手在一側，對天作揖，以表敬意。

松島賢三喝了一杯茶，小聲地說：「原因也不難理解，但是你得再一次答應我，絕對不洩漏給任何人知道，包括蔡智堪。」王家楨皺眉說：「別說蔡智堪，就算是我家妻兒老小，我也不透漏半個字。」松島賢三點點頭說：「好！我相信你。老實跟你說，就是因為天皇，怕外頭抗議的這些人。」

王家楨更疑惑了，苦笑著說：「松島君，若是不說，那就罷了！跟我開什麼玩笑？」松島賢三說：「我沒開玩笑啊！最弱勢的一群，往往影響最深遠。你總知道自己中國的歷史吧？」王家楨點頭。

松島賢三說：「他不想要最後被改朝換代，連日本本島都回不去。」

王家楨點頭說：「喔！我明白了……」

外頭示威抗議的群眾，忽然傳出要抓漢奸，打日本鬼子的叫罵聲，讓王家楨哭笑不得，真正的漢奸正是他們服從的領導，而要打的日本鬼子頭目，正是他們最好的盟友。

王家楨搖頭說：「罷了，此事不提。好在松島君你中國話說得流利，不然現在也危險了。請問天皇陛下，派你來中國，可有上意傳達？」王家楨不由得對日本天皇，都加稱『陛下』二字，且言必稱『上意』，並再次打出對天作揖的姿勢。在他內心深處，早已將裕仁當成中國天皇。

松島賢三說：「機密，不好說。」王家楨說：「你來中國執行任務，而今局勢複雜，總要朋友吧？我是最知道內情的中國人，況且也是現任外交部常務次長，可以暗中幫你。」松島賢三也感覺頗有道理，點頭說：「只能透漏一段，就是我最小的兒子，也來了中國，參加了天皇陛下給的任務，要替中國的百姓抗日。若我兒子出了大問題，請你務必照顧。至於其他，有任務需要再說吧！」於是拿出照片與資料。

王家楨拿來一看，是一個二十七歲的青年，叫做松島敏雄，中國身份叫做吳慶堂。於是點頭說：「我知道了，現在刻在內心，誓死不忘。」然後把資料還給松島賢三。

他內心細細一思量，這樣子的佈局確實深遠，雖然中日雙方還沒全面開戰，但將來只要一開戰，日軍即便戰力再強，也會越打越難！

過數日，南京郊外，山林隱密處。

兩百個身穿中國人服裝的夥計，聚集在此，有男有女。見沒有外人，便都用日本話對談。一名高大的人說道：「各位辛苦了，我叫做松島健夫，是本團的副指揮。各位都是沒落的『華族』，有些甚至是，已淪為平民的皇族後代。天皇陛下已經承諾，各位盡忠職守效忠本團，那麼事成之後，皇族後代者恢復皇族身分，可以與現在的皇親聯姻，成立『宮家』。華族後代則恢復華族身份。若本來就是平民者，立刻昇為『華族』，依任務功勞大小給予，公、侯、伯、子、男等級。並有金錢，獎賞無數。若自身因公殉職，則兒子接替賞賜，沒有兒子者，女兒接替賞賜，沒有子女者，父母兄弟或指定的親屬給予賞賜。且各位指定親屬，都將會由天皇親自調走，免除一切兵役。各位的役期以十年為限，交接任務也一切保密！都理解了嗎？」

眾人答道：「嗨！」

松島健夫是松島賢三的大兒子，直接加入了影團。又說：「本團直接由天皇指揮，但是本團的任務極為特殊，是為了延續中日兩國長久友好歷史，所以具體任務宗旨，在各位出發之前，相信北野三村閣下已經說明。若有與自身意識形態不符合者，現在退出還來得及，絕對不為難退出者，但倘若因此影響了任務，本團將以最嚴厲的團規處分！各位有願意退出者，現在就離去！」

眾人相互大眼瞪小眼，實際上他們當初在九州受訓時，經過層層地、漸進地觀察、試探與篩選，從兩千人淘汰到只剩下兩百人合格，最後關頭才告知他們，要替中國抗日。他們都已經知道，天皇的上意，是要壓制激進勢力，替中國抗日來勤王奮戰。

於是眾人同聲大喊：「效忠天皇！誓死達成任務！」松島健夫說：「好，我們請團長說話。」松島賢三此時出來，緩緩道：「各位都是經過，仔細篩選，嚴格訓練的團員。本

團代號為『影團』，宗旨就是誓死保護皇統。天皇陛下特使，北野三村閣下，也曾告訴過各位箇中原由。所以天皇真正的意志，就是要打倒激進派與軍部侵略支那的野心！我可以老實在這告訴各位，這不只是今上天皇陛下的聖意。軍部已經在滿洲開始行動，兩國雖然未相互宣戰，但是遲早相互會成為敵人。各位的行動不只是執行天皇聖意，也將是未來兩國永久友好的明證，歷史轉變的契機！」

眾人同聲：「嗨！」松島賢三接著說：「現在本團的任務分配表，將在此公布。支那的首都就是白團的總部！但因為現在時局敏感，各位不方便讓別人知道自己是日本人，安排各位以支那人或台灣籍人士的身分隱藏。保密與拼死達成任務，則是我們的唯一規則。現在各自領回自己的任務手冊。」

眾人答道：「嗨！」於是每人各拿到一本小冊子，但小冊子封面依照團員代號編碼，所以小冊子每一本的內容都不一樣，依不同的專長與特性，分配不同的任務。於是乎，松島賢三帶領的影團，潛入了南京，團員們以各種身份隱藏，沒有任何差錯。

六門書判－既然罔兩問景之勢形成，兩隻烏龜王八共頻互咬縮殼，則中國若出現『皇協軍』，日本也必然有相應的『皇協軍』。數學可以證明之。且不論十三年前的第一版所寫之影團，找奇怪的和奸協助抗日。事實上可以看見最厲害的，山本五十六大將，穿著白色制服，去跟黃色制服為難，背後搗亂。就證明當時，日本版皇協軍的存在。

第十二章 無間相映兩國軍人同兵變 被迫放手山雨欲來風滿樓

雖說派了些影團間諜來中國探路，然裕仁自知，派這些小人物潛入中國，只能是蒐集情報，幹不了大事。無間道真正的重頭戲，還是得在高層來唱，才會有效果。犬養毅當然不敢忘記天皇上意，於是在議會中，也展開了「反水大作戰」。

首先長篇大論，談滿洲問題的細節，讓一大群議員聽得昏昏欲睡。最後忽然轉彎表示，自己對滿洲國存在的疑慮。宣稱：溥儀擔任過支那皇帝，也曾兩次被廢。日本政府對承認滿洲國的事情當審慎考慮，不應該太過草率。

當時議員們一聽，都相互喚醒對方，大家以為，犬養毅有意思將滿洲領土併入日本版圖，興起了一股希望。日本目前領土，本土四島三十七萬平方公里，台灣三點六萬，朝鮮二十二萬，總計六十三萬平方公里。但光中國東北三省就近一百二十萬平方公里，更何況還佔有中國其他地區，倘若都併入日本版圖，日本的領土就倍數暴增，軍政各系統編制都會大幅增加，大家都有升官發財的機會，若不趕快先搶得預定的位置，那就得

不到自己想要的權色名利。於是不禁一窩蜂追問：是否有設立行政區，如朝鮮與台灣一樣，作出實質併入版圖的可能？

結果犬養毅接著發表言論：滿洲已經居住了許多漢人，當初清朝政府與北洋政府都移民設官，設立了東北三省，外加熱河，就是東北四省，在這區域中，滿人與漢人其實已經難以區分，所以滿洲人當然也算是支那人。滿洲最後的歸屬，將歸還給支那人自己決定其前途，才是最好的選擇。如此免去與鄰國的爭端，東洋的和平才有保障。

所有議員聽了，一陣發愣，他果然又玩日本老政客的把戲。

日本東京，議會外接待室。

大川周明與森恪，一同在此與犬養毅見面。雙方就處理滿洲事件發生了爭議。

大川周明道：「閣下在這麼重要的時刻，擔任內閣總理大臣的職務，不替日本前途考慮，說出些讓人失望的話，難道不覺得自己愧對天皇，也愧對日本臣民嗎？」

犬養毅完全是秉持上意，當然不認為自己愧對天皇，搖頭答道：「我不感覺愧對天皇。更沒有愧對日本臣民。日本到底該不該承認滿洲國，我認為應該還要重新評估。中國是日本最重要的鄰邦，我們不能不審慎處理，最好還是把主權歸還給中國，我們日本人負責制衡蘇聯，才是最穩定的狀態。」

森恪已經為了這件事，與犬養毅討論過很多次，知道這犬養毅一意孤行。於是也不打算跟他爭論，帶著言外之意說：「閣下，軍方對此非常不滿，難道閣下不在乎軍方的反彈嗎？」犬養毅答道：「軍人要服從政府，政治上的事情，還是交給我們政治家來解決。」

大川周明非常不滿，說：「閣下認為自己是政治家嗎？我看這跟政客行為差不多。軍方已經佔領了滿洲，還會持續對支那展開軍事行動，若閣下在政策上不能給予妥善的處理，這麼廣大的領土怎麼併入日本版圖？大日本皇軍的軍事行動不等於白費？將來日本子民怎麼能擁有大陸豐富的資源？難道要拱手讓給蘇聯人？」

犬養毅答道：「剛才我說了，我們日本會制衡蘇聯。有我日本存在，蘇聯不可能併吞支那大陸。至於大陸資源那是支那人的，日本的子民可以用貿易合作的方式，間接使用大陸資源。假設蘇聯人輕舉妄動，日本可以再打一次日俄戰爭。」

大川周明激動地說：「支那人根本就沒有能力管理自己的國家！滿洲應該直接併入日本版圖，甚至是所有支那人的領土，都應該直接併入日本版圖，全支那大陸都是大日本帝國的領土！」

犬養毅感覺話不投機，面色嚴肅地說：「滿洲國該不該承認都要檢討了，還什麼全支那併入版圖？這些事情，就不要多加妄想。和平是最重要的！」

森恪怒目道：「滿洲國是我大日本帝國搞起來的，也是當初閣下你在議會提出的動議，結果大日本帝國首相自己不承認滿洲國，這不是國際笑話嗎？你剛才明明說蘇聯人要是輕舉妄動，就再打一場日俄戰爭！既然你可以同意對蘇聯開戰！為何就不敢對戰力衰弱的支那人開戰？」

犬養毅笑而不答。

大川周明也不滿地附和道：「支那的國民黨領導人蔣介石，有把柄在我們大日本帝國軍方手上，根本不敢抵抗，把東北軍自動撤回關內去打內戰，替我們佔領大陸製造千古良機，我們日本幾乎兵不血刃，就獲得大片的領土，獲得支那人最重要的工業區！滿洲事件中，我大日本帝國沒有打一場大戰，就佔領三倍日本本土面積的廣大疆域，這是日本千古難得的機會！既然沒有戰爭？何必強調什麼和平？閣下卻以和平為藉口，敷衍全日本人，不讓我大日本帝國版圖擴張，這到底是什麼原因？」

犬養毅已經跟他們糾纏很多天，什麼話都已經說盡，不願意再糾纏下去，笑道：「這原因跟你也說不清楚。我有事情先走一步，再見！」

兩人追著他後面，大川周明說：「閣下完全說不出理由，就要離開，人家還說犬養君口才一絕，而今怎麼不能說服我們呢？」犬養毅拒絕回答，出門後帶著侍從逕自離開。

兩人面色悻悻然！他們發現，不採取激烈的手段，是改變不了政客的嘴臉。森恪低聲對大川周明說：「看來他已經勾結了支那人，當了和奸，真的要把日本賣給支那，該是愛國者，尊皇討奸的時候了。」大川微微點頭，露出兇狠目光，盯著犬養毅離去的背影。

同年五月十五日，日本東京。裕仁開始動作同時，主張侵略中國的激進份子也開始動作。

大川周明、森恪與頭山滿，在東京郊區的房內，招集了激進的海軍軍官，密謀再次發動政變，以籌血盟團未竟之志。帶頭的激進軍官分別是古賀清志、中村義雄、三上卓等等。

大川周明忿忿然地說：「各位也都知道，從這些年多方的證據顯示，今上天皇已經被奸臣包圍。血盟團雖然失敗，但他們的犧牲將會讓我們更加勇敢。這些事情我先前已經與各位談過很多，今天我就不多說，該是要行動的時候。一定要清君側，尊皇討奸！剷除腐蝕日本的腐敗勢力！」被他情緒煽動，眾人一片吶喊，情緒激揚，眼帶血絲。

接著森恪說話，邊說還邊揮舞著拳頭：「滿洲事件已經半年有餘，足以看出內閣軟弱，首相賣國，弄出了一個不倫不類的滿洲國。使得滿洲大好江山，竟然不能併入日本版圖，為我大和民族的領土。在歐洲，德意志民族正努力崛起，反觀我們大日本帝國，卻充斥腐敗勢力，天皇被奸人矇蔽，國家危機已經包圍了我們。扭轉局面，尊皇強國在此一舉！我祝各位馬到成功！」於是大家拿起酒杯，一飲而盡。頭山滿在旁微笑著點頭，雖然不說話，但是起了鼓動作用。

不過兩年前，犬養毅曾經跟頭山滿一起去中國見蔣介石，暢談過去孫文與他在日本賣國求榮的事蹟，還暢談蔣介石逃亡到日本期間，兩人怎樣幫助他的，甚至再度拿出孫文與蔣介石暗殺革命同志的證據。蔣介石不得不畢恭畢敬，拍照時把主位讓出來，自己閃到黃泥地上。

當時犬養毅還跟頭山滿立場相同，主張黑龍江以南整個中國都要成為日本領土，而

今犬養毅態度大轉變，與田中義一如出一轍，換了位置就換了腦袋，所以頭山滿內心對他頗為厭惡。這次五一五舉事，犬養毅將會是主要目標。不過頭山滿盡量讓大川周明出頭，自己不表態度。年輕軍官們已經失去理智，慷慨激昂，熱血沸騰，遂拿起武器，按照計畫出發。但大川周明與頭山滿，卻不跟著去除奸，閃身離開。

激進軍官們進攻了警視廳、襲擊內大臣牧野伸顯住所，攻打西園寺公望辦公室，對三菱銀行投擲手榴彈。經過該地附近的居民，遠遠見到瘋狂的年輕小子發動攻勢，嚇得四處逃竄，所幸這些目標或不在現場，或閃身逃離，而躲過一劫。犬養毅的兒子犬養健，與英國喜劇演員查理．卓別林，也在暗殺名單內，認為這些人，是腐化日本的根源。所幸兩人去看相撲比賽，也不在現場，都躲過一劫。

但是最重要的目標犬養毅，卻被這些人逮到。當時府邸辦公室防備鬆懈，一群軍官衝殺上來，犬養毅還以為可以跟這些人說理，要他們去接待室。這些人確實進了接待室，但並不說理，反掏出武器。犬養毅大驚失色道：「等等，有話好說！」不知是哪一位軍官回答說：「問答無用！開鎗！」於是當場被槍擊重傷，倒臥在血泊中，口鼻皆血，侍女們趕進來見了，大聲求救。

眾軍官們估計他傷重難治，於是離去，又搭出租車前往警察總部，意圖控制局勢，被追蹤而來的憲兵團團圍住，終於全部被捕。

犬養毅最後送醫，傷重不治而亡。

兇手們被押往軍事法庭審判，結果這些人不討論案情，反把法院當表演台，大喊忠君愛國，尊皇討奸，對天皇的一片忠心，對大和民族一片赤誠等等。引起旁觀者的起鬨與共鳴，大家都一致認為，犬養毅被支那人收買，是賣國賊，阻止日本兼併領土，死有餘辜，這些年輕人不該被重判。

新聞傳了出去，三十五萬人以自己的鮮血簽名請願書，遞交到法院，請求從輕發落。法官們看到這一大堆血跡名單，知道外頭的亢奮群眾，內心不由得恐懼。

新瀉縣十一個年輕人更加激進，自己切斷手指，寄給法官，請求自己代替這十一人受死。匿名的請願書與恐嚇信，更是如寒冬的雪花般，飄到了法院。法院外頭四處集會，支援這些愛國軍官，並且同聲大喊尊皇討奸，忠君愛國。

未曾有の帝都大不穩事件
狙撃されて重傷の
犬養總理大臣遂に逝去
輸血も效なく昨夜十一時過
政界の巨星、兇彈に斃る
各閣僚の暇乞ひ
鈴木侍從長
天機を奉伺

最後法治抵不過人治，面對民間與軍方排山倒海來的壓力，法官怕自己最後也跟犬養毅一樣變成了和奸，遭到暗殺，所以沒能扛住，殺內閣總理大臣犬養毅的大罪，終於輕判幾人數年徒刑而已。而大川周明因為很明顯煽動刺殺，被判五年徒刑，但他很快就出獄，出獄後仍繼續支持軍方的戰爭主張。

軍法會議的判決長，回答質疑者說：「給予死刑，似乎是當作殉教者處理，這不太好。」軍方也準備讓這些兇手在出獄之後，都安排在滿洲或華北的日本機構，擔任要職，以彰顯其愛國主張，必得善報。這等於對全日本人表明，他們刺殺犬養毅，目的就是要擴展大陸政策，肅清國內反對大陸政策的賣國賊，日本下一任首相若敢阻攔，濱口雄幸與犬養毅等人，就是下場。若轉而支持軍方，這些兇手就是標竿，必定能得到軍方的眷顧，在大陸擔任要職，享受榮華富貴，在日本，愛國者必有善報！

宣判之後，日本從新聞媒體到政壇人士，對軍方的力量十分恐懼，引起了一陣不批評、不反對軍方的風潮。報社大量刊登親軍方的報導，政客們紛紛暗地裡購買私宅，與論更加偏向軍方的大陸擴張政策，連最後一點反對的聲音，都將逐漸消失掉。

皇宮，三人密會。

裕仁怒道：「真的來！真的造反！這一次殺內閣總理大臣受到輕判，下一次就是來逼宮！要是給他們逼宮成了，朕不是退位，就是得被迫遷都中國！不成，絕對不能被這一批小鬼，擾亂萬世一系的皇統！迷海你說，該怎麼辦？是不是要朕親自出馬，擋在他們面前？親自對全日本人下達朕的旨意？」

迷海說：「陛下毋急，在討論怎辦之前，得先推測出下一次的政變，會在什麼時候發生？事情先抓住『宙範』的起伏規則，才能規劃出『宇範』的精準方針。先前說過，軍方內部派系之間的『恐怖平衡』，只是暫時的假平衡，以保陛下暫時無事。內閣現在雖成了箭靶，犬養毅也替陛下擋了子彈，但軍方那些人遲早看得出當中的竅門，從而把內閣都控制住，屆時內閣必然與軍方沆瀣一氣。而沆瀣一氣之際，就是要對陛下逼宮之時。目前軍方已經分化成皇道派與統制派，兩派相互惡鬥，但是兩派要日本成為軍事化國家，侵略中國挑起戰爭的目的，卻是一致！是以只要在官職任免上面，故意刁難一派，寬縱一派。那麼被刁難的那一派，必然心生不滿，自己會去找藉口，發動一次逼宮兵變。陛下屆時只要拉住另外一派，令他把逼宮者強制懲戒，那麼逼宮的變數，就全在陛下的預料之中了，勝利的一派，得到了該有的上風，也就不敢過於強逼陛下。」

裕仁搖頭說：「但在這之後，另外一派勢必坐大，繼續推動大陸政策，該怎樣收拾？」

迷海右手手掌上下擺動，五指跟著搖晃地說：「上一回田中義一雖死，但仍然有被消費的價值。這一回犬養毅雖亡，也能再抓來反覆利用。陛下應該讓內閣不斷地改組，並表示所謂『滿洲國』，要讓關東軍內部的人去接手，引誘當中一些瘋狂的軍人入套，去玩那個『空架子滿洲國』的政治，去牽扯滿洲內部的是是非非，自我損耗，互相架空。從激進的軍人變成投機政客。陛下暫時就先避免了日本遷都的議題，另外優待溥儀，讓他去幫陛下擋軍部的子彈。陛下只要作出一些政治動作，並吩咐下去，不可以為難溥儀，要以長久佔領滿洲為念，那麼這擋箭牌，就不會像犬養毅那麼脆弱。如此逐步擾亂軍部的政略與軍略，拉長他們的政治與軍事戰線，如先前所言，他們最終的侵略計畫就會通盤失敗，一切局面，回到歷史原點。中國的歸中國，日本的歸日本。所以陛下不必怕另

一派坐大，坐大之後，又是陛下可拿來利用的棋子，將之操縱戰局，始終跳不出陛下的手掌心。」

裕仁問：「內閣人選已經不斷排列了，這對此局面有何幫助？」

迷海瞪大眼，雙手合十說：「中國人愛打麻將牌，正所謂牌越搓越亂，但是人越搓越整齊。只要官場上的職位，不斷地排列組合，混淆不清，沒有任何一個人能在一個位置上頭待久，那麼他們希望從中撈的利益，就都會落空，文人來則冒險，武人來則架空。如此則所有的官職，就成了又可愛，又討厭的東西。自然會有鬼牌出現，有人會跳出來揣測上意，做出投機之事，期望得到另外的政治利益，那麼他們被激化出投機心理，就可以替陛下充當馬前卒。就讓軍部的人去干擾軍部的人，加大他們內部的分歧，等待外界變化，我們就能趁機出手。此為皇家機關秘術，第二百六十七招『末型流轉，鬼魁傳生』。」

裕仁隱忍著憂慮，知道這只是應付的招術，解決不了實質。迷海也因此汗顏。

然此時裕仁內心如先前瀕口雄幸一樣，又湧上一股恐懼，自己對大陸政策的真實態度非常隱密，不過才拋出一點風向球，弄個小動作，外頭就立刻炸開鍋，而且彷彿都是提早就制定了反制措施，讓你裕仁阻擋大陸政策的計畫，全盤破功，好像自己的意圖被某種力量完全透析。迷海本身就是皇族，而北野與宮內廳的口風之緊，也自不待言，都絕不可能洩漏半個字。環顧四周，不可能有人洩漏。可外頭局面的變化，處處都比他快一步，到底是誰知道了他這天皇的心思？

實際上皇家機關這些招術，在面對日本以往的變局中，肯定所向無敵，甚至面對歐洲列強入侵之時，也能從容應付。但而今裕仁感覺，自己與迷海都還不知道，自己面對的真正敵人，其面貌為何？只知道自己捉襟見肘，處處被動，快要黔驢技窮了。善玩鬼道者竟然自己也中了鬼道，皇家機關兩千年來從沒面臨過這種窘境。

六門書判－當然，你的道術在日本肯定無敵。但出了日本，比你強者有的是。所以我也不明白，你們皇家為何要那麼開放急著西化？還真被當初西洋文明統治世界的假象騙到？光是昂猶集團，蒐集五大自源系的核心科學訊息拼裝演繹，你日本在這強盜集團之下以鄰為壑，剛開始搶中國還可讓你苟免。之後若滅中國，則日本失去利用價值，必然跟著被除掉，下場更慘。之後若滅中國失敗，昂猶衰頹，當中除了要跟昂猶糾纏之外，還得被中國人敵視，立場尷尬不已。故烏龜心術不正，就將變成王八。

東京，齋藤實宅邸。

牧野伸顯與西園寺公望，來到此處拜會，傳達天皇有意讓他組閣的消息。齋藤實一聽，臉色慘白，內心大為恐懼。不想要接受，卻也不敢拒絕，小聲地說：「兩位，並不是在下不願意奉詔。而是現在的情勢緊繃，內閣總理大臣的位置，實在很難坐。」

他們兩人當然知道，齋藤實所謂的情勢緊繃是什麼意思。

牧野伸顯說：「齋藤君，行刺犬養毅的人都是海軍少壯軍官，你是海軍大將出身，也

兩次擔任過朝鮮總督，在海軍當中有一定的威望。陛下正要安撫海軍派閥，所以由你來擔任這位置肯定適任。」齋藤實說：「不，事情沒這麼簡單。不是海軍與陸軍的問題，而是日本從民間到整個軍方，都有一批人在搧風點火，要進攻支那，所以在下實在不適任。」

西園寺公望疑問：「難道閣下不願意替天皇陛下分憂？」齋藤實說：「不，在下願意替天皇陛下分憂。只是自從支那的國民政府北伐奪取政權後，軍方的大陸政策就跟著跳上了檯面，我日本軍界就跟支那國民政府的高層糾纏不清，反倒日本內部反對大陸政策的高官，成了軍方攻擊的對象。基於濱口雄幸與犬養毅等人的教訓，安全的問題，必須要考慮了。」言及此，露出苦笑。

齋藤實雖實在不願意招惹這些激進份子，但天皇他也得罪不起，頗為兩難。

牧野伸顯說：「閣下放心，陛下已經告訴我等，繼任的內閣總理大臣，會加派安全警衛。護衛人員全天候二十四小時輪班，就算卸任之後，護衛仍不會有所鬆懈。」齋藤實面露難色，不知道該不該答應下來。

西園寺公望也在一旁猛敲邊鼓，好讓齋藤實下水，以免自己被拉進去，替天皇盡忠。勸道：「除了安全考量，閣下也知道內閣總理大臣的位置，兩三年就會更替接手。陛下也告訴我們，你的下一任首相是，另外一個海軍大將岡田啟介，只要忍個兩年，把所謂滿洲國的事項替陛下處理好，就立刻讓岡田來接手，你來接任內大臣。陛下正要重用些海軍的老將領，閣下的安全肯定會好好保障。」

齋藤實考慮了許久，上了廁所，回來又拉扯了半小時。終於鬆口說：「安全若能保障，在下就願意替陛下分憂。」

眾人聽說齋藤實要接手組閣，與犬養毅一樣，接到大量匿名或直接具名的恐嚇信。在摸出齋藤實沒有意思要將滿洲併入版圖後，日本激進勢力又準備一場暗殺。

頭山滿已經不方便表態，於是讓兒子頭山秀三出頭。頭山秀三與右派激進份子兒玉譽士夫，意圖在年度「陸軍特別大演習」時暗殺齋藤實。只要讓日本首相一直被殺，政局不穩，昭和天皇遲早得學明治天皇一樣，出來掌握大權，到時候進攻中國擴張版圖，天皇的態度就得明確下來。或者說，不明確也不成了。最後日本就會被迫遷都大陸，達到這些激進份子的目的。

不過自五一五事件之後，首相的安全警戒已經加強。刺客意圖槍擊齋藤實的行動，被警衛立刻攔截下來而失敗，被捕入獄，但軍界勢力影響司法已成氣候，這次暗殺未遂，兇手仍然只是輕判。

雖是失敗的暗殺，但已經讓齋藤實嚇得魂飛魄散，這代表軍方與激進份子，確實是要殺了他，使得齋藤實不得不對軍方採取某種程度妥協。

另外一方面，國際聯盟則大聲譴責，除了日本代表，其餘都拒絕承認所謂的滿洲國。不過以西方為首的國際代表，卻作出了另外一項認定，既出乎日本的意料之外，也出乎中國的意料之外，即日本退出滿洲，滿洲當由國際共管。腐朽又媚外的中華民國政府，

只會仰外國人鼻息，昏聵賣國的本相，比李鴻章更甚，完全被自己的人民看穿。

日本以往對西洋勢力也頗有忌憚妥協，而今內部充斥著怪形人物，忽然變成超級強硬，對歐美不屑一顧。日本代表憤憤不平，於是退出國際聯盟，擺出一副『爾等所謂的西洋列強，有膽就來一戰』的姿態。果然歐美各國，無人願意真的得罪日本，雖未承認所謂的滿洲國，但跟日本的貿易與交往，更加密切，默許事實存在。

蔣介石在一二八事變，國府暫時遷都洛陽之時，好不容易更換政治門面，復出擔任軍事委員會委員長，以軍來領政，這次決不引退，要死賴到底。日本軍閥見到中國的內奸再度復出，必然可以策應日軍的行動，自然是食髓知味，挺著刺刀繼續進逼。

中國民國二十二年，日軍大舉進攻熱河，東北軍所屬將領湯玉麟，帶著金銀財寶與鴉片裝車，不戰而逃。日軍沒遇到多大抵抗，便進逼長城。中國駐守長城沿線的原西北軍，自發性進行零星抵抗，但最因為沒有後續增援，全線慘敗。全中國再次沸騰，輿論一致要求對日宣戰，張學良備受批判，不得不下野巡遊歐洲。中國不少軍人也已經看不下去，要求對日開戰，但蔣仍強令不許妄動。

孫科消費過愛國主張，見到勢頭不妙，學他漢奸老爹見風駛舵，解散改組政府，由蔣中正與汪精衛聯合重組政府。大家原本以為，光說不練的孫科離開，蔣與汪聯合出面，應該是達成一致態度，會一致抗日，結果再次耍弄政治詐術。兩人的態度是達成一致了，但不是抗日，而是求和。

兩人不顧全國人民的反對，派代表與日本關東軍副參謀長岡村寧次，在塘沽簽訂了『塘沽協定』。這協定內容，等於承認關外不屬中國領土，把被佔領的熱河，用條約替日本人鞏固下來。同時日軍可以此協定跨越長城，將北平城東北方數個縣，劃入日軍佔領。就在中國軍隊的眼皮底下，進佔中國領土。從此日軍刺刀尖插入中國心腹之地，整個華北門戶洞開，日軍可以隨時進佔冀察與平津。

日本昭和九年，中國民國二十三年春。

清朝退位皇帝溥儀，被拱到了東北成立偽滿，又從執政直接改制為皇帝，準備藉此訪問日本。裕仁內心此時已經疑神疑鬼，他感覺這些中國人都是一群鬼，會不會這溥儀也跟蔣一樣，是個會拖他進中國的人？仔細觀察溥儀當了執政後，行跡還算正常，不若蔣那般邪裡邪氣，於是便同意與溥儀見面。

溥儀先乘船到橫濱，再搭火車到東京，裕仁親自在火車站接溥儀下火車，乘馬車一同入日本皇宮。這一幕全日本人歡欣鼓舞，日本軍方也還算滿意，代表天皇對自己在大陸的功動，有了一定的認同。

但是有一個問題，除了極少部份的中國人，還有裕仁天皇會去想，其他的人都只會懵懵懂懂，高興的高興，咒罵的咒罵。這問題就是，溥儀的祖先當年入主中國多風光，逼迫漢人剃髮易服，開疆拓土，自以為江山永固，吾皇萬歲。但而今溥儀如何？滿洲族又如何？裕仁天皇要不要讓子孫像他這樣？這最簡單的問題，卻都是大家不會去思考

的，但裕仁看到溥儀，內心不禁湧起千萬念頭。

等兩人進了皇宮，多方試探溥儀言行，裕仁稍微放心了，這溥儀不像蔣介石，不是個會拖他進中國當皇帝的鬼，可以加以利用，讓自己躲開軍方逼迫遷都。

一股無形的力量似乎摸到了，裕仁準備利用溥儀減輕壓力。於是蔣介石與日本軍方這邊，遂開始加壓。要讓他減輕壓力的企圖破功。

日本軍方見到蔣介石如此對孫文密約遵循不渝，甚至還加碼過之，而且能厚顏無恥地死頂著中國人的忿怒，配合日軍的佔領行動。面對這種人當然不能客氣，要求取政治上的最大極限。於是更迫不急待，要繼續展開大動作。首先著手要將華北特殊化，由中日兩國共管。但在進入華北之前，也要將中國關外內蒙古的省分全部吃掉，走當年滿人入關的路，才能無後顧之憂地吞併華北。於是迫不急待再次雙管齊下，大動作逼迫蔣介石割讓土地，要一舉將察哈爾與北平天津兼併。

中國民國二十四年六月五日，四名無護照的日本軍人由多倫進入張家口，途經張北縣被當地的第二十九軍一三二師趙登禹所部士兵抓獲，送往師部。察哈爾省主席宋哲元知道牽扯日本人，滋事體大，不敢自己作主，立刻通電報給蔣介石，蔣介石回電指示宋哲元放人。人雖放了，但日方以此四名日本軍人『受到恐嚇』，回國後『心神不寧』為理由，對南京國民政府提出強烈抗議，要求懲罰負責人，並解決察哈爾駐軍權利的爭議。

面對如此欺人太甚之勢，蔣仍不敢吭一聲。

六月九日，內蒙古的察哈爾事件尚在糾纏中，另一部日軍也開始大動作，日本華北駐屯軍司令官梅津美治郎，向何應欽提出備忘錄，限中國政府三天內答覆。

南京美齡宮，日本密使內田良平等人秘密來到南京。

這老頭子帶著日本軍方秘密使節團，到南京的官邸。蔣見到如此重量級人物駕到，不得不畢恭畢敬。但又怕被其他中國人知道，只能選深夜密室密會。

雙方客套了半天，蔣中正恭維：「內田君當年幫助孫總理革命，協助推翻滿清建立中華民國，是支那革命的老前輩，還協助本黨打倒北洋政權，對我國有重大貢獻，鄙人非常敬仰。然而，對於當前中日兩國不好局勢，希望大家一起協手努力。」

虛偽滑頭的客套話，已經說了二十多分鐘，內田良平沒有耐性了，直接打斷翻譯言語，開門見山地回蔣介石說：「老朽我當然是你們的好朋友，更是蔣委員長與國民黨的好朋友，當年對孫總理施壓，支持蔣委員長任黃埔軍校校長的事情，還如同昨日一般。但是好朋友之間的帳目也得清楚，將來才能繼續合作共創雙贏。蔣委員長日理萬機，老朽老病纏身，行將就木，自知死期不遠，在南京也不能久留，客套話就暫免，還是談談日支兩國之間，兄弟一般的友誼，該如何維護比較重要。請問在下可以說明此次來意了嗎？」

蔣中正歪了嘴，他大致也猜出，內田這快要病死的老頭子，拼出一切精神，來到這裡，必然與日軍在察哈爾及河北兩省的大動作有關。本想繼續恭維他，但這中國革命的老前輩兼『日本上使』板起臉孔說話，肯定不會有好事。便低聲說：「請內田君賜教。」

內田良平拿出當年孫文密約的正本，以及蔣介石在濟南慘案後與日本軍方簽下的協定交出。然後說：「在蔣委員長面前，我們就不拐彎抹角，當年孫總理與委員長，都看出日支之間必須要結成兄弟之邦，攜手合作，才能抵抗歐美列強的入侵。依照條約的細則解釋，中華民國是在關內建立，滿蒙故土，即支那長城之外的領土都該割讓給日本所有，但是最近在察哈爾與河北的反日活動如此激烈，與孫總理當初秉持兩國友好的原意完全相悖。若蔣委員長心意改變，那麼大日本帝國也只好把這些條約公諸於世，讓全支那人與全日本人都來做公評，到底長城關外領土該歸誰所有？而當下關外局勢粗定，我把正本交給委員長，也是代表誠意，不保留在日本。」

這一招果然讓蔣發愣，要是密約外洩，全日本人的反應就不說了，全中國人必然炸開鍋，把他與全國民黨打成公敵。而如今密約正本交到面前，內田可以說是有盡力解決問題，然而到底日本軍方下一步會不會繼續挺著刺刀向前？肯定有新的要求。

蔣緩緩地說：「我知道內田君的意思了，但是要直接簽下割土協定，這有困難。九一八之後，國民仇日激烈，我也要有交代，如果拿不到一個平衡點。局面會怎麼走，這就不好說。和平雖然是主軸，但貴國軍方卻要讓戰爭越來越近。」

內田良平說：「我是支那人與委員長的好朋友，日本與支那又是親如兄弟的盟邦，所以我可以給您建議，不知道您願不願意採納？」

蔣中正說：「請內田君賜教。」

內田良平說：「割讓土地之事，當然不用明說，只需要實質地給我大日本皇軍占領，支那軍隊無條件退出，這事情就算達成了。我們大日本帝國的軍人都很通融，滿洲國就是一個案例，是給委員長一個政治台階來下，以免在支那的滋事份子那邊不好交代。所以我建議，只要您通融，讓我日本軍政力量進入察哈爾，以及河北，建立緩衝的政權，那麼我大日本帝國就不會再為難蔣委員長。畢竟我大日本帝國要移民到這些緩衝政權區域，也是需要時間的。」

這可真是開門見山，把併入版圖都說出口，蔣也大吃一驚，歪著嘴問：「滿洲國對中華民國而言，是不能承認的，這只會成為激化戰爭的根源。至於河北也要建立政權？這可是在關內啊。」

內田良平說：「河北當然跟察哈爾一樣，現在兩國之間情勢如此緊張，若支那內部的反日份子憑藉河北，騷擾滿洲，那麼兩國之間兄弟般的友誼豈不是被挑戰？倘若河北也願意割讓出來，這一部分的緩衝政權領導者，我們就讓委員長來指定人選，但是這人選，必須是親日，且願意聽從大日本帝國指令的。那麼對貴我兩方，都是最好的保障，兄弟之盟也可以保障。」

國民黨內不缺漢奸，這人選不難，然而內田避重就輕，不把蔣的戰爭警告放在眼裡，而堅持繼續軟土深掘，繼續入侵。

蔣中正說：「鄙人知道該怎麼做。不過得先說好，河北察哈爾兩省的事件，是鄙人最

後的底線，日本在北平就要適可而止，而後中日和平協議，是要重新談過的。剛才也說滿洲國是不能被接受，貴國遲早也得面對此事。到時候若不幸發生武力衝突，您就不能責怪鄙人沒有配合。」

他沒聽懂蔣的暗示，還以為他比當年的漢奸李二還要好說話，割土還要更大方，內田良平便露微笑說：「蔣委員長是我大日本帝國最好的朋友，我們自然不會讓蔣委員長難做人，會考慮到您的立場。當年在濟南的協議，至今當然還有效。甚至我還可以建議您，在各方面多做一些抗日口號，對外宣稱您已經在做抗日的準備，只是有共產黨在搗亂，支那又太落後，所以需要時間。您就可以如同當年李鴻章一樣，積極口號消極行動，嘴巴上不斷大喊要中興大清國，但實質上作為可以是另外一個面貌。這樣一來，一方面顧慮到兩國之間的兄弟情誼，另外一方面也讓不明事理的抗日份子沒有藉口。蔣委員長您的難處，不就順利解決了嗎？而滿洲最高顧問，關東軍的板垣將軍有轉告老朽，孫總理與您在日本的各項文件，已經通過日本特務系統全部控制下來。即使日支之間有因不明事理者，發生衝突，只要蔣委員長您保持跟我們的談判與合作，無論發生什麼事，這些東西已經過去，如今多數文件交到您手上，不就代表誠意？」

蔣中正心安了一半，但這代表他得永遠跟日本人糾纏談判。此時已經心思，看來跟日本人開戰，無可避免。因為就算言語上都是和平，實際上不用武力永遠解決不了。

六月十八日，南京國民政府行政院會議，免去宋哲元察哈爾省主席之職，由眾所周知的親日人士，秦德純代理。六月二十七日，依照南京政府指示，秦德純便與日方代表土肥原賢二在北平簽訂了《秦土協定》。其主要內容：一、駐於昌平和延慶一線的宋哲元部隊，調至其西南地區。二、解散排日機構。三、處罰張北事件負責人。四、制止山東移民通過察哈爾。五、從日本招聘軍事及政治顧問。六、援助日本特務機關的活動及軍事設備的建立等。這等於是讓中國放棄察哈爾主權，日軍將可以據此，在內蒙古一帶建立軍事根據地，實質地控制內蒙古的察哈爾省。

在河北方面，軍委會北平分會代理委員長何應欽，經過與日方磋商，並向蔣中正報告回覆，終於在七月六日也代表蔣，與日本代表梅津美治郎，簽下《何梅協定》。內容大致是：取消國民黨在河北及平津的黨部；撤退駐河北的東北軍、中央軍和憲兵第三團；撤換國民黨河北省主席及平津兩市市長；取締河北省的反日團體和反日活動，日本在河北可以採取，糾察與監察的必要手段。這個協定實際上放棄了華北主權，繼東北之後，日軍又將可以不打一仗，就佔領大片中國領土，於是如法泡製，要在華北也弄出一個傀儡政權。

當年滿清政府還是打了敗仗或被人趁火打劫，才被迫割土，而今國民黨版本的中華民國，竟然不大打一仗，便讓數百萬平方公里土地，長城外的中國國土已經實質被敵人控制，甚至故都北京都淪喪為日軍刺刀尖的下一個獵物。誘餌的功能發揮到了極致，中國的抵抗力被下降到最低。

秦土協定與何梅協定一出，華北即將成為第二個東北，東北軍竟然連華北都不許駐防，蔣中正等於是幫助日本人除掉華北的駐軍與屏障，全中國人再度沸騰。抗議遊行之聲不絕於耳，不過蔣依然置若罔聞。

六門書判－周公確實已經黑化，然這仍然依照軌跡沒有違反，加上周邊宵小漢奸買辦雲集，黑線已然佔上風。若其心靈圖像是棋盤，則黑白兩子兩氣，也在蔣中正的心靈圖像當中交錯混戰。蔣本身只是執行，周公路徑，沒辦法加入多少自己的判別。除非局面已經出現『必然如此，否則怎樣』，有明眼人證明得清清楚楚。不然走黑線來應周公軌跡，不可避免。

早有私謀的殷汝耕，長期代表蔣介石與日本密談，以為蔣企圖重演趙構秦檜之故事，割讓國家的土地，來交換政治妥協。而今老蔣要他繼續擔當賣國重任。於是透過日本籍妻子井上氏，與日本軍政要員搭上線，被委任為冀東非軍事區的薊密區行政公署專員，準備附和日本人在華北成立傀儡政權，自己來充當溥儀第二。

而殷汝耕之所以可大剌剌地在關內，還有中國駐軍的土地上，建立親日傀儡政權，沒有蔣的批准，是不可能辦到的。

此時蔣中正自身只能加速自己的計畫，宣布全力剿共，轉移焦點。在廣播中要求全國人民，顧慮中日友好，等待『國際公理出現』並期待『日本政策改變』，不准有抗日的行動，以免影響兩國邦交。另外一手，下令取締抗日行為，不少人被關押或處決。全國人民感到恥辱烙印，更加激憤。大學生與諸多知識份子，日夜在蔣介石的官邸外大罵賣國賊，甚至有自焚者。蔣介石不予理會，認為這些百姓對自己成不了威脅，冷漠以對，乃至逮捕判刑。

原本的周公會恐懼這種流言，而有改變，但基於要對抗王莽恭謙下士，周公就鐵了心拒絕到底。沒辦法，老烏龜龜殼硬！但明眼人也能相信，這種狀況，即使踩他黑線的人居多，遲早老烏龜還是要走一條白線回來，否則烏龜會非常短命。抗戰爆發已經是必然，他畢竟還是周公。

東京，首相官邸。

何梅協定之後，蔣介石急著與日本政府談判，但發現屢次談判都未果，便懷疑殷汝耕等人有陰私，沒有認真辦事。便派另一個密使，駐日大使蔣作賓的秘書丁紹仞，他與近衛文麿是同學，兩人私交甚好，也是出了名的親日派。帶著他的談判條件，來到東京先找近衛文麿，然後又找廣田弘毅，兩人都贊同這條件，但不可能做主。於是又直接找內閣總理大臣岡田啟介。

丁紹仞帶來的蔣介石和平提案，內容十分地喪權辱國，大致是：一，中國停止排日教育，嚴禁一切反日活動。二，中日兩國經濟提攜。三，締結軍事協定。四，中國東北領土主權問題，中國暫時擱置不問。以此向日本人妥協求和，請求日本不要再對他步步進逼。

丁紹仭見到岡田啟介，不敢坐下，站著用日語說：「敝國軍事委員會的蔣委員長，提出與貴國的和平提案，昨天已經先遞交給您，不知道您研究過了沒有？」岡田啟介深知上意，知道天皇對中國問題十分曖昧消極，代表不主張立刻進攻中國。但犬養毅被殺之後，連內閣都很難再表態反對大陸政策，只感覺這問題相當棘手。所以對丁紹仭還算客氣，先說：「丁先生您請先坐，這裡不算正式場合，可以輕鬆一點。」

丁紹仭見他臉色還算客氣，微微一笑，面帶恭敬地坐下。

岡田說：「這和平提案，足見貴國蔣委員長，對我大日本帝國的友善。不過丁先生，這提案恐怕我一人無法做主。」丁紹仭愣了一愣，又問：「那麼首相大人，您是否可上呈貴國天皇陛下？看陛下的意見？」岡田冷冷沒有回話，倒不是他不想回答，而是天皇與軍方之間複雜的關係，連日本人自己都弄不清楚，更不可能三言兩語跟一個中國人說清。丁紹仭似乎看出，岡田不想跟他論及天皇，於是轉彎再問：「這提案的四項重點，已經說得很清楚，敝國願意停止排日活動，還將東北的領土主權不問，時間過去，東北滿洲國的局面已成既成事實，國人也就無法再逼迫蔣委員長。這也滿足了貴國軍界當初在關外的領土要求，不是兩全其美嗎？」

岡田說：「丁先生，老實跟您說，我一上任內閣總理大臣，幾乎每天都跟國內軍政各界人士，討論貴國的問題。敝國軍方有一派人的態度，主張貴國必須立刻承認滿洲國，包括熱河與察哈爾等地，主權都必須立刻宣布放棄，以絕後患。不然，很難再繼續談下去。」

丁紹仞這回愣住了，這日本人未免也太過份，中國等於含糊曖昧地割讓主權，日本軍界卻逼著要掀開來承認。遂問：「這恐有困難啊！您應該也知道，蔣委員長被國內各界的壓力逼迫，不得不拒絕承認滿洲國。但實質上已經配合貴國軍界的要求，長城外的領土被貴國軍隊佔領，根本沒有抵抗，更沒有大規模的戰鬥，中央政府命令能控制的，就是主動撤退，讓日本軍隊佔領。還願意禁止民眾的抗日活動，維持與貴國的各項邦交，這種表態難道還不夠？」

岡田冷冷一笑說：「不是我不願意幫忙，蔣委員長暗中配合我大日本帝國的要求，我們也都看在眼裡，所有明眼的人都知道。但這事情意見紛歧，不如貴我雙方建立一個可長期談判的管道，我們也派人到蔣委員長那邊，相互溝通，一有消息，就給蔣委員長回覆如何？」

丁紹仞微微點頭說：「如此甚好。」

實際上這四項和平協定，並不是軍方在反對，而是天皇反對。岡田啟介一將這和平協定，送交裕仁面前時，裕仁冷冷不說一句話。

岡田問：「不知陛下對蔣介石這和平提案，有否聖斷？」裕仁一看，這四項提案等於曖昧莫明地割土，中國不會再收復東北，並且日本佔領中國東北至華北，統治數量龐大的中國人，將成為無法改變的事實。一旦同意，那就是走五胡鮮卑人與女真人的老路。

冷冷說：「你們的意見呢？」岡田低頭道：「近衛文磨與廣田弘毅都贊成，軍方則有兩派意見，大致是同意這四項。但牽涉國外的和戰大計，臣下不得不問陛下的意見。」

裕仁說：「那你的意見呢？」

岡田道：「臣下也贊同，如此可以平息兩國爭端……」裕仁忽然打斷道：「平息兩國爭端？會不會想得太天真了！」語氣忽轉嚴峻，讓岡田嚇一跳。岡田趕緊鞠躬道：「請陛下訓示。」

裕仁瞪大眼說：「這和平條件若被接受，並且實施，日本必然有人會將之公開，以穩定住現有的佔領，那麼你想大多數中國人有什麼反應？」岡田稍微抬頭瞄了他一下，發現裕仁這是在問話，於是答說：「必然群起激憤，反對蔣介石的聲浪會更高。」裕仁點頭說：「沒錯，接下來呢？」答道：「支那局面可能會，更加混亂，尤其共產黨與反蔣軍閥，會以此壯大力量。」

裕仁又點頭說：「再接下來呢？」答道：「軍方可能繼續不受控制，食髓知味，利用支那的政治亂局，在支那大陸繼續製造事端，侵占領土。那麼可能會發生，第二個滿洲事變。」

裕仁說：「這不就結了？所以這怎麼可能平息事端？」岡田遂道：「那麼陛下是不贊成這四項和平條件了？」裕仁說：「朕可沒這麼說！把反對說出口的，可不是朕！這只是剛才跟你一起討論事情的因果。你既然有能力判斷事情的因果，接下來你自己知道該怎麼做。」岡田明白這暗示，遂點頭遵旨，然後討論其他問題。

於是派外務大臣廣田弘毅，回絕丁紹伋，說這是軍方反對，軍方要蔣介石立刻宣佈承認滿洲國，宣布放棄關外一切主權，所以日本政府也不能接受。

丁紹伋回報後，蔣亦不解，這明明就是日本軍方拿著孫文密約，索要的東西，他已經實質上交割，甚至還連本帶利地加碼了。他所認識的多數日本軍閥，也都滿意這些提議，怎麼原本似有反對大陸政策的日本政府，會反而跳出來與他為難？刻意搗亂這個割土協定？

如此，蔣中正已經確定，無論怎麼反應，日軍肯定進一步開戰，即便國民黨內的漢奸買辦，最主張割土求和者，也不能接受自己利益被日本獨吞。

瀋陽，日本關東軍司令部。

簽下何梅協定的梅津美治郎來到此處，與坂垣征四郎，石原莞爾會面。梅津美治郎笑著說：「這些支那人真可悲，被蔣介石這等人統治，不打仗就乖乖奉獻土地。沒想到我們不用打一仗，就囊括了整個關外，闖進關內，相信大陸政策很快就要撥雲見日，支那大陸全土壓制，是輕而易舉之事。」

石原莞爾較為細心體察，日本內部政局的弔詭狀況，沒有那麼樂觀，頗有凝重之色。坂垣征四郎也附和道：「司令官說的對，陸軍部對您的功勞也是大嘉讚許，我在此也要恭賀閣下將要晉身中將。從滿洲事變，到現在我大日本皇軍進入河北，逼進支那故都，用

孫文密約就迫使蔣介石合作，不用大打一仗，就擴張五倍以上日本本土的疆域。我們在國內的輿論中，已經成了民族英雄，支那人真的賤民，遇到蔣介石這種人，也乖乖被騙，還繼續被他統治。可悲啊！」看了一眼石原莞爾面色不對，便問：「怎麼石原君，你有心事？」

石原莞爾醒了神，答道：「不是我多心，有國民黨集團與蔣介石當內應，支那自然很容易征服。國內政壇的人應該也知道這道理，但是他們所訂出來的政策，卻多有阻礙大陸政策的遂行，難道兩位沒看出來，國內政壇內部也有人在鼓動一些人，掣肘大陸政策？」

梅津美治郎聽了忿忿不平地說：「石原君說的沒錯！這也是我萬思不得其解之處！有蔣介石在當我們的內應，征服支那大陸成為超級大國，已經不是難事，至少也可以獲得長城以北的支那領土。怎麼還會有人反對？難道日本內部也有像蔣介石這樣的鬼畜，當了內奸賣國賊？」這一說，石原與坂垣都頓時無語，都瞪大眼，頗是一驚。

梅津接著說：「兩位別擔心！支那人對蔣介石這種賣國鬼畜無可奈何，只能乖乖受辱，對我大日本帝國獻出土地。但我大日本帝國天皇陛下的臣民，可沒像支那人這麼下賤，絕不會對賣國鬼畜妥協！軍部與民間的愛國組織，都已經動員起來，輿論也一致支持軍方，誰再像濱口雄幸與犬養毅這樣，就給他吃子彈！」兩人同時點頭。

此時他們尚不知，自己罵的賣國鬼畜是誰，所以還能忿忿不平。無間至道，陰陽相映……中國局面轉於於不穩定之時，日本局面必然也躁動不安。

西曆一九三五年，日本昭和十年，中國民國二十四年，日本皇宮。此時所有大臣都已經被遣退，迷海從皇宮後門被招進來，坐在內閣總理大臣剛才的位置。

裕仁拿著日本外相廣田弘毅的奏摺，將廣田弘毅建議的對華政策，交給迷海觀看。主要是要中國承認三項原則下，與日本展開政治解決。第一，日、中兩國親善。第二，中國政府承認滿洲國。第三，兩國共同防共。迷海看完，搖頭微笑說：「第一張鬼牌跳出來了。」

裕仁問：「廣田弘毅文官出身，能符合以軍部攪擾軍部的方針嗎？」迷海說：「這張鬼牌並不是現階段要使用的，但卻是未來不可獲缺者，所以它的重要性，遠遠超過我們所想要的。而今一切問題都出在中國，現在中國人仇恨日本的情緒非常高，將來若如我們所願，日本被迫放棄大陸政策，到時候政治情勢會是怎樣？目前無法預料。而中國人若追究起侵華的政治責任，日本又不得不應付時，我們不可能對中國人，解釋而今日本內部的複雜問題，陛下也更不可能公開自己要幫助中國的事實，不然全日本人必定譁然，皇室則必陷入危機。那麼在此弔詭局面中，就要有一個人能承擔，中國人追究的事。廣田弘毅這時候跳出來大喊三原則，代表他想要協調日本國內部紛爭，平衡支持大陸政策與反對大陸政策的矛盾，藉機在不斷紛更不休的官場上一枝獨秀。陛下不妨就如他所願，讓他出這個風頭，甚至老衲建議他之後也要排入內閣總理大臣的名單之列，加強這三原則的合法性，那麼他就可以擔當，政治上配合軍部侵略的始作俑者。」

裕仁微笑著說：「對啊！那麼朕就要重用廣田！」

迷海搖搖頭說：「陛下勿急。倘若廣田弘毅因為提出三原則，就被陛下重用，那麼豈不就被別人誤會，這三原則是陛下提出來的嗎？必須在一次客觀，看似不得已的政治形勢下，讓他上台，最好是軍方因此三原則，一致提名他上台。留下陛下是不得已而批准的證據。」

裕仁心領神會，點頭示意。然後問：「那這三原則提出，蔣介石萬一答應如何？不答應又如何？」迷海說：「蔣介石再愚蠢，也不敢在中國輿論沸騰的狀況下，承認所謂的滿洲國，所以可預料，蔣介石會拒絕，以免背上漢奸的罵名。不過會提出其他實質讓步的條件，以保密他的把柄，等待輿論風頭的過去。他想將割讓土地，成為中國百姓無法抗拒的事實。那麼這三原則的意義，就不在這內容上，而在廣田弘毅的本人。倘若蔣介石真的昏庸到接受這三原則，陛下也不必擔心滿洲成為日本領土，而有遷都問題。現在所謂的滿洲國，如上次所言，只是軍方刺刀上的產物，毫無根基可言。蔣介石若答應，則沸騰的中國人將提早推翻他，他的政治地位將會很快結束，從而出現一個反對滿洲國的中國領導者，到時候我們就在他身上作文章，與之合作即可。」

裕仁點頭說：「如大師所言佈局，最好蔣介石自己發賤，不需要密約外洩，就跳出來承認所謂的滿洲國，讓這傢伙趕快倒台，朕好慢慢收拾掉這些問題。」

於是廣田弘毅正式對中國提出三原則，而國民政府竟然宣布與之談判這三原則。這代表政府又將要喪權辱國。在談判期間，中國民間輿論再次沸騰，各大學罷課遊行，全國知識份子譁然，中國各大城市包括南京，全因此亂哄哄，粵系與桂系等各實力派軍閥也議論紛紛，要求中央政府立刻表態。

南京中央政府，不得不正式拒絕這三原則，公佈在報紙上大書特書，以免犯眾怒。並且宣布，將來也不會承認滿洲國。

雖說態度可以轉為強硬，但沒有實際收復失土的行動。果然在宣布不承認三原則之後，立刻對日本在華北繼續做實質讓步。這包括撤銷北平的軍委會組織，承認殷汝耕冀東自治政府的存在，從該自治政府全面撤出軍警，同時不禁止日本在華北扶植傀儡政權的各項活動，反而繼續嚴禁抗日人士。

這一回合，裕仁想要局面平衡的企圖又破功，好像自己的意圖全部被看穿。無間至道，陰陽相應，兩國政要如此扯爛污的情況，不止中國人不滿，日本人也不滿……

一股無形之力，從蔣中正拆東牆補西牆，拼命拖延掩蓋的狼狽樣，摸出了裕仁也在作同樣的動作，肯定不會入主中國，勢必會繼續玩『三原則』這種小動作不斷阻擾，於是在堵住裕仁這次的企圖之後，要讓一個真正的大事準備發生，逼裕仁放棄抵抗，接受入主中國的命運。

西曆一九三六年，日本昭和十一年，中國民國二十五年。二二六兵變前夕。

這段時間的日本內閣官員，繼續當天皇的擋箭牌，時常遭到暗殺恐嚇，非死即傷，

內閣各高官人心惶惶，已經快沒有人願意入閣當官。即便入閣，也都以濱口雄幸與犬養毅等人為鑑，不敢批評軍方的大陸政策。只能和稀泥，對中國問題的態度，如同裕仁一般，曖昧不明。日本軍方對此也很納悶，內閣接二連三都有一些人跳出來充當『怪叔叔』，東拉西扯攪亂大陸政策，就是不願意直接將攻佔的中國領土，併入日本版圖，總是躲開直接設置行政區域的議題，更不願意直接對中國宣戰。有人已經看出，問題就出在天皇身上，所以真正的大事件，才準備要發生。

害死犬養毅的森恪，在犬養毅死後的兩個月，也一病而死，大川周明接手為軍方之掮客，開始主導暗中串聯的事務。大川周明等人，暗中接洽了青年軍官的思想指導者，西田稅與北一輝，兩人深感認同，於是招集一些容易煽動的基層軍官，準備一舉解決日本內部阻擋大陸政策的勢力。

北一輝對密會的軍官們說：「先前我等與諸君接洽過很多次，說明了支那局勢。從孫文、蔣中正到汪精衛三人，乃至其周邊的人，都先後成為我們日本的內應。全面佔領支那，使日本成為世界超級大國，對現在的日本來說，是輕而易舉之事。但是滿洲事件到現在已將近五年，日本高層卻推三阻四，弄了一個什麼滿洲國，阻礙了大日本帝國版圖擴張，乃至全面佔領支那的計畫，都因此走樣。大家都知道，沒有適當的政治解決，軍事的計畫就會全盤錯亂。但內閣高層卻堅持這樣做，危害了大日本帝國的前途。這只有一種解釋！天皇已經被身邊的壞人包圍，無法知道民間與軍方的疾苦，必須要出來『清君側』！」

一位大尉軍官，香田清貞問：「閣下反覆跟我們提出清君側計劃，但我等卻未見閣下在當中扮演什麼角色，讓我們怎麼相信閣下的計劃？」西田稅則替北一輝回答：「身為思想指導者，我們自然有宣揚思想的重要角色。皇道派多為基層的青年軍官，高層得我們去串聯，若沒有真崎大將協助善後，清君側的計劃怎麼執行？」軍官們還是議論紛紛。

頭山滿笑著說：「能讓老朽說話嗎？」這頭山滿是日本黑幫的共主，其徒子徒孫，在軍、政、商界都非常有地位，早期安排孫文等漢奸人物，與日本右翼勢力接洽，知道國民黨高層許多見不得人的秘辛，並掌握直接證據。只是頭山滿對外，都只能擺出反戰反侵略的姿態，以掩人耳目，以免日本真正的反對大陸政策的勢力盯上了他。

他一說話，眾人因而安靜下來。頭山滿說：「倘若皇道派諸君，每人都有一個小算盤，暗中計較自己的蠅頭小利，那麼我可以建議，這次清君側的計劃再度取消。統制派已經掌握了大多數的滿洲與朝鮮利益，其領導人物關東憲兵隊司令官，東條英機，政治前途呼聲日高！若各位沒有在大陸政策上面，建立不朽功勳，以後就只能看著統制派的人，在支那大陸，掌握資源了。」

這一挑撥，反對者也沒話說了。

具有實際兵權的皇道派軍官團，陸軍大尉香田清貞、安藤輝三、野中四郎與中尉栗原安秀等人。返回兵營，共同計畫兵變事宜。預計殺掉內閣所有重要成員，控制所有重要道路，佔領警視廳，首相官邸等重要機關，並包圍皇宮，呼籲天皇直接掌權。

計畫完成後，在軍官團會議上，香田清貞顯得有點不安，不由得問其他人：「日、支關係一直以來都很古怪，尤其在皇姑屯炸死張作霖之後，日本內部氣氛更是詭異。過去大家都認為濱口雄幸、犬養毅這些人，是支那的同情者，但是接二連三那麼多內閣成員乃至總理大臣被暗殺，怎麼接二連三上台的人，還是依然故我。我大日本帝國到底是誰在阻擾大陸政策？裡頭到底藏了什麼陰私？西田稅不自然的神情，你們不感覺很奇怪嗎？我們官階這麼低卻發動軍事政變，統制派上層，隨時可以把我們說成是反叛者……」

安藤輝三說：「香田君，你想太多了。而今只有堅定的意志，才能將天皇身邊的奸臣掃除乾淨。過去倒幕時期，也是靠著諸藩的下層武士，推翻幕府與藩主，擁護明治天皇，展開明治維新，奠定我大日本帝國強大的基礎。而今日本高層已經腐朽，等於第二個幕府，自然要我們這些人，展開昭和維新，順利推動大陸政策。將來我大日本帝國就會是世界的超級大國，而我們將超過明治三傑。」

野中四郎握緊手上的武士刀，刀鞘頓地說：「沒錯！高階的將領，人事關係太過複雜，一旦升到中將，意志就動搖，升上大將，立場就變得跟內閣那批人一樣，開始在搞政治，分化立場，糾纏細節，說話也就東拉西扯，甚至有些人還會同情支那，反對將大陸的領土併入日本版圖。日本還是得靠我們！香田君，你若要退出我們不會阻止。」

香田清貞搖頭說：「不，我不會退出。只不過……」話語停頓，似乎有話說不出口。

栗原安秀說：「現在我們在一條船上，有什麼話直說無妨。」

香田清貞想要說，對於佔領中國，改變日本整體國家命脈，這麼大的事情，天皇不可能沒有自己的意見。但天皇對大陸政策的態度卻模稜兩可，軍方根本不知道天皇是不是真的贊成，而遠者如田中義一，近者像犬養毅這種人，原本都支持大陸政策，一旦升上高官，立場馬上鬆動，態度變得很詭異。所以天皇本人才是最可疑者。不過基於尊皇，他卻說不出口。栗原安秀說：「香田君你想說什麼，我知道。是不是想說天皇本人，對支那政策的態度模糊？」香田瞪大眼，微微點頭。

野中四郎說：「香田君不用忌諱，這問題我私下也跟很多人討論過，天皇本人對支那的政策，其實非常消極，不然我大日本皇軍，早在去年支那最混亂的時候，就該全面對支那發動攻勢，滿洲也早該直接併入版圖！有了大陸資源，我日本軍方與民間疾苦，自然就都能順利解決。面對日本國內這麼錯綜複雜的情勢，只有快刀斬亂麻，天皇必然也會因為局勢的改變，從而改變對支那的態度。過去日本的皇室不也都如此嗎？」

以他們的角度回顧日本歷史，確實看到的日本天皇，都沒有立場，誰強就幫助誰。遂無異議。於是眾軍官，帶領所屬士兵，策馬殺出軍營。

二月二十六日。

皇道派軍官團展開行動，口號就是『尊皇討奸』『昭和維新』。兵變部隊立刻對政府主要機關發動攻擊，佔領警備聽，並且控制皇宮周圍交通要道。同時上奏天皇裕仁，請天皇下詔『誅殺賣國賊，推展大陸政策征服支那，體恤軍民苦難』！同時高揭反財閥、反官僚體制、廢除賣國內閣、籲求天皇親執大權為職志，企盼今上天皇能如明治天皇陛下一樣，頒敕令、彰義行、開新政等政治訴求。

內閣總理大臣即首相官邸，遭到襲擊，首相岡田啟介從廁所脫逃，他弟弟被誤以為首相而被殺。內大臣，前首相，齋藤實先前逃過暗殺，現在卻沒躲掉，在私宅中被殺。大藏大臣高橋是清在私宅被殺。統制派陸軍大將，軍事參議官兼教育總監，渡邊錠太郎，在私宅中被殺。海軍大將侍從長兼樞密顧問官，鈴木貫太郎身負重傷。原內大臣原外務大臣，牧野伸顯被殺。內務大臣後藤文夫，官邸被攻擊，好在正離開外出，躲過一劫。沒等天皇下令廢除內閣，內閣閣員已經死的死傷的傷，沒死傷的也躲得遠遠不敢現身。過去雖有不少內閣甚至總理大臣被殺，這新聞在日本已經不新鮮，但還沒像今天，一次就落得如此傷亡慘重，幾乎全部覆沒。這些軍官竟然敢在天皇的眼皮底下，大開殺戒，且已經不是先前的暗殺層級，而是直接屠戮，這是擺明著要天皇親自出面。

而此時從滿洲到日本國內，好幾個師團的軍官，聽聞東京有軍人展開『尊皇討奸』『昭和維新』的消息，以為將是第二次倒幕運動。所有日本軍界的怪形人物，全部都歡欣鼓舞，蠢蠢欲動，準備要呼應這次的軍事政變。

二二六兵變當天，日本內閣殘存沒被殺的官員，與宮內廳的高官，一窩蜂竄入皇宮大內，將此事奏明，裕仁嚇得魂不附體。可怕之處，並不是這些兵變軍隊的槍砲，因為不論日本的傳統，還是現在日本尊崇天皇的社會氛圍，這些兵變軍官就算政變成功，也不敢對天皇如何。更何況以他目前在日本的權威，要強壓這些兵變軍官也並不難。可怕之處在於這次兵變，極可能讓日本不受控制的大陸政策，更加一發不可收拾。

果然，收到這些軍官的上奏內文後。證明這些兵變軍官的真正目的，就是要他親掌大權，迫使他對曖昧不明的大陸政策，徹底明朗化。一旦要他在全日本臣民面前，對大陸政策現出原形，那一切都完了。

迷海此時不在東京，裕仁對此異常憤怒，如坐針氈，急問北野：「迷海大師是皇叔，朕不好批評他，但無可否認，他的策略失敗了，要朕怎麼辦？難道要朕動用近衛師團去鎮壓？」

北野回道：「陛下毋憂，目前運用皇家機關秘術第一百五十二招。借卒逼帥，驅虎吞狼。激一派打一派。而後的鬼牌順勢推出。而當中東條英機，是最佳的人選。」

裕仁怒目道：「你不要只看眼前，這些兵變的叛逆軍官，朕要收拾他們很容易！但這背後象徵，大陸政策的政治氛圍，不只在中國逼迫蔣介石，也已經蔓延到朕的眼皮底下，甚至已經可以對朕『投石問路』……」

裕仁引用到中國這句『四文字熟語』時，忽然靜默停止話語，瞪大眼醒神，想到了他剛登基時，蔣介石在濟南的遭遇！怎麼自己跟蔣介石，在事件遭遇與政治角色上，有那麼多相對或相似之處？他忽然有一種感覺，有一股他眼睛看不到，比皇家機關還要厲害得多的力量，就正在跟他對壘，讓他與迷海的策略，頻頻破功。

北野侍奉大正天皇與今上天皇多年，知道裕仁這反應，肯定是把自己牽連上蔣介石。於是答道：「陛下且先靜下心，思索一切問題之根本，相信陛下一定能悟到，比迷海大師更深層的問題所在。」

裕仁停止了激動，微微點頭然後說：「朕得先收拾掉這些叛變的軍官，慢慢釐清頭緒，當前的局面，肯定有還有更深層的事實，是朕不知道的。」

於是一面派人安撫皇道派帶頭的軍官，一面通電給統制派大頭目東條英機，告訴他皇道派軍官私下請求，是要天皇盡誅統制派以奪權。命令他立刻想辦法平亂，不然皇宮若支撐不住，就要下詔支持皇道派，盡誅統制派高層，東條英機就在賜死的名單之內。

另外一方面，派人對兵變的隊伍心戰喊話，告知所有兵變最基層的士兵，這次的行動完全沒有天皇的上諭，是一場叛亂。等於是擺出強硬鎮壓的態度。

原本兩派高層幕後爭權，都派一些年輕軍官出來互咬，而『尊皇討奸』『昭和維新』是兩派都有的共識。但這一轉手逼迫，果然在幕後左右觀望的所有統制派高層，全都炸開鍋。東條英機急電東京警備司令官，陸軍中將香椎浩平，宣佈東京戒嚴，並立刻對皇道派發動攻勢。皇道派軍官與所屬士兵，眼見今上天皇極力反彈，統制派也出動大軍鎮壓，遂不少士兵歸隊，軍官倒戈，叛亂一哄而散。參予兵變的許多軍官，或被槍決或被判重刑，東條英機藉機清除政敵，統制派獲得大勝。二二六兵變之後，岡田啟介雖躲過一劫，也已然被軍方的小鬼頭嚇破膽，於是被迫總辭，廣田弘毅上台組閣，擔任內閣總理大臣的職務。兵變總算在強勢鎮壓下，暫時告一段落。

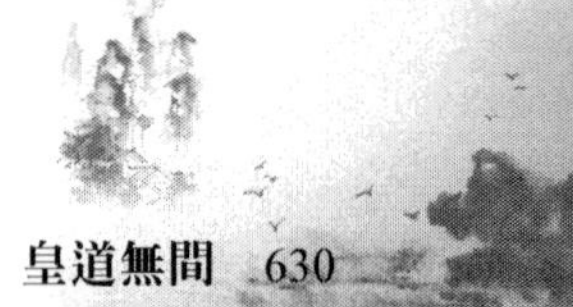

國體擁護を目的に蹶起
首相 內府 教育總監即死
侍從長重傷 藏相負傷
青年將校等・重臣を襲擊
內閣・總辭職を決行す
後藤首相代理辭表捧呈
第一二艦隊東京大阪へ
橫須賀警備戰隊芝浦著
戰時警備令で治安維持
今曉二時卅分遂に
帝都に戒嚴令を布く
司令官は香椎浩平中將
愈々共產軍を討伐
先づ支那の態度打診

廣田弘毅為文官出身，基於二二六驚魂記，怕自己就是下一個被殺的目標，於是協調軍方與天皇的各自需求。開始同意軍界激進份子擔任閣員，『鬼牌』果然開始發酵，他應軍界要求，大力推展極權體制，建議由激進軍人組閣，並與歐洲的納粹德國，相互對上了眼。裕仁不敢再直接刺激軍方，為防內部兵變再發生，以免內閣制度垮台，於是也妥協，批准了軍人組閣的人事案，日本軍界遂掌握所有軍政大權。日本內部在裕仁登基後，不斷發生的暗殺政變，總算暫時告一段落……

話鋒轉到中國，看看無間道的另外一面變化。南京國民議會中心。

面對簽下一串賣國協定，讓華北即將成為第二個東北，黨內輿論浮動，蔣介石特別招開會議，企圖彌平爭議。為首坐中央著蔣介石，左為林森，右為何應欽。底下數排會議長桌邊，坐滿來自各省的社會賢達與黨代表。在一片鼓譟聲中，蔣介石示意大家安靜，讓何應欽解釋自己簽下的何梅協定之原由。

眾人好不容易安靜，何應欽才起立，扶了一下眼鏡，拿起講稿照念。本來眾人對於照本宣科的唸稿會議，都會心不在焉，甚至多有打瞌睡者。但是這次攸關國家主權，全民沸騰的話題，是故大家都仔細聆聽，想聽看看何應欽該怎樣解釋。

剛開始他倒是還沒荒腔走板。

「……愛國的主張，是我中國的知識份子，自古以來皆有的共識，自然也是我個人堅持的理念……」

念了幾分鐘後，便開始荒謬絕倫的演出。

「對於國內批判我的聲音，我都能坦然接受。不過愛國的方式，每個人各有不同，我仍然會堅持委員長所說的『攘外必先安內』的政策。我建議我們每一個人，都應當發揮『忍人所不能忍，耐人所不能耐』的精神，對日本侵略者能夠曉以大義，以和為貴，面對刺刀的無理逼迫，仍能堅持道義，先行忍耐退讓，委屈求全。中日兩國一直都是兄弟之邦，我們要讓日本人都能理解我中國人的泱泱大度……」

說到此，底下眾人已經按耐不住，一片鼓譟，甚至批罵之聲，東一句西一語開始浮現。「這什麼跟什麼啊？」「這是人說的話嗎？」「這荒謬，這荒唐！」「誰讓他說這種莫名其妙的話？」「亡國之語，亡國之語啊！」

何應欽聽到底下眾人浮動之聲，瞄了大家一眼，冷冷微笑一下，繼續看稿子唸下去：「我知道這會被國民所痛罵，甚至早有人痛罵我是漢奸，但此心可昭日月。我已經有做好被人罵的打算，身為黨國的一員，我建議大家也要有被人罵的打算，以大局為重，而不以個人榮辱為念……」

于右任忍不住拍桌站起，罵道：「何應欽，日本人兩次要殺你，你還給日本人那麼多好處！你簡直就是個禍國的李鴻章！我跟你誓不兩立！」

其他人也紛紛跟進，相互議論，你一言我一語，罵了起來，使得何應欽不得不放下講稿。林森繃著臉沉默，蔣中正見到眾人議論，也安撫眾人，表示政府的對日作戰計畫已經在籌畫中，戰爭並不會排出選項。

雖說不排除戰爭，可以讓眾人安下怒氣，但眾人要看現實，光以政治表態之論，這杜絕不了質疑。就在裕仁遭遇到二二六兵變後不久，一股形上的力量，似乎已經因此察覺到，裕仁不願意入主中的態度十分強硬，於是很自然地展開了應變對策，準備讓裕仁被強拉進中國。這就是改變蔣中正的角色。尤其他又是上古亡靈重現，以中國第四門的景罔道術對應第二門亡靈書所現，要改其態度並不容易。所幸中國鬼文化有極端的獨特之處，可以一鬼接一鬼，一鬼玩一鬼，一鬼爐一鬼。但鬼並不好招，有其自主性，未必能放在關鍵位置。那麼只好找一個普通人，畫花臉，假代一下周公生前遭遇的人，就能暫時性改變其立場。

由於國內知識份子與民眾，對蔣介石的賣國政策非常憤怒，不斷暗中鼓動李宗仁與陳濟棠等地方實力派軍閥，以抗日之名，叛蔣自立。英美等外國勢力，也對蔣介石親日的態度不滿，對兩廣軍閥有這種動向，都暗中表示支持，既然國內外都有人支持，李宗仁遂有了底氣，決定反蔣。

終於這個畫花臉的人，可以假代一下，但其效用，也只是暫時。

蔣中正聽聞兩廣有兵變的走向，大為震驚，不過他第一個反應，並不是轉變態度，深遠佈局，而是想辦法要打壓粵桂集團實力派人物。

對於關外廣大國土淪陷，日軍刺刀步步進逼到中國心臟地域，蔣介石毫無作為，但是對於內鬪爭權，就卯足全力，用盡手段。過去先將失去地盤的東北軍，全力打壓，甚至派到內戰前線送死。現在則全面進逼新桂系，與西北軍等地方實力派，甚至挑撥離間，製造了國內軍人之間強烈的矛盾。

因為兩國的領導人，都在大玩無間道，你中有我，我中有你。日本人連續發動兵變要討奸，中國人也要連續發動兵變討奸。

蔣中正繼承孫文的石敬瑭政策，自然政治局勢也如當年的石敬瑭，中原各實力派軍閥都擁兵觀望，不聽號令。就在日本發生二二六兵變的同一年，有了國內外兩邊的輿論

支持，李宗仁遂公開發表焦土抗戰的言論。抨擊蔣中正中央，對日本侵略的不作為，造成民族最大羞辱，國土大批淪喪，令中國進入「不死不活」的境地，並聲稱全中國必須動員全民，焦土抗戰，對日本死戰到底。

六門書判－改變立場的管蔡之亂出現，讓粵系與新桂系粉墨登場，敲鑼打鼓。雖然他不是三監管蔡，但畫一下花臉，真實的周公肯定認定管蔡之亂出現。即便有再多的黑線干擾，也擋不住！那麼請陳濟棠、李宗仁、白崇禧，三人粉墨串聯，蔣中正自然會爆發其心靈悸動，認為，管叔姬鮮、蔡叔姬度、霍叔姬處都來了。殷人武庚一定會在後面。當然，他們都不是真正的亡靈，因為命運軌跡搭不上也招不了，陰陽學實說不予公布告知。況且招一鬼成本如此之大，沒必要這麼費力。讓花臉粉墨布局，蔣中正自會套入意識。

李宗仁此舉，被認定雖有五分真心，卻也有五分假意。主軸在反擊蔣介石中央，不斷對地方實力派的進逼。隨後，李宗仁，白崇禧又多次發表文章，攻擊蔣介石中央對抗日之不作為，並聲稱地方實力派願共同出兵抗日。並繼而發動輿論戰，批黨內高層有漢奸。這讓蔣坐立不安，其心靈深處，更加確信，這幾個實力派軍閥，黨內懷有異心的同志，就是三叔出現。必須剿滅！

於是急召軍師楊永泰密商策略，即便用盡手段，也要把所謂的「同志們」與「同胞們」全部打壓下去！

依照楊永泰建議，首先採取分化，令國民政府中央對外宣告，堅持「攘外必先安內」政策。亦派人遊說新桂系之政治盟友，廣東陳濟棠，企圖得到陳濟棠的配合，一舉瓦解新桂系。陳濟棠派人前往南京述職時，蔣中正向其透露了解決新桂系之方針政策，要求陳濟棠配合，同時驅逐廣東境內一切反蔣勢力。正所謂上樑不正底樑歪，帶頭的蔣中正懷有陰私，底下的各系軍閥，各黨派人士，自然也各有算盤。

陳濟棠述職之後，甚為猜忌，他深知蔣向來言而無信，捏讀書士人的卵蛋，其任務更要剷除軍閥割據。當初九一八事變爆發，蔣派人攏絡他時，明明內定，將來國家的元首由蔣擔任，副元首就是他陳濟棠擔任，但蔣看到輿論風頭，還能壓制得住，就立刻反水背信。只是用廣東省來酬庸，終於看出，他對各省實力派，都以此法分化打壓，需要你的時候稱兄道弟，甚至要把第二把交椅相贈。接著各個打壓擊破，等到你沒有實力的時候，就立刻從兄弟變成狗臭屁。從張學良的東北軍下場，馮玉祥西北軍等人的後果，便可知悉。認為唇亡齒寒，新桂系一旦失敗，粵系亦不能避免被蔣介石分化打壓之命運。故反而暗中積極聯絡新桂系，一同反蔣。

當蔣知道陳濟棠懷有二志之後，非常憤怒，再次以楊永泰計策而行。見原本反蔣的粵系領導胡漢民一死，對他宣告五條建議：第一，取消兩廣的所有自治特權；第二，派人取代胡漢民在廣東省政府之地位，改組廣東省政府；第三，原粵系人物願意到南京工作者隨意，不願者中央政府資助出洋考察；第四，粵軍各軍師長由軍委會統一任命；第

五，取消廣東貨幣，統一以法幣。此五條建議意圖將廣東權力收歸中央。

楊永泰建議的謀略，方式粗糙，手段急切，五條建議一出，果然應了別人的猜忌。陳濟棠不願坐以待斃，立即聯絡新桂系，決定共同出兵，走胡漢民先前的路線，打出抗日義旗，北上反蔣！

就在日本發生『二二六兵變』的同年六月一日，中國也緊跟著發生兵變。是為『六一兩廣抗日兵變』。

陳濟棠、李宗仁與白崇禧等兩廣實力軍閥，動員所部軍隊近三十萬人，號為『抗日救國軍』，召開抗戰誓師大會，而後全副武裝，高唱軍歌，浩浩蕩蕩北上，要求對日本開戰。同時以地方黨政機關名義，在廣州通電全國：九一八事變後日本人蹂躪東北國土，淞滬停戰協定喪權辱國，塘沽協定與秦土協定，使關外領土全部喪失，何梅協定又將淪喪華北，而今中央竟然還推行剿共的內戰政策。中央不抗日，兩廣部隊要抗日，請中央讓出路，讓兩廣軍隊北上到東北收復失土。同時大肆抨擊蔣中正不抵抗政策，聲稱兩廣願意與日寇決一死戰，要求蔣立即停止對同胞的政治迫害，尊重讀書人的建議。

消息傳出，全國緊繃，終於有人扛著槍砲，要抗日反蔣，所有人都緊盯接下來會發生什麼大事。蔣聞之大驚，要先在輿論上消毒，透過國民政府和國民黨中央回電駁斥，聲稱「攘外必先安內，統一方能禦侮」，並痛斥兩廣為「地方將吏抗命」。黑化的周公果然上套，認定這是黨內宗親管蔡之亂。

楊永泰此時知道問題嚴重，若這時候要真的開戰，引發日本對華更進一步侵略，那麼後果不可收拾。趕緊建議蔣中正不要先開火，最好的方法還是採取分化，以隔空叫陣為佳，蔣中正勉強接受了此項建議。於是蔣桂雙方先從「內交」開始交鋒。蔣介石的周圍，正如迷海和尚所云，跳出了一大群的鬼在其遠近周圍，展開第一階段的勾串變身，整個人脈關聯網，又重新開始排列組合。

六門書判—管蔡反亂玩真的，這粉墨管蔡雖然能激周公應軌跡反驗，但周公靈龜能感應真偽，後面就容易再反水生變，只能粉墨的殷人武庚，開始繼續找人上場。所幸有的！殷人武庚失去老巢，流浪而不滿，張學良可以，若有氣術不符，加上楊虎城從旁幫忙一下。為了伺候一個上古亡靈，還得動用這麼多成本。所以能不黑化自然最好，黑化就是最差狀況出現，這也是真正的主角，當時眾人造成的，而與亡靈無關。

湖南省政府省主席辦公室。

繼南京中央派出專員拉攏主政湖南的何鍵之後，兩廣也派出新桂系的重量級人物李品仙來遊說。

李品仙贈上禮品之後，慷慨激昂地對何鍵說了半小時，狡詐貪婪的何鍵臉帶微笑，但是不說任何一句話。李品仙繼續慷慨激昂：「老蔣向來言而無信，省主席您過去一直扮演水滸傳中，急先鋒索超的角色。無論剿共還是抗日，您都是站在第一線。老蔣叛國不抗日，全國輿論譁然，現在若您與我們聯手共同北上，黨內必然會支持我們，逼他老蔣

下台，請何主席一定要痛下決定。」

何鍵原本支持抗日，外表也似乎對老蔣不抗日義憤填膺，但這一切都是虛偽的假象。雖然口頭答應了兩廣，但實際上卻腳踩兩條船。

何鍵笑著問：「若我們真能聯手倒蔣，之後德麟公真的會帶頭扛起抗日的大旗嗎？」他所謂的抗日大旗，其實意思是，倒蔣若成功，新的政府成立，李宗仁主政南京，會安排什麼位置給他。而何鍵本身也不相信中國真能抗日。

聽不出弦外之音的李品仙說：「這是當然！德麟公是真心抗日！一定帶頭扛抗日大旗！」

李品仙不這麼回答便罷，他何鍵還有可能因為想割據一方，支持新桂系。但他這一說何鍵私心便起，你李宗仁憑什麼利用我上台，然後自己扛起抗日大旗？李品仙應該回答說，德麟公會與他何鍵一起扛起抗日大旗，這何鍵才有可能真心支持他李宗仁。

於是皮笑肉不笑說：「好吧，我願意跟德麟公一起抗日。」

李品仙自以為遊說成功：「好，我們兩廣部隊與湘軍就在湖南會師，一同通電全國。」

何鍵仍皮笑肉不笑，但雙手搖晃地說：「鶴齡兄且慢，鶴齡兄勿急。我軍還沒準備好。」

李品仙疑問：「抗日之事，事不宜遲，況且我桂系都已經通電全國……難道您還懷疑我們的誠意？」何鍵小人，始終皮笑肉不笑，緩緩說：「不不不，我的意思是說，你們的軍隊可以北上，但是給我一點時間整軍備戰，才能一起誓師。最少給我十天的時間。」

李品仙還真以為何鍵真心，於是點頭等他消息。

等李品仙離開之後，何鍵的副官問：「我們真要跟他們新桂系一起行動？」何鍵立刻變臉說：「行動？是要行動！立刻給我通電蔣委員長！報告兩廣部隊的行蹤！」

於是何鍵一面敷衍李品仙，一面向蔣介石報告粵桂兩軍的行動，意圖將兩廣部隊卡死在湖南境內，以保自己權位。何鍵小人真面目顯露，扯下愛國的假面具，變身為投機政客。

六月十日，蔣中正趁此之利，派出中央軍兩個軍搶先佔領衡陽，封鎖粵桂兩軍的北上道路。後續更多部隊集結，規模不輸給先前進攻共產黨的兵力。兩廣這邊也不示弱，三十萬兵馬雖不能動作，立刻改動員戰鬥飛機一百多架，往北飛行示威，艦艇二十多艘走海路，聲稱要繼續北上前往東北抗日。

周公然還是忍不住，管蔡舊事。

然而何鍵倒戈投蔣，逼得兩廣主力暫時待在湘南，進退維谷。

蔣介石自知現在全國政治氛圍緊繃，江西剿共戰役以來，被全國輿論罵得臭頭，若不顧一切又與黨內同志大打出手，那自己將難以下台。所幸聽了狗頭軍師楊永泰建議，當年在粵系中培養了許多內應，現在是可以使用的時候了。

粵軍第一軍軍長余漢謀，緊接著何鍵之後，充當內鬼，看兩廣軍隊被卡死在湘南，無法繼續北上。便由愛國將領變成投機政客，宣稱他非常不滿粵軍要抗日，卻還聘請日

本顧問，便暗中與蔣介石聯絡，隨後通電，宣佈廣東第一軍歸順中央。蔣介石聞之大喜，允諾倒陳後，以余漢謀主政廣東，成為新的大軍閥。繼余漢謀之後，數十架廣東空軍飛行員，在架駛戰鬥機北上飛行示威的行動中，竟然一去不返，直接飛往南京投蔣，通電擁護中央，粵軍實力因而大損。

連敗三招，軍力出現明顯落差，新桂系的首領們，趕緊與陳濟棠見面商議，統一軍政，財政，並且將軍心已經不穩的粵軍放在內線，而桂軍佈置在外圍。

蔣中正見狀大好，楊永泰以「中央對地方」的策略奏效，繼續施展分化手段，宣佈李宗仁，白崇禧的本兼各職不變，立刻率兵歸營。倘若李白二人，想要下這一台階，那麼就一盛二衰三竭，無法發動第二次兵變，只能等他老蔣來秋後算賬！所幸新桂系沒有上當，繼續動員抗日。

主動權仍在蔣介石這邊，緊接著余漢謀向陳濟棠發出通牒，要求陳濟棠一天之內離開廣東，同時出兵向廣州進攻，陳濟棠所部第二軍，不想要打內戰，竟然不戰而退，準備迎余漢謀以代替陳濟棠，陳濟棠所部軍心大亂。號稱小諸葛的白崇禧，立即電告陳濟棠，形勢危急，勸陳濟棠不惜血本，以金錢，官職為誘餌，迅速穩定軍心。

臨急多變的情況下，光是以權力金錢收買人心，當然是越買越亂。僅過了一日，陳濟棠所剩下的廣東空軍全體，也不滿日本顧問的問題，紛紛跳進來當內鬼，便全在司令黃光銳的率領下，開四十八架戰鬥機，北上投蔣。黃光銳等一干人等，投蔣也就罷了，竟然在招開記者會，大罵兩廣假抗日真倒蔣。剛開始大家只問了無關痛癢的問題，黃光銳等人也耍弄官腔，並無要義，直到有記者開始問重點。

「黃司令，全國人民都一致主張抗日，兩廣部隊主張抗日是順應全國輿論，為何您要離開廣東前來南京？難道你不贊成抗日嗎？」

黃光銳等坐列一排，由黃光銳代表回答：「先前新桂系李宗仁就曾經抗命，在廣西反叛中央蔣委員長。這次陳濟棠、李宗仁、白崇禧等人，只是假借抗日名義實際上要推翻中央！我們廣東將吏一致擁護蔣委員長『攘外先安內』的政策。」

這一說底下記者群你一言我一語，黃光銳等似乎看出，大家對蔣介石『攘外先安內』的政策，十分反感。

另一個記者問：「您認為兩廣部隊不是要真心抗日？那請問您真心支持抗日嗎？」

黃光銳嚴肅地說：「我當然支持抗日！只是攘外必先安內，要先擁護中央的政策，才能夠談抗日！陳濟棠、李宗仁兩位長官，口口聲聲說要抗日，結果兩廣部隊自己都聘請日本顧問，請問我們怎麼相信他們是真心抗日？我們並不是反對抗日，而是反對假抗日之名，為個人權位的『投機抗日』。他們的抗日動機，根本就不純！」

這一說，底下更是鼓譟。於是黃光銳宣佈記者會結束，匆匆離開會場。

這說法本來只是黃光銳自我掩飾，應付輿論的話語，但卻反而讓抗日的訴求，有了一個反向的檢驗標準，大家開始對『投機抗日』提出疑慮，這反而更加過濾對抗日動機

不純的份子。

使得原本中國內部，抗日與不抗日，愛國與賣國，兩者相互曖昧模糊的區塊，忽然變成涇渭分明的兩幫份子，相互之間更快速地『豬羊變色』，往返流動，剔除中間的灰色地帶。強迫所有人依照現實自身政治利益的需要，選邊表態。

陳濟棠被一群內鬼，弄得心灰意冷，決心下野。陳濟棠在廣東之勢力被連根拔起，除了數十萬軍費歸新桂系所有外，其餘全部被余漢謀接收。

六門書判－陳濟棠粉墨版本的管叔，演得太差。差點讓亡靈識破。不想死就走遠一點，不然會上演真殺管叔的戲碼。

蔣中正大勝了好幾回合，粵系被徹底整垮，看似即將大獲全勝。立即轉調兵鋒，威逼新桂系。顧祝同率薛岳等部自貴州而來，余漢謀所部自雷州半島向廣西出發，陳誠部自西江沿江而上，何鍵的湘軍則自湘桂邊境進逼桂林。只剩下廣西省的十萬兵馬，要單獨面對全國。

新桂系發現形勢危急，立即以民團制度，動員全省後備兵源準備迎戰，建制軍隊擴充兵力至四十四個團，另外尚有近十萬地方民團。共約兵力二十萬，據險固守。然而畢竟是地方對抗中央，軍心也開始浮動。新桂系領導們見情勢不妙，招開緊急會議。面對情勢嚴峻，與會眾人臉色難看，氣氛凝重。

李宗仁皺著眉頭，首先開口道：「經過這幾回合，何鍵、余漢謀、黃光銳等廣東各部隊紛紛倒戈，弄得陳濟棠已經放棄了行動。這些小人，著實可惡！各位要想想辦法，不然我等最後會跟廣東人馬一樣，被老蔣吃掉！」眾人你一言我一語，還拿不出辦法。李宗仁問李品仙意見。

李品仙發言，眾人仔細聆聽。

李品仙說：「老蔣之所以能佔優勢，全在於他用『以中央對地方』的心戰策略，讓一群宵小之徒藉此發作。這一招是他狗頭軍師楊永泰的策略。說實在，這一招著實厲害！我們應當要用另外一招心戰策略，來對付他的『以中央對地方』。」說到此，眼神銳利，手指著窗外。

李宗仁點頭說：「沒錯，我們要拿出另外一招，來增加我們的盟友，讓老蔣失敗！但拿出什麼招數，才能來剋制他的『以中央對地方』？」

眾人又你一言與一語。

終於白崇禧想通了，發言道：「我們兩廣部隊起事，就是以抗日當大旗，順應全國民意來打他老蔣。但是從余漢謀到黃光銳，都認為我們聘請日本顧問，抗日誠意不足，有『投機抗日』之嫌。雖然這是那兩個小人的藉口，不過很多不知情的人，確實被他們煽動，抓著辮子不放，逼迫大家要表明態度。所以我建議，桂軍解雇所有日本顧問，然後也來招開記者會，禮聘全國的知識青年與報章媒體來桂，當眾宣佈此事，堅持不退讓，鬧得全國滿城風雨，強調這是真的抗日行動！即我們應當採取『以愛國對叛國』來剋制

老蔣的『以中央對地方』！」此話還沒說完，大家就已經開始鼓掌，話語結束，眾人鼓掌叫好聲更大。

於是新桂系把抗日當作救命稻草，採取「以愛國對叛國」來剋制「以中央對地方」，把輿論戰，透過知識份子，擴張到基層群眾去。

記取粵系的教訓，先驅逐桂軍內部所有的日籍教官與顧問，迎接國內的知識份子，並且大肆報導新桂系之所以這麼堅持對抗中央，不是要反蔣奪權，而是真心抗日。眾人見到蔣介石已經承諾新桂系官職不動，但新桂系仍如此堅持，同時驅逐所有日本顧問，輿論從而相信，新桂系是真的要抗日。

新桂系以『愛國抗日』，消除了大家對『投機抗口』的疑慮，吃了第一個定心丸。只要人心變化迅速，情勢便可一百八十度大逆轉，新桂系下場因此不同於粵系，向心力逐漸穩固，蔣介石對新桂系的收買分化未能成功。不但沒有軍政人物投蔣，反而新桂系盟友開始越來越多，東北軍張學良等人，西北軍楊虎城等人，外加共產黨全部通電聲援。

趁著輿論開始逆轉，新桂系不斷派出說客，利用西南各地方實力派與蔣介石中央軍系的權力矛盾，見縫插針，加大抗日宣傳。黔軍湘軍等將領，左右觀望，見到輿論風頭轉變，自身軍中不少基層幹部與知識青年以抗戰為名，因此夜奔敵營，投奔新桂系，所有軍頭大感恐慌，便因而觀望不前，擱置蔣中正進逼新桂系的命令，甚至也開始轉入抗日宣傳，以保實力。新桂系頭目們見吹響的抗日號角，開始奏效，更加抓緊「抗日」的旗號不放，接著立刻對蔣展開「絕地大反攻」，繼續爭取在輿論上陷中央軍於不義。

大規模的群眾抗日遊行立即展開，人數越來越多，蔓延到沿海城市，先抄了蔣介石的後路。不少青年大學生因此投筆從戎，投入新桂系軍隊裡當基層軍官，支持北上到東北抗戰，新桂系軍力因此不斷增加。另外一方面，大批的文化界，新聞界人士，跟著年輕大學生到處跑，串聯全國各地，紛紛接受新桂系的邀請，來到廣西常駐。新桂系的人氣越來越旺。李宗仁見到諸多大學生投軍支持，媒體與論界跟著新桂系軍頭們的後面宣傳造勢，自然是打鐵要趁熱，便以廣西綏靖公署主任名義，立刻招開記者會。

記者問：「主任，對於中央進逼，您抗日的態度，會妥協嗎？」

答道：「當然不會妥協！抗日是全國百姓的期待，蔣中正只打內戰不抗日，淪喪中國重工業資源最多的東北三省，造成日軍實力大增。同時中央還在跟共產黨打內戰，戰力內耗，國力日蹙，更簽下何梅協定等不平等條約，以致日軍節節進逼到北平故都。再這樣下去，中國將面臨亡國慘禍。我先前在兩廣誓師大會上，也多次說過，這讓中國進入到不死不活的境地！關於抗日這一點，我是絕對不會妥協的……」

李宗仁洋洋灑灑，開始了長篇大論，主旨就是：老蔣叛國他愛國。且不斷反覆對媒體強調，不是要取代中央，而是真正要抗日。雖然他的講稿像經文一樣苦長，但眾人字斟酌仔細聆聽。這愛國真經，在適當的政治地位與環境需求下，就是地獄裡的救苦真

經，法力無邊。持唸一遍解苦難，持唸兩遍功德大，持唸三遍鬼神怕！魍魎邪魔化為塵，修成正果，立顯神通。

藉著媒體傳播，此論擴散到全國，全國再次輿論轟動。

先前大家檢驗『抗日純度』，而今李宗仁的『純度』已經過關，一大群內鬼便藉此『豬羊變色』，排列組合，紛紛變身，搶著要表態。果然這一招反轟得蔣介石透不過氣。不僅各路進逼廣西的部隊抗命，停滯不前，馮玉祥親自上廬山勸告蔣介石和平解決兩廣事變，正視李宗仁等人的抗日要求。

馮玉祥已經沒有以前的實力，蔣不會聽他的。蔣不信邪，要繼續拼到倒棋為止，故計重施。令國民政府通電全國，宣佈將李宗仁，白崇禧外調，名升暗降，同時又委任原屬新桂系的黃紹竑人馬主政廣西。

六門書判－周公發現，這些人不是真的管蔡霍，所以改其他方式鎮壓。若不是真的管蔡霍，那就會讓他很意外。畢竟應驗真實時代出現者，才是主力。

李白二人已經擁有優勢，自然沒有上當，宣佈拒不到職。

黃紹竑何許人也？他原本是新桂系第二號人物，跟李宗仁、白崇禧二人，共稱「李黃白」三人體系。但是在當初北伐後，各路軍頭發動中原倒蔣混戰當中，與李宗仁有嫌隙，從而親蔣反李，投奔了蔣介石的麾下。造成三人體系瓦解。蔣於是準備用他，重新入主廣西。

但此時黃紹竑也知，新桂系人馬已經被愛國真經感化，就算到任也不會聽他的號令，於是參加『豬羊變色』的組合，暗通新桂系，也同時招開記者會，公開對輿論界表明，『抗日第一，個人權力不重要』，不願受命就職。

黃紹竑竟然與黃光銳等人相反，由一個投機政客，變身成為愛國將領！

變身的還不止當權的實力派人物，連被淘汰到基層的鬼，也能趁機會『鹹魚大翻身』，見到全國一窩蜂，支持新桂系反蔣抗日的主張。福建事變失勢下台的蔡廷鍇，竟然捐資三十萬港幣，號召群眾，組建一個愛國師，增援新桂系。結果來只給一張桌的菜，來了兩桌客人，除了愛國學生，一大群的退伍軍人，都來插花，人數遠超過一個師的編制，新桂系勢力大增。

接著蔣派內部的程潛，劉斐等軍頭政客，平常沒有得到蔣關愛眼神，懷恨在心，也跟著反水。跳出來公開聲稱『抗日第一，全國同胞應該正視廣西的抗戰要求』，呼應新桂系說法，一大群投機政客紛紛變身，成為愛國將領。各自招開大報小報的記者會，宣揚自己的抗日主張，抨擊九一八以來不抵抗的政策，有些人甚至比李宗仁先前的抗戰宣言還要激進，南京中央政府因而沸沸揚揚。

最讓蔣震驚者，就是不少黃埔系軍頭，也跟著輿論風頭變身，呼應新桂系的抗日要求，寫信請求『校長』，停止內戰，領導全國一起抗日！他最高招的「中央對地方」分化步數，在「愛國對叛國」的輿論反擊下，徹底破功！蔣介石終於吃到了通敵賣國的苦頭，

知道再這樣下去，自己將成為名符其實的漢奸，連南京中央與黃埔學生都會有人反水。

蔣遂傾向於和平解決兩廣事變。蔣桂雙方不斷派人互相試探，劉斐、朱培德、程潛、居正等人不停來回南寧和廣州，勸說雙方各退一步。最後新桂系提出，中央停止進逼地方，維持廣西現狀不變，日本人如果更進一步侵略，中央必須立即全面抗戰，戰端一起，廣西立即出兵支援中央。在此基礎上，新桂系宣佈服從蔣之領導，不再爭奪中央名器。

蔣以為，「攘外必先安內」的說法，已經過關。於是準備前往西安，加緊派兵內戰。然而南方軍閥的抗日兵變，帶有保存權位的色彩，有些玩假的成份，不會流血。北方軍閥的抗日兵變，卻是實實在在要來真的。

六門書判－當然，管蔡之亂，不可能成功取代中央。粉墨管蔡，可以不按套路出牌，但也不能轉變真實事件。那麼粉墨版的殷人武庚，該上場玩一點真實遊戲，要流一點血了，不然罔兩龜怎麼應景龜二二六兵變之事。

張學良見晉綏軍將領傅作義，不顧中央撤退命令，自力救濟，率軍打敗親日偽軍，挫敗日本人進攻綏遠各地的企圖。於是連續對蔣介石苦諫，願意自己請纓支援友軍，對日作戰，剿共的事情交給別人，但連遭蔣拒絕。

蔣中正仍堅持把共產黨消滅，宣稱『中國要逆來順受』，日本人的事情靜待『國際公理裁決』。但是誰都知道，國際之間只有利益，公理只不過是在滿足利益之後，嘴巴上說說而已，蔣這是自欺欺人的說法。甚至仍說『日本戰力只要三個月便能亡華』絕對不能跟日本開戰。張學良聽了大為光火，當初九一八事變之後，蔣說中國要準備兩年才能抵抗，而今事過五年，抗戰準備又在哪裡？張學良自認為替他背黑鍋，去擔『不抵抗將軍』的罪名。至於拼命咬著已經難成氣候的共產黨。

張學良之所以勸諫失敗，因為自己也坐之不正。先前自己有抵抗能力，卻只想著要蔣中正出手。而蔣的核心任務，有鎮壓軍閥與型上對聯，對抗斯大林之事。你既然當初不抵抗，自然以鎮壓軍閥角度來對待。

西安，楊虎城辦公室。張學良氣沖沖走進來，遣退左右與楊虎城單獨密談。

張學良先抱怨了蔣介石的頑固，然後說明實情：「委員長要親自來西安督戰，繼續擴大內戰規模，我東北軍已經軍心浮動，再不抗日繼續內戰，連我也沒辦法指揮得動！」

楊虎城頻頻點頭說：「我西北軍也是！現在大家對老頭子非常不滿，共產黨只剩下幾千人，而聽潛伏在東北溥儀底下的間諜回報說，日本關東軍利用東北廣大的國土資源，以及你們奉軍先前奠定的飛機生產線，造槍造炮造飛機，從國內招募移民從軍，擴編軍隊。從一萬六千人增加到六十多萬大軍，三十一個精銳師團，一千多架飛機與一千多台戰車。從這幾年的勢頭看來，光是日本關東軍的壯大，與老蔣耗費兵力與共產黨糾纏，就已經讓老蔣要收復東北的謊言，不攻自破。這人向來沒有信用……日軍已跨過長城刺刀尖捅到了北平城外！但他還死咬著共產黨，撒謊說要收復失土，實際上強迫大家轉移焦點打內戰，要是民心喪盡，大家反而會去支持共產黨。漢卿，你我已經忍耐多年，不

能再這樣下去！不然就會跟著他，一同被全國民眾唾罵成賣國賊，我們手下的弟兄誰還聽我們指揮？」

說到『賣國賊』三字，張學良反倒想起了，前一段時間他在國外聽聞的秘辛，但自己手中沒有明確證據，所以欲言又止。

楊虎城問：「漢卿，你怎麼吞吞吐吐？這裡只有你我二人，有什麼話就直說無妨。難道還信不過我？」張學良搖頭說：「當然不是……不過這件事情，我是在歐洲華人圈子裡聽到的傳聞，倒明確解釋了，蔣委員長為何會對日本處處退讓，退讓到如今匪夷所思的程度。」

楊虎城瞪大眼問：「什麼傳聞？」

張學良輕聲地說：「從孫中山先生到現在的蔣委員長，當年在日本的賣國秘辛。」

楊虎城愣了一會兒，坐在椅子上，雙手交叉靠在桌面，緩緩地說：「不瞞你說，在北洋政府的時期，大家都知道。說他孫中山請日本人協助他革命，但日本人不是省油的燈，哪有平白無故，出錢出槍又出人的道理？要以國家主權為代價，所以他簽了許多秘密條約，比前清的李鴻章有過之無不及。可我當他之後聯俄容共，應該是毀棄了跟日本人的這些密約，但如今看他老蔣對日本人還如此退讓，恐怕事情沒這麼簡單。」

張學良說：「說到聯俄容共，還更巧了。我在歐洲的華人圈還聽說，孫文他對蘇聯也簽了不少密約，包括同意外蒙古獨立讓蘇聯軍隊進駐，蘇聯在東北與新疆的特權，以及協助中國共產黨的發展，這一切交換條件，就是要蘇聯人提供軍火與金錢，幫助他北伐奪權。」

楊虎城長嘆一口氣說：「看來沒必要繼續跟老蔣混下去。」

張學良嘆口氣說：「這些我尚未拿到證據，也許只是外界謠傳。況且東北丟失我張漢卿也有責任，且就別多說了。不管有沒有賣國密約在日本人手上，當下最重要的，是逼迫他蔣委員長抗日！我才能對國人交代！閻錫山說，老蔣吃硬不吃軟，若要他抗日，得用強硬手段，你認為呢？」

楊虎城神情嚴肅，微微點頭。

如閻錫山所言，烏龜當然吃應不吃軟。然而 沒把他看到骨子裡靈魂中，你怎麼也無法理解，孫文密約威脅再大，中國人民根本不會在乎。因為歷朝歷代開國主都會帶一些問題，但中國人民在乎你後面怎麼選擇。蔣攻即周公，他雖然黑化表現甚差，但主因也是周邊爾等人物，都是龜局當中王八所致。投資最好的靈龜，把亡靈都找來了，也沒辦法救局。

知道蔣要來陝西督促內戰的消息，全陝西的人民群情激憤，中國共產黨藉此組織大規模的抗議行動，學生也紛紛湧上街頭。蔣下令用槍鎮壓，所幸眾人全力阻擋，蔣也忽然醒悟，才沒有擴大流血。但特務軍警仍然打傷一名小學童，消息傳出去，百姓已然從激憤變成仇恨，學生抗議之聲不絕於耳，即便不識字的老百姓，也已經在內心深處，把

國民黨政權當成死敵。

六門書判－此時的周公，已經陷入管蔡之亂後武庚何在？之軌道。加上事涉共產黨，對抗王莽恭謙下士的集體意識最初交辦他的任務。兩識齊發，一遠一近，理智難控。況且，還有一處方向感應，讓靈龜感到威脅，至今不便明言，故在皇道無間三部曲外，加上皇道無間外傳敘述之。總言之，當時周公實則深度系三處齊發心靈激變，以至於孔子都夢寐求見的聖中之聖，變成滑頭賤痞眾人唾棄的賊寇之相。

張學良再次勸諫蔣介石抗日，放過自己的同胞，蔣中正則回答：「對這批學生除了用機關槍打，沒有其他方法！」張學良大感吃驚，怒而回答道：「這是什麼話？軍人的機關槍不打侵略的日本人，反而要去打自己的愛國學生？」兩人再次大吵一架。

「用機關槍打學生。」蔣中正喊出了，連慈禧太后與袁世凱都不敢說的話。周公果然就是不同凡響。

但缺少自我反省的張學良，只想趕快反正立場，認定蔣中正這種人的特色就是吃硬不吃軟，只有暴力威脅，才有妥協的可能。

當晚，張學良與楊虎城商議，事情已經被逼到最後關頭，只有兵變。

就在兩廣兵變的同年，十二月十二日，凌晨五點，臨潼華清池蔣介石的臨時住所外，忽然槍聲大作，東北軍進攻華清池蔣介石住所，與警衛部隊發生激烈槍戰，東北軍人多，很快將抵抗的警衛部隊，全部打死。

蔣中正發現又是兵變，而且已經開槍殺人，趕緊從窗戶跳出去，摔了背傷，逃到大石頭外，天明時被活捉。同時活捉了陳誠、衛立煌、朱紹良等國民黨將領。原本被蔣介石命令去掃射學生的機關槍，跑來掃射國民黨要員。中央委員邵元冲等人，中彈身亡。

張、楊兩人通電全國說：「東北淪亡，時逾五載，國權淩夷，疆土日蹙，淞滬協定，屈辱於前。塘沽協定、何梅協定，繼之於後。凡屬國人，無不痛心。」提出停止內戰，釋放政治犯等各項主張。

共產黨高層，聽聞蔣中正被抓，從一片愁雲慘霧中，跳脫出來。立刻通電張學良與楊虎城，要求立刻將蔣介石交給人民公審，並將之槍斃，予以正法！

西北文化日報

全國民眾迫切要求

爭取中華民族生存

張楊昨發動對蔣兵諫

通電全國發表救國主張八項

改組南京政府容納各黨各派

卅萬民眾鼓舞擁護民族解放運動

張楊等通電全國 發表救國主張

希望蔣介石被槍斃的，不是只有共產黨

高層，國民黨內也有不少人希望他死！先前何應欽，替蔣介石去揹漢奸的黑鍋，不斷地被消費，雖然厚顏無恥地要官要職，但滿肚子窩火，而今自然第一個要跳出來當鬼。南京政府內部何應欽等人見狀大好，暗中希望蔣中正立刻被張學良槍斃，自己就順勢搶奪政權，到時候要當兒皇帝，還是要當領導全國的抗日英雄，都可以任其自由選擇。國民黨高層，希望他被槍斃的願望，甚至比共產黨更甚。

遂主張積極征剿，但被宋美齡強勢干預，與會不通過。

何應欽當然不願意放棄，你會議歸你會議，我場外調動兵力你豈能管？仍擅自策動兵馬進逼，飛機轟炸，實質兵力就在進剿，要把蔣中正往死裡逼。宋美齡見狀不好，已經控制不住這些人的陰謀，只好趕緊前來與張學良和談。

六門書判—可惜你何應欽在龜局分類人物中，你屬於中華民國龜局中細王八始祖，遠不能跟靈龜相比。當下情況，無穿霧鬼眼之能，不可能看到蔣中正內心三處深度激變。從這又可以看見，何應欽兵力還隸屬於中央，非地方軍閥，都可以另外違抗會議自己行動，張學良當初割據東北，就算蔣中正下了不抵抗令，若你有所準備，也能在東北就地抵抗，而後蔣中正也只能應輿論被迫支持捲入，因為周公畢竟是周公。故西安事變，張學良沒有足夠的立場，只能說，想要來一個浪子回頭金不換。粉墨當了周公眼中的殷人之亂。

蔣介石被逮捕軟禁之後，深怕張學良與楊虎城會跟共產黨聯合，最後殺掉他，又不願意在兩人面前丟面子，終於改口說，只要釋放他一定會抗日，只求趕快脫險。

但是他們認為，蔣為人沒有誠信，楊虎城堅持不信他所言，蔣則反復強調：「我以領袖的人格保證，釋放我之後一定會抗日，倘若食言，則你們兩人可以公開不承認，我是你們的領袖。」

蔣反覆強調若少了他，張揚兩人主張的抗日，也難以達成。抓到他的中國人還不想殺他，沒抓到他的中國人都想要他死。甚至眼下看到得到諸多好處的日本天皇，也想要他立刻去死，所以聽聞蔣中正被抓，非常開心，只是暫時無力干預此事。最後拼命保護蔣介石的，竟然是外國人，而且是外國的共產黨……

蘇聯的斯大林聽聞，中國共產黨主張殺蔣介石，大為不滿。宣布兩點，第一、他認為中國是蘇聯最大鄰國，中國應當要讓蔣介石統治，對蘇聯比較有利。要求中國共產黨不可以主張殺蔣。第二，蔣若死，各派軍閥又會你爭我奪，中共尚不成氣候，無力擔當抵擋日本大軍的責任，若中國因此被日本滅亡，與充滿野心的日本相鄰，對蘇聯就是威脅。於是透過真理報，公開支持蔣介石，認為中國只有蔣介石才能統治，中國共產黨沒有這個資格，強烈批判中共要殺蔣介石的說法！

斯大林接二連三批判，甚至公開說，假設中國共產黨不支持蔣中正，撤回殺蔣的要求，那麼蘇聯將撤回一切支持中國共產黨的資源，斷絕一切關係。蘇聯共產黨的『真理』，已經不再支持馬克思共產主義同志，而是要支持政治利益。

接二連三，不斷派人給中國共產黨施壓，要共產黨同意釋放蔣介石，承認蔣介石是中國的領袖，中國共產黨也必須服從蔣介石領導！毛澤東滿肚子窩火，但當下中共實力處於最低谷時期，無力唱反調，只能在罵聲當中屈從。於是派周恩來到西安協商。蔣見到了宋美齡，兩人單獨密談良久，宋美齡跟蔣介石一樣，敵人都是同胞而不是外國人，所以勸諫說，『寧願抗日也勿死敵手』。

六門書判—『周公恐懼流言日對抗王莽恭謙下士時』所表現的現象就是，周公不懼流言日揭發王莽恭謙下士時。所以蔣不在乎全國一切叫罵，追打共產黨。先前王莽給集體意識訊息，嘲笑嘻弄周公黑化，難抗王莽。鬼局集體意識尚不回應。但經由粉墨管蔡，表示要改為抗日，那就代表是減緩那一型上對聯。再次回訊，周公忌憚流言可畏，尚可對王莽恭謙下士接受。如此，王莽再次回訊『孔子儒學至聖先師，而先師所夢之人超聖，王莽之徒暫且可依』。若這樣，似乎雙方緩和，但未來是不是要合作，還未必。

經過一堆人各種表演，乃至身在莫斯科的斯大林也參加，蔣中正態度遂軟化。

過兩日，宣佈接受六項協議：一、改組國民政府驅逐親日份子，容納抗日者加入政府。二、釋放政治犯與愛國領袖。三、停止剿共，聯合紅軍抗日。四、招集各派組織救國會議，決定抗日救亡方針。五、與同情中國抗日的國家，建立合作關係。六、拿出其他具體的救國辦法。

不過蔣中正為了尊嚴，不願意簽字，張學良認可，但楊虎城與其他將領反對。反而是在周恩來的奔走下，讓楊虎城與底下將領，同意張學良的不簽字放蔣主張。為了防止蔣被暗殺，且表示這是愛國無私的坦然行動，張學良親自陪蔣搭飛機回南京。

但眾人都不諒解，張學良跟著到南京就被逮捕，並且關押。

六門書判－蔣的表現確實讓人難以接受，但粉墨武庚，怎能夠成功？或許是讓周公被迫尊重商人遺民，而封於宋，並可能聯姻，但叛亂的武庚是一定要死的。對保駕的張學良不方便殺，改為終身關押，那同為粉墨武庚的楊虎城在蔣的心靈圖像中，當然一定要死，派人也得殺，只是誅殺令的時間什麼時候到而已。雖然，這真的不好。然周公黑化，無可奈何。

正當中國人都還無法料知，蔣是否會履行承諾之時。

斯大林為了給蔣中正一點敢打日本人的底氣，派人告知，若他願意履行在西安事變後的承諾，建立全中華民族統一戰線，一同抗日，那蘇聯這邊，就願意釋放當年來當人質的蔣經國。並且中國對日作戰之時，蘇聯願意提供大批的武器援助，外加戰鬥機飛行員。有了宋美齡對他的直接點醒，與斯大林對他的旁敲側擊，蔣此時才在內心，吃了定心丸，改變態度，同意日本若再進逼，就出兵抗戰。

無間至道，陰陽相映。裕仁因為不斷兵變與暗殺，終於放手讓軍方組閣，積極拓展大陸政策。蔣中正因為連續的兵變與搞鬼，終於同意放手組織抗日統一戰線，促成國共合作。雖兩人都只是被迫遷就，並不是真心改變。

第十三章　正氣氛圍盧溝橋外終開戰
淞滬喋血戰略詭局遭質疑

裕仁將所得的情報，寄信到了迷海和尚在京都的住所。迷海來此，是來考察歷代天皇，對於巨大變局，如何具體落實皇家機關秘術。

西曆一九三七年一月十五日，日本京都，迷海住所。

外頭飄著雪，庭院內種了十幾株梅花，此時正是開花的季節，花香滿庭院。

迷海在和式屋內，飲了一些酒暖身。在收到天皇的密信之後，得知中國西安事變的始末，自言自語地說：「兩邊都發生兵變。雙方的內部政治關連，在相互影響之下，都已經變化了……」然後長嘆一聲，打開了門，看著庭院的雪景，自言自語地說：「眼前雖是梅花景，山雨欲來風滿樓！假平衡破裂，看來千方百計要阻止的事情，就要發生。面對日本內部一浪高過一浪的暗殺與政變，陛下勢必對軍方鬆手。面對中國內部一波強過一波的輿論與兵變，蔣介石也勢必要有所妥協。難道進入下一個歷史階段後，大局將如此演變？」

又道：「中國與日本，都各有一群惡人與蠢人，看來歷史的悲劇無法避免……」閉眼又長嘆一口氣。一名小僧進門，雙手合十道：「師父，您交代的事情，現在辦好了。」

「快呈上來。」

於是後頭兩名小僧扛出一張木板，上頭貼著大幅白紙，紙上繪製了一張關連圖。迷海看了之後，點點頭說：「你們等等，我修書一封，要將此圖與我的信，親自開車送到皇宮。」於是趕緊進屋，修了一封書，綜合了各情報訊息，並將製作的關聯圖表，派此三位親信徒弟，送到東京，交給裕仁。

另一名年輕僧人被迷海招進屋，迷海敲著木魚唸經，但是唸的經文卻是：「道可道，非常道，名可名，非常名。無，名天地之始，有，名萬物之母。故常無，欲以觀其妙，常有，欲以觀其徼。此二者，同出而異名，同謂之玄，玄之又玄，眾妙之門……三十輻，共一轂，當其無，有車之用。埏埴以為器，當其無，有器之用。鑿戶牖以為室，當其無，有室之用。故有之以為利，無之以為用……」論及此，嘆了一口氣。

僧人問：「師父，招徒弟來有何吩咐？」

迷海轉面令他入座，年輕僧人遂與之對坐。

迷海道：「老子的道德經，莊子的華南經，都讓人玩味無窮，我們名為僧人，實際上學的唸的都是老莊，而並非佛經。當年我師父亡絕法師，讓我接皇家參謀，也是口唸及此。師父他圓寂之前，知道自己犯了錯誤，而今為師我也自知大限將至，知道自己也犯

了錯誤，必須要告知於你。因為皇族會議上，大家都指定你為下一任參謀。告知自身錯誤，是迷蹤經規定的交接慣例。」

僧人問：「師父所算無遺，哪有錯誤？」

迷海嘆氣道：「人智能有限，不可能無錯。當年師父亡絕法師，與明治天皇陛下，猶豫於日本併吞中國，與中國併吞日本，到底有何差別？我解答了。但現在我苦惱於，逃脫不了中國這個陷阱，無法阻止大陸政策，讓中日兩國歷史回到起點，可見我對中國的理解還不夠深入，恐怕得靠你來解答了。我的錯誤在於輕忽了蔣介石的無能，竟然連孫文密約都無法切割，以致走到今天兩國非戰不可之地。身為皇族中最受重視的參謀，卻不能解決問題，愧對陛下，愧對皇祖皇宗，你可有意見？」

僧人道：「師父智能高超，徒弟不敢批評，以後的事情，得看兩國戰局而定，不好先豫設立場與觀念。」說罷也露出憂愁狀。迷海見了，微笑問道：「你沒打算回答問題，卻面容憂慮。似乎不是憂慮當前局勢，到底憂慮什麼？」

答道：「師祖與師父，在交任之前都有難解的疑惑，這些疑惑起於自身的失算。徒弟憂慮自己將來交任之前，是否又會後悔自己失算什麼？」迷海微笑著點點頭，這徒弟堪當大任。

裕仁收到了迷海寄來的關係簡圖，並附上一封信，以此預測中日之戰，在近期之內會爆發，迷海詳細講述了，該動用哪一層的關係，從背後開始操控戰局的假平衡，讓戰局變成一灘爛泥。

東京天皇皇宮。原因在未來。

半夜，房間與庭園都點著燈，裕仁天皇獨處思索。

將迷海送來的關係圖掛在房內牆上，獨自品茶，但喝的不是日本茶末，而是上好的浙江龍井茶，並思考著下一步該怎麼做。桌上雖然整齊地擺著茶具，但是榻榻米上卻散亂著一大堆紙張，這些都是情報機構，經過篩選呈上來的資料。當中自然有些隱匿，不願意給天皇知道的東西，所以資料也並不完整。裕仁自然知道，他們想隱匿什麼，呈報什麼。面對錯綜複雜的局勢，他獨自思索著：

「從朕繼位開始，內閣官員被軍人暗殺的人數，已經破記錄。二二六兵變跳出來的這些軍官，實際上都有後台，而這後台的背後，還有從明治以來激進強國的氣氛在作怪。」

「反觀中國也發生了兵變，看來如迷海所言，戰爭真的要打起來了。李宗仁鬧出的規模雖大，但沒有堅持到底。張學良與楊虎城是玩真的，但最後還是把蔣介石放了。笨蛋，你們怎麼不把蔣介石直接槍斃？真正想幫助你們抵抗日軍侵略的是朕！」

思及此，一肚子火。不斷翻閱中國兩次兵變的始末。

繼續喝了一口茶，思索。

「但是早在滿洲事變之前，就已對大陸政策，不斷地旁敲側擊去阻擾，仍然沒有達到阻擋大陸政策的效果，反而接二連三發生兵變與暗殺，可見這些都不是治本的方式。

先撇開眼前複雜的局勢，直接思考大陸政策為何能成行？原因不外乎兩點。第一就是，孫文與蔣中正的賣國密約，讓軍閥們在中國有了內應，便肆無忌憚，排除國內的阻礙，要入侵中國。第二就是，日本維新抓到真義而富強，中國沒有抓到真義而混亂，軍事實力與工業能力有了反差。照理來說，當先從除掉密約開始。但是又如迷海所說，賣國密約牽連的人證與物證太廣。早在皇祖父明治的時代，就已經成形，想要根除已經辦不到，反而會被人看穿朕的手腳。」

「追溯孫文這隻『鬼』！從日清戰爭後開始活動，進入日本，日俄戰爭之後活動頻繁，清朝被推翻後，竟然打入了日本的軍政高層，他死後才開始發酵，父皇大正的自我放空國體策略，竟然無意之間被這個鬼混進來攪局，才讓朕繼位後出現這種政治亂象，孫文這批人真的是『鬼』！」

「退而求其次，直接拋出密約或暗殺掉蔣介石，讓國民黨漢奸集團從而瓦解是否可行？暗殺蔣介石雖難，但不是辦不到。甚至可以拋出賣國密約，讓中國人民開始起而推翻國民黨，但現在中國這種局面，賣國密約一出或蔣介石一死，國民政府無論垮或不垮，中國內部的軍閥們，必然藉此起而爭權奪利，相互廝殺，更無法團結一致，從而會跳出第二個孫文與第二個蔣介石，那就局面就真的無法挽回。」

「蔣介石真的是可惡的鬼！逼朕入主中國，殺他也不對，要他垮也不對。只能眼睜睜看他擺爛，拉著朕入主中國。弄死他反而朕掉進中國的速度更快。真的是鬼啊！」

憤怒地忽然拍桌，手掌麻痺，轉而搖頭，起身對準窗外庭園，閉眼對外靜坐，繼續沉思。

「鬼又何止一個，日本內部的陸軍少壯軍官，全都中了鬼降，跟蔣介石分工合作，拉著朕一起去中國。眼前只能是利用傀儡政權，慢慢跟這群不受控制的份子拖時間，把中國的戰局弄成一團焦爛，就像當年後陽城先祖，利用小西行長的騙局，把豐臣秀吉的戰局弄成焦爛。那麼就能騰出很多的時間……」

「但是後陽城先祖解決豐臣秀吉的問題容易，那畢竟從日本內部就可以解決，現在碰到的是一股無法想像的力量，朕反而成了被玩的對象。又不能從中國著手，否則一個失算就會被拖進去。要根治大陸政策，又得回日本內部來解決。然而透過內閣的各項阻擾政策，已經被軍閥們看穿。看來少壯軍官們，一定會自己在中國先動手！如今只能依照當年丟出去的『田中奏摺』，引導世界其他國家幫助中國。朕就可以在日本內部，找到一種方法來根治。」

「但是，在前次歐戰後的世界局勢，歐洲列強國力下降，對中國轉而十分冷淡。他們已經充分認識到，根本不可能瓜分中國，所以已經放了這個企圖，自然更不會聯合起來，有效牽制我日本對中國的大陸政策，朕無法藉此來迫使軍方放棄。」

「如此則朕對大陸政策，既不能置身於事外，也不能介入於其中，還有時間限制，真是十分麻煩。要根治它，除非……」

想到這念頭，即時收回，因為這念頭太可怕。起身到庭園內，轉了一圈，長喘一口氣，回來繼續閉眼沉思，明治之後的中日態勢：明治維新恐懼中國成為海權國、繼續天朝格局動搖日本皇名、要中國代替日本成為列強爭奪的目標以保證日本的安全、日清戰爭一時貪利奪取台灣、八國聯軍之役錯誤幫助了列強導致日俄戰爭、為了打勝日俄戰爭使得激進份子滲入軍界、孫文見機行事跳入日本以滿洲與蒙古為餌暗中嵌入問題、滿洲設立關東軍牽制俄國領土擴張、中國革命皇權瓦解、日本皇家放空政體從而繼續用激進份子保皇、輕忽孫文密約而沒有及時阻止、北洋混戰大失民心國民黨意外奪取中國政權、蔣介石甘當內應、軍方從而不受制約不斷政變暗殺、關東軍攻佔滿洲、佔領滿洲日本海陸軍得到資源實力大增、進而準備征服全中國。

他把這一連串事件，全部寫成條列式，串在一起。

裕仁又長喘一口氣，這一連串事件都起於不注意的細節，所相互組合而成。那麼接下來若不阻止，又會發生什麼事情呢？

繼續在紙上寫：日本如當年滿清入關一樣，徹底攻佔中國、軍方大陸政策大功告成、因客觀條件被迫遷都中國、日本力量空前強大、繼續橫掃中國週圍的外敵開疆拓土、日本政治局勢改變、兩民族合併民情異常複雜、大和民族與漢族開始相互同化、出現一段時間的盛世、歷史客觀因素使得大和民族會更像漢族、最後如滿人一樣徹底接受中國歷史慣性、之後國號問題被拿來爭議與消費、之後政治局面更加複雜、最後皇統開始被人覬覦、日本列島理所當然為中國領土、逐漸進入中國改朝換代的流程。接下去的事情他不敢再想，這更加可怕。

「朕的家族是兩千年的家族，這兩千年來隔壁的『大鄰居』——中國人。你們在玩什麼把戲，朕與朕的家族怎麼會不知道？這把戲還是跟你們這群中國鬼子學來的！」

裕仁看著自己寫的紙條，忽然感到一陣恐懼，這一系列歷史事件，對比過去中國的歷史事件，止不過是面貌不同，服裝道具不同，舞台不同，角色不同，劇本卻出奇相似！

喃喃自語：「這怎麼可能？這簡直像是，有某個形上的物體，故意安排的歷史劇本！安排蔣介石跟朕一起同台演出，只要朕放縱自己的直覺與慣性，就會掉入舞台，被劇本套住而不自知！即便我不願意上台演出，也被自己底下的人，強迫拉過去。肯定在這把戲之上，還有一個朕家族所不知之事……」

「無法理解，朕無法理解怎麼會這樣？」

「既然明治維新的根本目的，在抵擋西洋入侵，並迫使中國皇帝承認日本皇帝與之對等，不能動搖日本皇名，目的已經是達到了。而今時移勢易，中國皇名自毀，國力更沒有動搖日本的可能，反而被日本兼併的可能卻出現，又日本兼併中國與中國兼併日本，這兩種情況，最後的結果會是一樣的。那麼明治維新的根本國策，就該拋棄，富國強兵的根本態勢要改變，日本只要富國而不要強兵。重回兩千年多來，中國強日本弱的基本態勢，重回歷史起點，才是根治當前大陸政策的唯一途徑，皇統才能繼續安全地傳承！」

喃喃自語：「既然有股力量，逼迫朕與蔣介石同台演出這場死亡劇本，朕不演也不行，那所幸就陪你演！但是不能被固定的死亡歷史劇本，所套住！」

「這固定的歷史劇本，是一個強大的歷史慣性，若只盯著日本與中國兩者之間，那就跳不出這個劇本的框架。要改寫歷史劇本，恐怕得拉西方人下水。」

裕仁用毛筆，在桌上的白紙中，寫了蘇聯、英國、法國、德國、義大利、中國、美國、日本。這幾個國家的國名。細細思索著，該怎樣拉這些世界上主要的國家下水。然後圈起德國的國名。

「當初戰敗的德國。這幾年來很躁動不安，凡爾賽和約已經完全毀棄，英、法等國，對德國重新武裝，回到萊因蘭，有氣無力。目前已經跟我日本簽定了，反共國際協定，又已經跟義大利結盟。但是德國到底會不會更進一步？第一步得先拖你下水，才能解決這個困局。」

於是招來所有皇家核心成員，謀劃更深層的事情。

同一個月的另外一天夜晚，南京，官邸。原因在過去。

宋美齡與蔣介石，拜謁孫文在未來將會遺臭萬年的墳墓之後，回到官邸，又稱美齡宮之內過夜。此時狗頭軍師楊永泰，因為看局面不對，企圖參與反蔣，已被陳果夫派人暗殺滅口，蔣介石現在就靠著陳立夫與陳果夫獻策。

晚餐與禱告上帝完畢，宋美齡見到蔣坐在書房發呆，便問：「達令，這麼晚了還不睡覺？」蔣沒有回應。宋美齡又說：「子文認為，我們的空軍應該繼續跟外國購買飛機，中國人要自己造還太早，不該去設飛機廠，不符我們立即所需，你認為呢？」

實際上是宋子文貪污腐敗，要收軍火回扣，萬一國民政府學當年東北的張作霖，自己做出飛機生產線，那就沒油水可撈。而中國東北的飛機生產線，現在正幫助日本人製造飛機。寧願把已經被糟蹋得很脆弱的中國國防，弄得更慘，也要中飽私囊。蔣介石政府，所用的孔家與宋家，驕奢已極，已經腐敗得比李鴻章還要誇張。李鴻章造戰艦，至少還學了造船技術回來，能有生產線握在手上。蔣介石造空軍，完全不是如此，掉了一架少一架，擺明了永遠仰仗老外鼻息。蔣除了無法切割與一群日本壞人的關係，也無法切割跟一群中國壞人的關係。

蔣仍然沒說話，他很少這樣，不回應宋美齡。宋美齡又問：「怎麼從西安回來之後，就這麼沉默？還在想著張漢卿的問題？」蔣醒了神，答非所問地說：「喔。既然妳開口，空軍的事情就這麼辦。告訴子文，收回扣歸收回扣，軍火的品質還是要顧的。」

宋笑著說：「這是當然，你要打仗，子文當然不能拆你的台。」蔣說：「我現在想靜一靜，妳先去睡。」

實際上他並不是思考張學良的問題，而是在擔憂，中日兩國現在不得不開戰。這日本少壯軍閥，到底會不會壓住孫文的賣國密約不宣？而自己又該怎樣配合，才能在領導抗戰與賣國妥協，兩者當中取得平衡？於是思索著：

「宋家的朋友，都罵我蔣某人趁孫總理去世之後，調戲他的遺孀宋慶齡，是汙辱了偉大的孫總理，罵我是流氓。娘希匹！他孫總理也不比我蔣某人高尚！他玩的女人可比我多得多，還帶頭跟日本與蘇聯簽賣國密約。雖說他的密約沒有一個落實，國民對此就算有耳聞也不以為意，但引進一個左派共產黨的政治勢力！更逼得我蔣某人現在看到日本人就矮半截，還要跟共產黨糾纏，這種革命導師，哪來的偉大？我調戲他遺孀又怎麼？剛剛好而已！」

六門書判—確實，你蔣的歷史深度，遠比孫還來得多。乃鬼局派出來拯救整個中華民國烏龜王八局的人。其等級也遠比日本心陰流兩千年龜局頭目，還要更高一等者。但畢竟，時空湊得不對，深度轉不了大格局尺度，而且身居罔兩龜，又被迫罔兩問景，還得對抗王莽恭謙下士，而周邊親信都是黑化者。甚至還有一層，昂猶集團披著友善的面貌來親近，鬼局四先生忌憚之甚，但蔣怎麼樣也沒想通，也不可能想通。就算想通，要克服時空遠端周公之呼喚，也作不到。如今局面也複雜得多，實在有點『強龜所難』。

「軍事裝備比較差，又有當初的密約被日本人控制。娘希匹！那麼抗戰就必須要定調，是積極的抗戰口號，謹慎行動。」

蔣中正計議已定，打了內線秘密電話給戴笠。

說：「雨農，現在睡覺了沒有？」

答道：「報告校長，還沒有，學生隨時待命聽候調遣。」

說：「你立刻出動軍統局的人，全部調往西北，盯住東北軍還有西北軍的動向，兩軍中若有人趁機投共，或是抗拒改編的命令，立刻除掉。」

答道：「是的，校長。」

又說：「還有，派去冀東政府，找殷汝耕的人，回來了沒有？」

答道：「報告校長，學生才打算明天向您提這件事。他已經回來了，說殷汝耕表面上同意幫我們安排談判管道，實際上不認真辦，拖延時間，敷衍我們。連續第三個月了，我們的人還見不到日本首相。」蔣介石忍不住大罵：「娘希匹，要不是我蔣某人點頭，他哪有可能跟日本人在河北合作，成立防共自治政府？今天竟然敢過河拆橋！」

戴笠問：「報告校長，要不要安排人除掉他？」

蔣介石說：「暫時不要妄動，他有日本人的關係，以免破壞了秘密談判的氣氛。那麼另外一頭，直接派去日本的管道，那些人回來報告了沒有？」

戴笠有點支支吾吾，蔣介石對電話筒大聲說：「到底有沒有？」

答道：「報告校長，失去聯絡了。」蔣介石大罵：「娘希匹！你的人怎麼也跑去學殷汝耕，那麼快就投日當漢奸了？」戴笠趕緊解釋說：「報告校長，絕無此事。學生的意思是說，那三個人莫名其妙死在東京了。不過派去找土肥原賢二接洽的密使，倒是還活著，給我方一個很肯定的答案，說日本軍方目前已經全線掌控當年的證據，並列為國家絕對機密，他們的底線是，不管中日之間會不會開戰，只要日本在華北與東北的現有利益不

被挑戰，那麼孫總理與校長您的檔案就不會被公開。」

蔣中正大驚失色，這三人擅長日語，在日本留學很久，背景單純。純粹是讓戴笠安排前往日本，希望打通，直接跟日本天皇裕仁談判的管道。但是怎麼突然死了？蔣介石內心頗為驚駭，但既然日本軍方給了明確答案，暫時也就吃了定心丸，然後說：「知道了，現在中日之間局勢緊張，你快點安排再次談判的管道。」戴笠答道：「是的，校長。」

於是掛掉電話。但他仍然無法入睡。

六門書判—在靈龜降世，所辦的學校，就是有靈的學校。其重點學生，很可能終身都沒有畢業。黃埔學生假設犯錯，必然會被烏龜校長追殺。戴笠，藉學校之勢，飛揚跋扈，欺男霸女，由內而外，其校規安排命運當搭機飛上天，由內而外爆炸，內爆處死。另外一個同為黃埔四期同學，林彪，勾結校外人士攻打學校，飛揚跋扈，欺壓俘虜同校學長學弟，由外而內，其校規安排命運當搭機飛上天，由外而內射擊，外射而死。蔣校長不管怎麼黑化，其靈氣，終身存在。

「土肥原賢二給的這答案，不過就是要利用我蔣某人。他們是看到中國軍民已經忍耐不住，起而抗戰為必然趨勢。」

又轉而心思：「娘希匹，日本天皇到底能不能直接跟我蔣某人談判？日本內閣的大陸政策，怎麼如此混亂？一下要阻止，一下子又支持。日本天皇到底支不支持他們的大陸政策？要是日本遷都華北，一路猛打，這該怎麼辦？」

蔣中正忽然顯得有些恐懼。

「抗戰的基調，就定在消極防禦戰。至於真實全國抗戰該怎麼打？恐怕單靠中國是打不過日本人，看來得拉西洋人下水，德國人目前支持國軍軍事裝備，最好拉德國人來協助最好。」於是蔣中正也在紙上，寫下了蘇聯、英國、法國、德國、義大利、中國、美國、日本，這幾個國家的國名。並圈上了德國，蔣認為，當前得靠希特勒支援的軍事裝備，才能支持抗戰。

陰陽相應，各有心思，卻又合於一處。一個是投機計謀，一個是長遠策略。一個怕外國列強，一個懼中國百姓。一個是滑頭賤痞，一個是沉穩貴皇。一個要搶奪三十年黨國利，一個要保護兩千年皇統名。一個是轉世靈鼉難和時空訴求，一個是現代烏龜易應內外矛盾。

日本軍閥們開始調兵遣將，大軍進駐了北平郊外，在關內聯絡早已成立的冀東自治防共政府，若在華北也得手，拖著政府下水，就可迫使日本政府對中國宣戰，最後打垮中國政府，進一步製造遷都中國的輿論。面對日本大軍逼近中國故都，且展開了全面的軍政滲透，中國軍民開始激烈反抗，加之西安事變後，全國擁有兵權者，抗戰態度趨於統一，駐防北平的中國軍隊也從而全面戒備，雙方劍拔弩張。

公元一九三七年，中國民國二十六年，日本昭和十二年，七月七日。

這也是無間至道，陰陽相映的日子。

日本軍閥自二二六之後，少了內閣牽制，便開始全面動員備戰，大動作再次進逼，這次計畫重演東北、熱河、察哈爾與長城內外之故事。日軍在平津一帶，佈署了最精銳的日本陸軍約五千人，天津由田代皖一郎中將統領，北平由河邊正三少將統帥，全軍根據昭和十二年度帝國陸軍作戰計畫要領，在中國的心腹要地平津地區，展開軍事演習。然後藉口一名士兵失蹤，要進宛平城內搜查。打算再次以軍事外交雙管齊下手段，逼迫蔣介石退讓。

正是蟄之日久，其發必速。忍耐退讓多年的中國軍隊，面對日本軍隊一再節節逼近，加之全國抗日戰線已經達成，對於開戰也沒有了牽制，終於怒氣爆發。當地守軍自發拒絕了日本的要求，針對日軍的軍事演習，全軍進入警戒狀態。

雙方終於在蘆溝橋點燃戰火。一時之間，永定河兩岸槍砲聲大作，兩國軍隊正式交火。

雙方火力暫歇後，日軍使用過去在滿洲到關內數次事變的故技，要求談判，讓蔣中正發作先前內應的效果。與先前在熱河，察哈爾等地的論調一樣，主要圍繞「中國必須在北平相關地區撤軍」，「今後的治安必須保障」，「中國要對挑起事端道歉」以及「取締當地抗日活動」。而共產黨得到消息之後，在事變的第二天就通電報，要求南京中央政府履行在西安事變後，聯合共黨抗日的承諾。新桂系等人也不約而同通電蔣，要求履行兩廣抗日兵變後所做的承諾。

此時全國媒體與各地百姓，緊盯故都北平城的緊張局勢，尤其南京中央各要員，都看蔣介石如何回應這件事。到底要繼續軟趴趴接受日本軍閥的故技？還是態度轉而強硬？

盧山上蔣介石行館。

特務頭子戴笠此時來到此處。

蔣中正小聲地問：「雨農，土肥原賢二的承諾到底有沒有效？」

戴笠答道：「學生不負校長重託，據土肥原賢二的回報，他雖然已不再擔任奉天特務機關長一職，但在交接之前，就已經連絡了日本陸軍主要軍頭，以及民間各激進組織。只要滿洲到長城關外的日本佔領區不被挑戰，就會保證孫總理榮譽，相關證據已經列為大日本帝國的絕對極機密文件，集中在東京特務機關管理，不是隨便的人可以碰的。」

蔣仍不安，冷冷說：「現在全國一片慷慨激昂，抗戰已經是必然。這些日本人又食髓知味，挺著刺刀一步步逼近，要是仗打大了，都沒有理智。但說真實的，孫總理的密約，實際上廣大的國民根本不在乎。倭寇還想拿著這個威脅，已經是痴人之夢。」

戴笠說：「報告校長，既然如此，我們不要拆穿，反過來拿這個唬弄日本人。」

蔣說：「可以，就拿這繼續唬弄。讓他們以為還能用這寶貝威脅，實際阻擋不了抗戰的氣勢。只是話雖如此，有這麼一個難言之隱，對於黨國歷史仍然是威脅。對了，他們控制相關證據的人檔案何在？」戴笠當然有所準備，不然會被蔣介石質疑辦事不利。當場從公事包，拿出了一疊資料，交到蔣介石面前。然後說：「這些是日本軍政各界要人，將孫總理當年遺留的各項文件，交給日本特務機關保管，並且不會外洩的誓書，土肥原特別讓我交給校長，讓校長您安心。而且日本軍界不允許任何媒體報導這件事，否則就會嚴懲。」蔣看了看，上面的簽名文件，從剛去世的內田良平到黑龍會的頭山滿，乃至到發動九一八事變的板垣征四郎等人都有具名，而今這些能證明孫文是漢奸的文件，都成為日本特務機關的極機密要件。微笑說：「土肥原果然是日本特務王，涉及這麼廣層面的事情，都全部蒐羅在一起。那麼他提出的條件，還有沒有其他的？」

戴笠答道：「暫時還沒有，但土肥原說，若日本更高層的人，要把這些密件抛出去，他就沒辦法阻止。」蔣瞪大眼問：「他說得更高層是誰？首相？內閣？」

戴笠搖頭說：「如今的日本內閣都是軍方的人，首相要做事情，大多會受到內閣與軍界人士的監督。只有他們的天皇，若是要抛出，就不在我們與土肥原的協議之內。」

蔣追問：「那他們天皇的態度呢？」

戴笠嚴肅地說：「在日本發生二二六事件之前，天皇偏重於親近保守派，不主張那麼快進攻中國，態度一直曖昧。但二二六事件之後，似乎對華政策，都讓軍界與內閣去制訂政策，即便是駐華日軍將領的各項主張，只要通過內閣，他都只管批准。他對華的政策，從來都沒有明朗過，也沒有說過一次明確的主張。」

蔣摸著光頭，站起來來回踱步，說：「這可真怪了，他被日本的人民當作神來崇拜，怎麼就管不住這些軍人？而且完全對我們的要求，沒有一丁點回應，難到他真的對華政策完全沒有主張？」

戴笠說：「大正之後的天皇，包括現在的昭和，都是虛位元首，向來不過問政策的。」

蔣搖頭說：「沒這麼簡單，這是不可能的。一般政策可以不過問，如此國家民族存亡之事，不過問唬誰？」

戴笠立正說：「是的校長，學生考慮有疏失。一定會緊盯各方消息，國內若一有風吹草動，就把相關人等除掉。」

蔣說：「總而言之，基於現實實力之對比，抗戰只能限制於防禦作戰。關外恐怕是不會捲入。」

蔣這個無間道的『前鬼』跟眾人一樣，也同樣看不到，裕仁這個無間道『後鬼』的心跡。但前鬼的心跡，後鬼可是摸得一清二楚。然而就算清楚前鬼的心跡，基於兩國複雜的政治氛圍，也無法對所有人挑破，更不可能除掉這個前鬼，不然後鬼掉入陷阱的速度將更快。更可怕的是，這後鬼已經逐漸注意到，這前鬼身上有讓他嚇一大跳的問題，但目前還不敢肯定問題所在。

再不履行諾言抗戰，就不可能指揮得動各路軍閥，於是蔣介石在七月十七日，也終於在廬山談話：「和平未到最後關頭，決不輕言放棄和平，犧牲不到最後關頭，決不輕言犧牲……一旦抗戰，則地無分南北，人無分老幼，皆有守土抗戰之責……」

又說：「今日之北平，可以為昔日之瀋陽。那麼明日之南京，又為何不能成為今日之北平？」此句話，主要是說給苟且求和的，國民黨內一群買辦官僚聽的。

此時，日本內閣會議仍有些人作出不擴大方針，並且指示就地談判解決。但從關東軍到北支那駐屯軍，乃至到國內陸軍省各部門，都主張派軍增援，若支那政府不肯談判妥協，就直接發動攻擊。近衛文磨內閣，開會最後決議，同意了增兵華北，並將此交給天皇批准。

如此麻煩？當然，兩隻烏龜打架，卡著自己與對方都有殼，當然麻煩。

裕仁要近衛文磨去探探輿論，於是近衛找來兩院議員，財經界與新聞界各代表，說明『北支那事件』始末。果然多數人都受軍方影響，主張增加兵力，強硬對付暴虐支那。

裕仁內心跟蔣中正一般，百感交集，不想打的仗，莫名其妙就從底層開打，只好批准這一回合的增兵要求，看看蔣介石在這一回合會怎麼反應。

駐華日軍，也因天皇沒有明確態度，從而分裂為兩派，鬧起了爭執內鬨。日本陸軍參謀本部分裂為，以作戰部長石原莞爾少將為首的不擴大派，和作戰課長武藤章大佐為首的擴大派。雙方甚至爆發衝突，威脅互相攻擊，經過陸軍省強勢派人協調，才作出一致的戰爭序列。

皇宮密室。

北野三村帶著迷海的書信再次進了密室，這是迷海的一封回信，回答幾天前裕仁對蘆溝橋緊張的事情。裕仁看了信，頗顯失落。

北野問：「陛下，莫非迷海大師無法指點迷津？」

裕仁道：「大師是皇族血親當中，智慧最高超者，對長遠見識相當卓越，但對現實多變之勢，仍有盲點。如今在中國蘆溝橋爆發了兩國武力衝突，看來也如大師所料，兩國先前各自政變兵變，已經是非打一場仗不可。但中國在蔣介石統治下，不是那些軍人的對手，仗打下去，朕怕皇軍節節獲勝，最後非得拖著皇家入主中國不可。這一點，他還真拿不出辦法。」

北野說：「代表大師還沒參透中國歷史。然若陛下堅持不遷都，皇軍就算打勝仗，也不會形成入主中國之勢。最多扶植漢奸傀儡政權而已，而這種策略，在中國歷史上已經證明，是失敗的策略，陛下何必擔心？」

裕仁搖頭說：「你難道不懂？皇族長輩有告知，若中國政府被打垮，則全日本上上下下，都會陷入征服中國亢奮之中，屆時軍方到民間就會協同一致，朕就孤掌難鳴，不想遷都已不可能！所以中國的抗戰局面若被打垮，朕阻止日本入主中國的計畫，就等於全盤失敗。」

北野嚴肅地說：「陛下勿憂，軍方之所以在大陸佔有如此優勢，原因在於蔣介石先前不斷退縮妥協。而今聽說他已經跟軍方達成秘密協議，只要不挑戰日本在關外的利益，軍方就不會洩漏他的底。而他在關內的抗戰，則不得不展開，那麼我們就觀察他的抗戰成效，再作計劃不遲。況且就算蔣介石無能，以當前全中國人的抗戰熱潮，軍方也沒那麼容易打勝。只要軍方吃了一些敗仗，那麼陛下就可以責問軍方低估了中國，在內部作些阻擾大陸政策的文章。」

又建議道：「另外，陛下以戰事為由，準備在宮中籌備大本營。這大本營統籌所有戰爭事宜，那麼必然一大群軍方失意的投機者，會爭相要在大本營牟取官職。陛下就會有一群可用的棋子，之後若要對進攻中國的軍方激進份子釜底抽薪，拉扯他們的後腿，也有所依據。」

裕仁點點頭，決定在宮中成立「大本營」，並下轄「軍令部」。而這「軍令部」，則是由裕仁指派聽話的資淺軍官來主導。

從此，中國有蔣介石的「軍委會」。日本有裕仁的「大本營」。兩個機構最大的功能，都是扯自己人後腿，在戰場上努力製造己方敗局，讓對方獲得勝利。

雙方仗越打越大，日軍仗恃火力較強，又有空中優勢，節節逼近，此處的日軍，是日本最精銳部隊，第二十九軍火力不如。正是上樑不正底樑歪，在中央的蔣介石妥協慣了，所以在地方的宋哲元，在事件發生後，仍企圖跟日本人妥協談判，拒絕中央支援，作戰計劃消極，基層官兵雖拼死反擊，但缺乏組織，指揮混亂，節節敗退。經過廊坊與廣安門激戰後，宋哲元才開始部署防禦作戰，但為時已晚，日軍不斷增援。宛城被攻破後，日軍進攻南苑與北苑。全中國百姓也因之血氣高漲，自發支援宋哲元的第二十九軍，槍砲齊發，戰況空前激烈。

先前蔣中正已經有下令給宋哲元，中央抗戰決心已定，要河北地方部隊，不可以中日本人的緩兵之計。若日軍有異動，立刻就地抵抗，中央軍對也將北上支援。但宋哲元還想重演先前妥協苟且故事，以至於遺誤戰機。中央特派人員回南京告知，地方消極有諸多因素，實在難以言明。可見先前種種後遺症，即便蔣想要立刻改正，也很困難。

日軍火力兇猛，南苑守軍傷亡慘重，因先前消極的局勢，指揮層級亂成一鍋粥，基層官兵只能各自為戰，副軍長佟麟閣與一三二師師長趙登禹先後陣亡。其餘部隊或投降，或被繳械。中國官兵的損失十倍於日軍，宋哲元見勢不可為，深怕北平城諸多古蹟被戰火摧毀，率軍退出北平城，北平故都遂被日軍攻佔。日軍攻破平津之後，繼續南下攻略保定等地，同時

準備進攻山西軍閥閻錫山的地盤，華北已經全面吃緊。

中國的北京皇城，曾經在三百多年前，被織田信長與豐臣秀吉覬覦，不斷夢想要打到這裡建立他們的皇朝。而今三百多年後，日本軍隊真的打進來了，但日本天皇的態度仍然一樣，拒絕來此！這個故都皇城被攻破，從而失去政治意義。

中日兩國雖然正式交戰，但中國並不打算在外交上，主動對日本宣戰，以免激怒日本人，拋出密約，覆水難收。所以他用盡理由，中國不會對日本宣戰。而裕仁要對日本軍方施展牽制，必須動用到更多政治理由，也怕覆水難收，所以日本也不會對中國宣戰。由於兩國各自錯綜複雜的政治態勢，兩國領導人都是對方國家的內奸，所以雖被迫都同意開戰，卻都戰而不宣，也不宣而戰，令全世界各國都跌破眼鏡，大惑不解。

對於中日兩國全面開戰，此時殷汝耕主持冀東自治防共政府這個傀儡政權，接到日本人的指令後，派大批的漢奸滲入北平城內，這批中國人要幫日本的忙。而影團的逆潛間諜組二十人，以『今村商社』的名義，在防共自治政府內潛伏，這批日本人要幫中國的忙。

話鋒回頭，七月二十七日，河北通州縣，今村商社三樓。

四男一女在這開會，表面上他們穿著著中國服飾，實際上都是日本人。分別是今村小五郎，為白團逆潛間諜組組長，年約四十多歲。其他四個二十多歲的年輕人，是他的組員，東鄉大明，上杉惠子，武藤義次，山田黑二。其餘組員則在商社外警戒，此五人核心成員，密商松島團長給的指令。

此時，從宛平縣蘆溝橋的中日兩軍已經開戰，而且規模不小。會不會牽扯到中日兩國全面開戰，尚未可知。在根據情報討論局勢後，商議下一步動作。

今村小五郎不禁感嘆說：「從古至今，從沒見過這種歷史狀態。敵國軍隊如此深入自己的心腹要地，雙方都已經大打出手，人民相互敵視，還能互不宣戰，不斷派人協商。」

東鄉大明說：「領導人就是內奸，自然會產生這種情形。恐怕局面惡化，中日兩國人民，會因此相互仇恨下去，兩民族互相殺戮。」

今村小五郎說：「罷了，言歸正傳。從南京松島團長傳來的電報分析，南京政府在全中國輿論逼迫下，已經做了開戰準備。我影團的宗旨各位也清楚，是天皇的分身，站在中國百姓這一邊協助抗戰，留下歷史證據。但是河北的駐軍，中國雖然比日本多，但都是蔣介石派來這裡抵擋日軍的地方雜牌軍，恐怕不是日本皇軍精銳部隊的對手。所以在此緊要關頭，我們逆潛間諜組成員，應該拿出一份成績出來。惠子，殷汝耕手下的保安總隊，妳聯絡得如何？」

上杉惠子面貌姣好，且精通中日兩國語言文化，穿梭在漢奸與日本軍政要員周邊，前兩個月受今村之命，聯絡了殷汝耕手下的第一保安總隊長張慶餘，與第二保安總隊長張硯田。

上杉惠子答道：「這兩人在殷汝耕手下，表面上受到重用，實際上對自己背上漢奸的身份，十分不滿，親人對他們十分不齒。兒子甚至登報宣佈，與父親脫離父子關係。前

些時候，他們聯絡了二十九軍軍長宋哲元，有意思要反正。但是對於在通縣的日本軍隊與特務機關，十分忌憚。我們必須給足情報，他們才會回應，不然他們以為我等，是日本特務去刺探忠誠的。所以我並不敢講得太明白，看是否要先調查通縣日軍的行動？」

今村說：「目前局勢緊繃，且先別急，以免打草驚蛇。通縣的日本特務機關，對我們商社與漢奸往來，有些疑慮，曾經找我查問，商社到底是什麼背景。他似乎已經起疑，這人不能讓他活著！」山田黑二說：「報告組長，有一件事情很奇怪。這兩天，我們商社外頭，常常有人假扮成小販在盯哨，看樣子應該是支那人，不知道會不會是，南京政府的特務？」

今村瞪大眼說：「真有此事？那人在哪裡？」山田打開三樓的窗簾，五名組員靠近一看，確實有一個賣燒餅的小販，望著商社這邊。

山田放下窗簾後，今村說：「現在兩邊的中國人對我們都不信任，而日本同胞，反而是我們真正的敵人。我們商社已經遭到懷疑，為了慎重起見，下一次的集會地點，就改在保定會合。惠子，妳的工作要加緊進行，一定要讓那兩人反正成功。日本特務機關長細木中佑的情報，我來負責處理，妳只要暗中給他們情報，一切事情就大功告成。至於殷汝耕的消息，山田負責調查清楚，把消息給惠子。」山田點頭示意。於是眾人立刻散會。

二張此時已經通知手下反正的消息，下層士兵一陣歡欣鼓舞，平時受盡了日本人頤指氣使，乃至仗日本勢力的朝鮮次等國民的氣，還得陪笑臉，最後又被自己同胞唾罵為漢奸，能趁此配合二十九軍反正起義，正為大家所願。兩隊共一萬多人，消息完全沒有走漏。

六門書判－尤其朝鮮韓棒民族，煉黨爭小人步數五百年。虎倀肯定很多。所以中國人可能更恨假日本的人高麗棒子。

此時上杉惠子穿著中國平民的服飾，密見張慶餘，把日軍的一切動向告知了他。雖然惠子中國話很標準，但張慶餘知道她是日本人，便問：「妳是日本姑娘，為何要幫助我們反正？」

上杉惠子說：「中國有好人也有壞人，日本也是。給你這情報只有一個要求，就是對待日本僑民手下留情。」張慶餘說：「若是百姓，我自然會告訴弟兄們，不可以殺害。但是裡頭很多是日本後備役軍人，甚至有日本軍隊養的朝鮮走狗，平時仗勢欺人，欺凌我同胞，這些人我就不能饒。何況仗打起來，生死相搏，一團混亂，很難保證萬無一失。」上杉惠子點頭說：「這我能理解。還有一事，便是特務機關長細木中佑一定得死，絕不能留。」張慶餘自然是要殺他，但仍疑惑地問：「為何一定要他死？」上杉惠子微笑說：「倘若有人開始注意你的秘密，這秘密又攸關生死，能讓他活嗎？」

被他這一說，張慶餘反而更加好奇，追問：「我真的很納悶，妳是日本人。到底什麼原因，會來幫助我們？」上杉惠子眼神露出了一絲陰冷，手放入口袋握住手槍，以免出現萬一的狀況，緩緩說：「殷汝耕是中國人，卻可以被你們蔣委員長授權，管理河北，跟

日本人合作當漢奸。同樣日本人又何嘗不能當和奸，跟中國人合作？我建議張先生你最好別太好奇，免得把事情弄巧成拙。」

這年輕貌美的日本女子，獨闖一群凶神惡煞的保安隊中，竟然如此冷靜，且眼神能反露出兇像，毫無懼色，張慶餘從而感到一陣懼怕，點頭說：「知道了，我們依計行事。姑娘妳畢竟是日本人，在我們起事之前最好先離開通州，以免被波及。」

上杉惠子說：「離開是自然，我們比你還安全，倒是你才要保重。」說罷微笑著離開，一群壯漢讓開路，對此女子深感懼怕。

在日軍向北平大舉進攻之時，駐通縣的『冀東防共自治政府』所轄的保安隊第一、第二總隊官兵，在總隊長張慶余、張硯田率領下，在當天半夜，發動反正兵變。主力大舉進攻日本特務機關，當場打死日本特務機關長細木中佑。

此時日本主力已經調往平津進攻，少數剩下的日軍，及數百日本與朝鮮僑民死守在西倉兵營中。由於日軍擺出機關槍掃射，火力強大，進攻尚未得手，只能先將之團團包圍，以步槍與手槍還擊。

同時間，在文廟的殷汝耕，被大批保安隊襲擊，保鑣當場被開槍打死。殷汝耕嚇得腿軟躲在桌下，被保安隊當場架了出來，群眾從遠觀從而包圍了過來。殷汝耕和曹剛看著這憤怒如潮的人群，嚇得面如土色，早已魂飛魄散。他倆全如一攤軟泥，由保安隊架著雙肩才能勉強站立。

「大家讓一讓，押出大漢奸了！」

群眾一陣激憤，大喊：「槍斃他！槍斃他！」張慶餘說：「諸位靜一靜！」總隊長說話，大家才安靜下來。張慶餘說：「這傢伙是誰，大家也都知道。跟著日本人，還有日本人養的狗，朝鮮流氓，一起魚肉同胞，背叛國家。聽說他還跟了他日本老婆的姓，叫什麼來著？」說著盯著他看。

殷汝耕不敢說話，一名保安隊員用槍頂著他頭說：「快說！叫什麼來著！」殷汝耕小聲地說：「井上……」張慶餘說：「喔！井上！本來今天是要槍斃掉這個井上！但是弟兄們！請大家放心，我張某人既是發動大夥兒起義，就是跟這大漢奸勢不兩立，他們是賣國賊，絕不會輕饒了他們。我們現在是打算把他們送到北平，交到二十九軍宋哲元軍長的手裡，去伸張國法，讓全國同胞都出出這口氣。同時，也是咱們哥們起義的證物，大家說把他倆運走對不對？」

大夥兒卻沒說話，因為當官的表裏不一，已經是常態。說要帶走這大漢奸，不直接槍決，這太像平常蔣委員長詐欺人民的手段，不當場槍斃，實在難洩心頭之恨。

隊員魏志中走到大家面前說：「我替大家抽這王八蛋的耳光，直到大家說好才結束。」於是走到殷汝耕面前，狂抽耳光，邊罵：「當漢奸！狗腿！姓日本老婆的姓！背叛祖宗！」一耳光配一句罵語，打得眾人內心舒坦。張慶餘知道還有仗要打，於是揮手招來汽車，把兩人扔進車內。汽車按著喇叭，嗚嗚叫著，以牛車一樣的慢速，在水洩不通擁塞人群

的街道上，一步一挪地往前蹭。

安排好送走漢奸殷汝耕，便指揮部隊猛攻西倉日軍兵營，所有的日本僑民都持槍共同抵抗，當中朝鮮棒子人居多，其雖人數少卻火力強，所以保安隊傷亡慘重卻沒有進展。於是保安隊改變戰術，在火力掩護下，用汽油桶堆放在兵營周圍，然後點火引燃，煙嗆兵營，然後集中火力衝殺，將裡頭一個聯隊日軍與特務人員四百人，全部殲滅。只有少數逃竄離去。張慶餘下令停止攻擊時，日本僑民已不到一百人存活。通州縣百姓也大為振奮，趁機拿起木棍追打朝鮮棒子狗腿，與日本浪人。

而影團成員此時已經早搭車離去，往南方撤走。

日軍發現後方叛變，於是調兵回頭迎戰，雙方兵力與火力懸殊，保安隊只能且戰且走，放棄原本收復的通州縣。而殷汝耕在押送途中被日軍劫走。之後，他失去利用價值，逐漸被日本軍方冷落，直到戰爭結束後，被國民政府審判槍決，此亦為蔣介石要殺人滅口之舉，此事按下不提。

平津發生戰事，駐紮在關外的數十萬日本關東軍就已經按奈不住，提出了北支那作戰方案，大舉入關增援，與不擴大派協調之後，自然是放開手大舉進攻，繼北平之後，天津也被攻佔，再從日軍精銳不斷增援華北的情況看來，北方的戰局很快就會一洩千里，接二連三慘敗。戰局讓裕仁內心暗暗叫苦，沒料到平津一帶，中國軍隊的表現如此之弱。

八月九日夜晚，日軍進入北平後。通州縣郊外一間廢棄磚瓦屋，影團逆潛間諜組成員在此集合，眾人正準備南下保定。但是今村小五郎收到了松島賢三的命令，臨時改變了計畫，殺一個回馬槍，潛伏回北平城內。預估日軍很快會攻佔平津，然後迅速南下，此時最好的戰略就是滲透到敵後，展開背後策反作戰。既然兩軍在平津一帶已經全面開打，蔣介石也拋出了最後關頭之說，上海一地的中日兩軍也已然箭在弦上。

平津之戰都是地方雜牌軍，輿論因而批判有重武器的中央軍避戰，都讓地方雜牌軍去送死。實際上當前這責任在宋哲元不積極，拒絕中央的各項建議。但蔣介石先前自己畏縮退讓，上樑不正底樑歪，百姓自然都會認為，這一切是蔣介石的責任，他發現若不動員嫡系部隊狠狠打一仗，漢奸的罪名就難以洗刷，各地的地方軍，也都不會聽他號令。

遂準備動員裝備與訓練都較強的中央軍，在上海主動攻擊，藉此把日軍吸引到上海一地，觸動國際視聽，看第三國是否會介入牽制日本，導引和談。另外一層意思，也在告訴日本軍方，蔣主導的抗戰只在長江流域，不會主動挑戰到日本的華北與東北利益，遂下令張治中率領兩個德式裝備的精銳師，先開進上海與日軍作戰，而不是增援最危急的華北。

蔣中正在軍委會上宣稱，將日軍引到長江水道縱橫之區，可以遲滯日軍機械化部隊進兵。讓日軍進攻方向從北向南，改為東向西。

實際上觸動國際視聽，不需要把精銳放在上海，中國對日本一紙宣戰文告，就可以達到這效果。更何況自日俄戰爭後，世界各國忌憚日軍的力量，日本又不斷增強軍備，

觸動國際視聽根本不會有用，沒有任何一個國家，會因為如此對日本開戰。而且上海鄰近大洋，直到武漢都有長江廣闊水域，日軍可以憑藉強大的海軍，快速集結並增援，非常有利於日軍展開海、陸、空立體聯合作戰，反而中國軍隊沒有強大海空軍，在此，又有諸多水域交通限制，無法憑藉人多勢眾的優勢，展開廣面積的戰略打擊，反而是自我設限。況且，長江流域為中國最重要的工業、農業經濟富庶之區，將這裡淪為主要戰場，從對外貿易，經濟實力，軍工生產，軍火輸入都將大為受損，百姓傷亡將會更重，對中國長久抗戰，將會是五分力收一分效，才是極端不利。

六門書判—周公不會打仗，這是肯定的。無所謂，無論贏還是輸，對鬼局四先生來說都一樣。不過話說回來，讓長江富裕之地，尤其上海經濟重心，先上場與日軍作戰，也是有其積極意義。因為上海已是買辦漢奸的大本營，又為西洋人控制據點，陷入戰火打亂內外其他做壁上觀的賊人盤算，讓富裕者替貧困者先擋槍，也是應當。故戰略上看不好，心略來看是妙棋。

話鋒回頭，張治中率領的八十七、八十八兩個精銳師，採取德國的摩托化步兵規制，以汽車與火車大規模開到上海集結，同時整編其他警備部隊為第九集團軍。百姓見到中國主動拋棄當年的淞滬停戰協議，果然肯定了抗戰決心，各單位或個人紛紛前往勞軍，官兵士氣也異常高昂，要一吐多年的怨氣。日本駐上海陸戰隊司令大川內傳七，也下令部隊進入陣地準備戰鬥，日軍在上海進入全面備戰狀態。北平淪陷後，上海的中日兩軍更加緊繃了起來。

淞滬戰場前線指揮所。

蔣中正親自來此，李宗仁、白崇禧、顧祝同、馮玉祥、張治中、陳誠、張發奎、薛岳、朱紹良等等，各路軍閥與諸多嫡系將領大集合，各自也動員所屬最精銳的部隊，往上海進發，準備大打一仗。

會議開始，蔣開口道：「我國政府已盡一切之忍讓，然倭寇仍接二連三挑起事端，政府不得不下定決心抗戰到底，喚起世界各國之關注，以期國際正義之協助……」

不過畢竟已願意拿起槍砲對準侵略者，即便對他不滿的李宗仁，也抱以肯定態度。接著張治中在地圖上說明了所屬各部，進入攻擊出發陣地，準備大規進攻日本租界區。但發現蔣忽然面有難色，插嘴道：「等等，作戰計畫要改。」

便問：「委員長，這主動進攻的計畫有變？」

蔣小聲地答道：「沒有變，只是十三號拂曉的進攻計畫，要稍微暫緩。」

張治中頗為不解，兵貴神速，大軍已經就戰鬪位置，日軍也必然警覺，調集部隊佈防，若拖延時間，必然無法收到攻其不備的效果。又問：「不知是何緣故？」蔣道：「駐滬的各國領事團，向我提出二十四小時之內，不要開戰的要求，要給他們有所準備。」

張治中瞪大眼道：「若給他們有所準備，那日本人也必然有所準備，這對我們將士之後的軍事進攻，會增加很多不必要的難度。」

蔣又說：「這牽涉國際外交，我們不能不有所顧忌，這場仗最重要的目的，還是要讓其他強國介入，得罪他們不起。」張治中頗為惋惜，苦勸說：「委員長，既然已經打算在上海開戰，就沒有必要顧慮那些洋鬼子！上海不管怎麼說，還是我中國的領土！租界區只是借給他老外經商用的，憑甚麼來管這事情！」

在一旁的陳誠說：「張司令，我們軍人以服從為天職，中國要長期抗戰，必須要借助這些外國人的軍火支援，若現在得罪他們，恐怕不利我長期抗戰。」

可惜國際社會一切講求現實，沒有實力，就沒人理會你國民政府的彎躬哈背，再去拼命仰人鼻息也沒有用。

八月十三日九點十五分，天通庵車站附近，中日兩軍已經開始小規模衝突，八十八師的官兵已經忍不住主動打響第一槍，對日軍前哨射擊，日軍前哨部隊也開槍還擊。兩邊前哨已經持槍交相對射。

兩邊政府因為都沒交互宣戰，故陣前都派代表參加會談，表示要維護和平，但實際上交相指摘，不歡而散，各自也都做了增援開戰的計畫。

八月十四日。中國方面的總攻擊令下達……

國民政府下令第九集團軍，對虹口一帶的日軍全面進攻，同時中國的空軍也全面出動助戰，大規模戰鬭開始。上海的市民已經可以看見飛機凌空，聽到槍炮聲響，晝夜不絕。此地的中國軍隊為蔣中正的嫡系主力，有較多的資金與較強的武器，經納粹德國的教官訓練過，戰力明顯比北方的中國軍隊強，日租界的諸多據點被擊破，日軍的海軍陸戰隊只能死守待援。

雙方都各自等待增援，展開第二回合更大規模的廝殺。

蔣中正引誘日軍到上海一地作戰的策略，引來日本各地軍艦快速集結，運載大批生力軍輕鬆登陸增援，快速建立火力堅強的戰線，並以艦砲直接對中國軍陣地砲擊。工商發達人口密集的上海，被飛機轟炸艦砲轟擊，全亂成了一團，人民攜家帶眷四處逃難，中國軍隊調度困難，戰略部署在開戰之初，就已經全局陷入被動。中國軍隊只好派出寡弱的飛行隊，對日軍船艦實施轟炸，中國海軍艦艇以小搏大，所幸將士用命，擊沉出雲號。中國軍人也對強佔沿海租界，趾高氣昂的西洋人士不滿，投彈手刻意丟幾枚炸彈，攻擊法國租界，讓西洋人也嘗到被戰火波及的滋味，炸死不少中外人士。

八月十七日，中國軍隊第二次總攻擊開始，八十八師進攻上海的日租界，並對租界區內展開炮擊，並以機槍掩護衝殺，殺聲震天，連續攻佔日租借內的重要據點。突擊部

隊一路打到黃浦江邊上，虹口地區淹沒在雙方槍砲聲與硝火濃煙之中。

遠從西安搭乘火車，兼程趕來的三十六師，到上海增援，投入對日軍的攻擊。日本輿論對中國軍隊竟然敢主動攻入上海日本租界，造成日本軍隊重大死傷，大為震怒。

日本一群激進份子，知道上海一地的中國軍隊動向後，大為興奮，中日兩國終於大規模開戰，認為攤牌的時機終於來臨。於是傾巢而出，動員媒體與各類街頭宣傳，並連絡日本各大城市的同黨，大罵暴虐支那破壞和平，要求政府立刻全面動武。此時的首相，近衛文磨，被激進份子不斷逼問，要他立刻批准日本軍隊的軍事行動。

七月盧溝橋開戰時，近衛文磨一直躲避各界追問，且極力淡化處理。被逼到牆角非回答不可時，則宣稱這是地方事件，可以透過地方談判去處理。

但而今上海也大規模開打，狀況一發不可收拾，他想淡化已無可能。在日本人一窩蜂追問下，只好在內閣用不尷不尬的口氣宣佈：『支那政府一直利用帝國政府之委屈忍讓，利用帝國政府致力維護兩國和平的態度，縱容侮日抗日之行為，事件終於波及華中區域，至此帝國政府將一改忍受欺侮之態度，不得不斷然對支那軍給予一擊』，『過去帝國政府不斷受到南京

政府的汙辱侵犯，帝國政府也都採取，主動退讓，忍受羞辱的態度，如今南京政府進一步擴大事態，帝國的隱忍已經達到最後限度，為懲罰支那軍的暴虐行為，促使南京政府反省，現今才不得不採取斷然措施！』於是宣布動員，並以松井石根大將為總指揮，也從本土調兵遣將，從海運快速奔殺而來。

兩軍各自得到增援，在市中心大打出手。三十六師與八十七師同時進攻，但各自受挫，進展不順，與日軍戰線呈膠著狀態。重新調整之後以戰車為前導，連續突破日軍防守據點，打到江邊，日軍則動用船艦炮火與飛機支援，把中國軍隊的戰車隊擊破，並重新堅強防守據點，進攻計畫再次因為日本海軍快速增援，以致功敗垂成。十日主動圍攻，被日本海空力量即時增援擊退，只能因此停滯。如此已經證明，靠近大洋與廣闊水域，中國軍隊就沒有勝算。

蔣氏兵法再次大敗告終。當然，周公傳記上沒有記載說，能真正平定周邊夷狄，只能鎮壓管蔡與殷人內亂。而且已經粉墨結束了。

還在孤立主義當中的美國，眼見蘆溝橋事變蔓延成全面開戰，『田中奏摺』又大力邁進一步，在大洋彼岸坐立不安，國務

卿柯德爾・赫爾，強力呼籲中日雙方停戰，蔣介石十分樂意，有意藉此下台，但是日本軍方早已做好開戰準備，對打敗中國軍隊有十足把握，繼續增兵來援，對美國調停不予理會。美國人自然對日本人無可奈何。蔣介石只能繼續開戰。

雙方再次各自增援，日軍海運而來，陸海空三軍聯合作戰，達三十萬之眾。中國軍隊也從內地各省，風風火火從陸上趕來，投入近七十五萬之眾，雙方捲入血腥的街道巷戰。一時之間，全上海匯聚雙方共百萬大軍，相互火拼廝殺，上海市民紛紛搶進租界區躲避。不過日軍陸、海、空立體作戰火力強大，海運增援又快速即時。中國軍隊雖奮力拼殺，礙於無海空軍抗衡，支援比較緩慢，傷亡仍為日軍的兩倍，戰局逐漸不利。

除此之外，日軍大批的海運也從揚子江登陸川沙鎮，建立登陸增援的穩固灘頭，大舉攻入上海左翼，滬寧鐵路面臨被切斷。

上海整日整夜被槍砲聲壟罩，照明彈與火炮，把上海夜晚點綴得如白晝一般……

松島賢三的兒子，松島敏雄，化名為吳慶堂，中國話已經沒有口音，所以他周邊的人，都不知道他是日本人。經由王家禎串人事，編入蔣介石嫡系部隊第八十八師擔任少校營長。然而他並非黃埔畢業，在蔣介石手下的軍隊中，被歧視為雜牌軍官，最多階級只能到此。然而他指揮作戰，卻異常勇猛，已經連續擊破日軍多次攻勢。

營指揮陣地外頭砲聲隆隆，周邊建築都成了廢墟。

傳令兵張二侉子，在槍林彈雨下跑進了營指揮所，喘著氣說：「報告營長，日本鬼子又發動衝鋒，有戰車掩護，第一連防線快撐不住啦！」

吳慶堂於是把所有傳令兵招來，拿出這防區地圖，邊指著圖邊說：「二侉子，傳令一連，交叉火力掩護，撤退到這一區！李大刀，傳令二三連連長，緊急調動機槍與炸藥包，在這一條街樓上打埋伏，先集中炸藥包把戰車炸掉，然後機槍掩護反衝殺！」

指令簡單明確，傳令兵依令而去。

果然第一連且戰且走，日軍數台戰車開入巷道，突然廢墟二樓鋪天蓋地拋出炸藥包，數台開道的戰車全毀，接著一樓牆壁鑽出槍眼，機關槍狂掃，日軍倒下一整片，二三連同時衝殺，連續奪回陣地。周邊單位的中國軍隊都傷亡殆盡，就是吳慶堂這一防區穩如泰山，日軍只能集中重砲猛轟。但是接連衝鋒仍被擊退。當吳慶堂以為，自己能堅守住陣地時。蔣的寵愛大將陳誠，是個庸帥，胡亂指揮，所屬部隊連吃敗仗，司令部所在地大場失守。

李二侉子又跑進來，喘著氣說：「報告營長，不好啦！團長陣亡，團指揮所告知，司令部大場防區失守，上頭下達了撤退命令……」

吳慶堂大驚失色說道：「不能撤啊！完了！一個區撤退，就會接二連三動搖到上海其

他守軍的防線！這個城必須死守到底，在殘磚廢瓦中繼續打！蔣介石不會打仗，陳誠根本就是個蠢才！」

副營長張德光說：「現在該怎麼辦？聽不聽命令？」忽然一個重砲打中營指揮所上頭，轟隆巨響，眾人都趴在地上，混泥土建築垮塌了一大半，張德光當場陣亡。李二侉子扶起吳慶堂，所幸他只受了點小傷，吳慶堂拍掉身上的灰塵說：「我沒事，傳令三個連連長，全軍撤退！建制已經混亂了，上海肯定難以持久，死戰也無益，我們先退到城外再說！」於是吳慶堂整個營，跟著庯帥陳誠的主力全軍撤退。所幸大場防線還有其他死戰的部隊，八十八師五二四團副團長謝晉元，率四百敢死隊，死守四行倉庫，擊退日軍兩千多人的進攻，掩護庯帥的主力逃跑。

日本各階層官兵驚訝地發現，此處的中國軍隊戰力，不是想像中那麼弱。原本七七事變爆發後，軍方都樂觀以蔣介石當年，日本能三月亡華之說來估算戰局，認為解決『暴虐支那』只需要三個月。但上海一地連番鏖戰，就已經不止三個月。日本大本營見日軍傷亡日漸慘重，情勢不妙，運用海空優勢，趕緊調整戰略部署，從華北以海上運輸，抽調來精銳第十軍，下轄三個師團，從杭州灣金山衛登陸，發揮海空作戰快速機動的優勢，以生力軍從側面襲擊中國主力。當地守軍拼死抵擋，全部陣亡。

當蔣介石發現日軍運用海上優勢迂迴側擊，大為驚恐，怕主力受損，又怕持續投入部隊會損傷自身實力，竟然下令撤退，將戰線退往上海與南京中間的防線。完全不知道，戰場上前進容易，後退困難。從而中國軍隊演變成一場，類似淝水之戰的潰退，相互推擠踐踏，還被日軍追擊，因此傷亡慘重。整個淞滬戰役，演變成三比一的傷亡。中國軍傷亡二十多萬，日軍傷亡七萬。日本大本營在上海慘勝之後，眼見好不容易中國指揮上犯了錯誤，兵敗山倒，遂令華中支那方面軍繼續追擊，進逼南京。中國的潰退大軍頂多且戰且走，難以組織防線，眼見日軍窮追不捨，難以再行抵擋。蔣介石腳底抹油先溜之大吉。政府宣佈「此次會戰，粉碎日軍三月亡華之戰略目的達到，上海與南京已經不再重要。政府將遷都重慶，軍委會遷往武漢，以利長期抗戰。」

用水域阻擋機械化攻勢的軍事騙局，於是破功！讓人民來承擔後果。

日軍攻下上海後，一些官兵把漢奸孫文的銅像，拆下來一起合照，還加以歡呼嘲弄。日軍之所以會打到這裡造成災難，這已故的孫中山，算是始作俑者之一。若孫文只是一顆棋子，這棋子的功效，還真的達到了。只是下棋的人，大家看不出來是誰。

上海鏖戰結束，南京保衛戰前夕，日本皇宮。

雖然東京的皇宮，不比淞滬那般硝煙砲火，呈現一片安寧，但裕仁內心之焦急，不亞於前線官兵，誰都沒有料到，這裡才是中國抗戰真正的主力戰場。侍從官引導了有參

加軍職的皇族人士，有伏見宮博恭王、梨本宮守正王、東久邇宮稔彥王、閑院宮載仁親王、賀陽宮恆憲王、秩父宮雍仁親王、閑院宮春仁王、伏見宮博義王、高松宮宣仁親王、竹田宮恆德王、三笠宮崇仁親王等等。另外還有數十名海陸軍部的高級將領，一同來報告上海的戰況。

裕仁坐於主座，看著巨大的上海地圖，聽整個戰局變化。這三個月來他除了不斷褒獎皇軍，應付各方之外，對戰局很少表示意見。實則內心非常著急，要是中國軍隊兵敗山倒，日軍一路狂勝下去，那麼全日本子民都會陷入征服中國的狂歡當中。入主中國，讓全日本人享有大陸資源，就成了大家對裕仁理所當然的期盼，中國整個民族，就會紛紛跑進大和民族當中，那再接下去的事情，那真的就不是他能作主了。

「……上海一地支那軍隊負嵎頑抗，經過三個月慘烈鏖戰，尚無勝負。但自朝香宮殿下趕往赴任，松井石根大將與之以優勢海空兵力，從杭州灣金山衛登陸，側擊支那軍隊後，戰局有了重大轉變。據報，蔣介石自知不敵，開始下令所有支那軍隊放棄上海，撤往南京與上海中線的防禦工事當中。支那數十萬大軍因而潰退，我大日本皇軍趁勝追擊，支那軍隊傷亡慘重。目前皇軍已經逼近南京城外，將支那首都攻下，逼令全支那人投降，已是指日可待……」

聽到會上報告戰局者這麼說，裕仁眼皮青筋跳動，絲毫沒有勝利的喜悅，中國軍隊的潰敗，等於讓他最怕的事情，一步一步要變成真實，想跑也跑不掉。忽然開口：「支那軍隊真的開始潰敗了？」

天皇開尊口，無論皇族非皇族都望眼而來。博恭王答道：「嗨，從各路皇軍統整的情報看來，支那軍隊已經潰敗。數十萬大軍沒有組織，各自奪路而逃，沒逃出去的部隊，成批地被皇軍俘虜。」裕仁聽了怒火中燒，問道：「蔣介石沒有組織就下令撤退，支那各路兵馬以為戰敗，自然會有此窘境。然而支那內部抗戰氣氛高漲，底層的軍官士兵，難道沒有自組抵抗者？」

這大家轉望剛從前線回京的天皇御弟，崇仁親王。他答道：「前線軍官報知，支那基層的官兵，收到撤退命令後，真的就奪路逃跑，相互推擠踐踏，中階的軍官攔也攔不住，甚至很多就交槍投降。面對這種軍隊，我大日本皇軍也不用太在意。」當前局面詭異，自己所屬的皇軍才是會毀掉神武天皇皇統者，而所謂的支那兵，才是捍衛皇統不滅的軍隊。裕仁聽了崇仁所云，非常光火，目前這些支那兵才是他要的皇軍，上海一仗原本打得好好的，死死頂住日軍優勢武器的進攻，沒想到才因蔣介石一個命令就各自跑了。

裕仁對蔣介石亂下令撤退，自己也腳底抹油逃跑，幫日本戰局打中國軍隊的弱點，搞爛局面，已經不奇怪，他也無可奈何！但這些中國基層的官兵，等於是怠忽職守的逃兵！缺乏自己死戰到底的抗戰意志！

終於忍不住怒火，轉口問：「朕要問一個問題，戰場上怠忽職守，臨陣逃跑，缺乏死戰到底精神的官兵，應該做何處理？」眾人聽了一陣納悶，難到日軍死戰精神還不夠？

不過既然天皇問了，便答道：「該陣前槍斃，殺一儆百，讓其他官兵警惕。」裕仁點頭手指著地圖說：「從平津到淞滬，這兩地的支那兵就是缺乏這種精神，沒有戰到最後一人一彈的意志！告訴前線，對這些或交槍投降，或臨陣脫逃被俘的支那兵決不能手軟。不然之後其他戰役，還不知會出現多少這種，讓戰線潰敗，喪師失地，令人憎恨的官兵！」

此語一出，除了幾個血緣比較親近，曾參加過皇室秘議的皇族人士，其他人都聽不懂裕仁這話甚麼意思，目瞪口呆，面面相覷。裕仁也忽然醒神，趕緊收口。轉道：「朕的意思是，兩國還沒宣戰，這政治上屬於一個局部事件。對支那兵不需要理會國際公法，朕在八月六日時就有宣佈過。」既然天皇開口，眾人只好將之記下。

會後眾人散去。迷海進了宮，急忙與他在密室會商。

裕仁說：「北野已經病死，能跟朕討論真實事情的，只剩你一人。現在已經火燒屁股，中國故都北平已經攻陷，上海也被攻佔，大軍現在要進攻中國首都南京了，接下來的政治佈局怎麼辦？軍部遲早會施加遷都的壓力！仗再打下去，中國政府怕會撐不住了。」

迷海已經身體狀況不佳。挺著精神說：「陛下勿慌，中國國土廣大，人口眾多，還有後續實力，還不至於那麼快垮。如今不過再次扶植一個傀儡政權，讓軍部的人去忙活。就算北京與南京都被攻破，陛下仍然堅持待在東京便是。總之八風吹不動，端坐紫金蓮。不斷攪亂軍方的人事佈署。」

裕仁愁眉慘霧說：「現在朝香宮鳩彥王，也被派去進攻南京。先前朕給的指令是，對不戰而降的中國士兵不能留情，要逼他們拼死作戰。朕怕朝香宮學朕，態度曖昧不明，攻入南京會無法管束下屬，從而有失控的事件。」

迷海基於自己也屬皇族，很明確地說：「這就是陛下的錯誤！軍方上下都沒料到，上海之戰蔣介石會投入各方面的精銳主力，放手一戰，從而日軍傷亡慘重，然後又突然搞得全線潰敗，無力再戰。皇軍官兵們必然抱著怒火，攻破南京之後，恐怕會有一場難以收拾的屠殺。這是古往今來，戰爭慘勝方，對待受鄙視的頑強抵抗失敗方，必定會發生的現象。而朝香宮現在指揮進攻南京的作戰，那不就等於，皇家親自指揮屠城？且不論目前衰弱的中國人怎麼看，也不論中國未來是否會有強大之時。就當下國際上許多冷眼旁觀的眼睛會怎麼看？」

裕仁低頭不語。

迷海說：「我們既然拒絕入主中國，萬一將來戰爭的收場，是日本以敗告終，來解決這問題，這就會是一件麻煩事，皇家要怎樣脫離干係？」

裕仁喘口氣說：「本來這命令，最早是八月五日下給他們的，是眼看北方戰局中國軍隊過於脆弱，雙方傷亡不成比例，中國士兵時常戰場上臨陣投降或逃跑，為了要強化中國士兵在各地的抵抗意志，不准他們投降，所以朕才會擺明了下這道指令，今天的會議只是重複一次，也是遵照大師所云，以中國天皇的角度，要逼自己的士兵『玉碎死戰』，絕不投降。至於讓皇家人士去指揮，是因為南京是政治要地，不能讓軍方把持，一方面

讓朝香宮建立戰功，替朕滲入兵權的掌握，另外一方面戰後的政治人事，朕容易操控佈局，從而不用遷都中國。但而今看來，是有失算之處。現在戰爭糾結中，朕也難以臨時換人，等之後立刻把他們抽調回來，然後連松井石根等等雜碎，一起『冷凍』起來，慢慢看怎樣處理！」

迷海說：「老衲害怕，朝香宮為了搶功，藉以多報殲敵數量，故意學陛下不表一態，放任底下打紅眼的軍官，去屠殺俘虜。與其這樣，不如讓影團作出一些正面的事情，留下一些證據，好預備未來局面意外的發展。」裕仁點頭說：「就這樣辦！通電讓影團在南京外圍，好好打一場，留下『抗日證據』之後，撤往武漢。」迷海長喘一口氣，顯得有些疲憊。

裕仁問：「大師怎麼了？好像已經沒氣力？」

迷海拿出一張紙，遞給了裕仁說：「老衲已經老矣，先前計算事情緩慢，以致大陸政策接連失控，要再次向陛下致歉。且知道自己將離開世間的時日，這是之後可以替陛下謀劃，保護皇統長傳的名單，請陛下聖斷。最後，老衲想要說，中國有句古話，很有道理，即『天與不取，反受其咎』，我等不願入主中國，設計的中國戰局假平衡，遲早會拖垮日本國的國力，將讓日本也付出跟中國一樣的慘重代價。下一個歷史階段的出發，日本有可能會從困厄中當起點，陛下當與下一個參謀，早作對策。建議從明治天皇陛下，當初如何思考維新的根基開始。」

裕仁暫時收下名單，然後說：「繼任人選朕會考慮。當前的局面是，中國的首都已經被我們佔領，接下來軍方必然給朕施壓，要遷都中國。中國百姓遭屠殺，以及朕將要再次被逼遷都，這都不是我們的錯，全都怪蔣介石！請大師再給朕最後的建言！」

迷海說：「本來第一秘密方案是，寄希望於中國軍隊頑強抵抗，死戰到底，北平與淞滬之戰，皇軍都吃敗仗而攻不下來，陛下可藉此指摘軍方無能，然後要求停戰談判，走當年後陽成天皇時代對付豐臣秀吉的相似路徑，讓戰局變成膠著的爛泥。滿洲的事情就視情況，逐漸丟出去，讓中國人自己去看著辦，日本緊抓朝鮮與台灣自保就好。可現在軍方卻打勝了進攻戰役，攻佔北平、上海與南京。那就走第二秘密方案，制定『不擴大戰局方針』，引誘蔣介石投降！再造一次假平衡！」

裕仁有些不解，反問：「引誘蔣介石投降？這不就等於拋出賣國密約，讓蔣介石被推翻，從而政壇出現混亂。中國抗戰局面面臨瓦解嗎？」迷海苦笑著搖頭說：「不是的，這與拋出賣國密約截然不同。拋出賣國密約，是國民黨根基整個瓦解，政權徹底垮台，中國人必然陷入相互猜疑，抗戰意志大為動搖。但此時蔣介石若能投降，卻不是如此，只是他個人認輸的問題，他本來就已經讓中國百姓非常不滿，這反而是幫中國抗戰局面的大忙。」

裕仁皺眉頭，疑問：「請大師詳細解說，解朕心中疑惑。」

迷海說：「陛下也熟知中國歷史。兩國演變而今的局面，都是孫文重演了石敬瑭的故計，使日本激進軍閥們的野心失控所致。而石敬瑭的兒子石重貴，面對契丹人節節進逼，被迫與契丹人開戰，但這種兒皇帝政權，根本沒有號召力，各路軍閥投機觀望，不願效力，最後兵敗投降，後晉滅亡了。但是契丹可有入主中國？沒有，各地軍閥反而配合百姓，更加激烈反擊契丹。何故？除了少了昏瞶的中央節制，原本貌合神離的各路軍閥們，還想利用石重貴垮台，自己主宰中原成為皇帝，所以會用盡手段，敢於冒險，更於積極，緊抓契丹主耶律德光的『打草穀』，引來漢民仇恨的契機，出兵搶得頭籌。而今中國百姓抗日熱潮被激化了出來，一昧妥協的蔣介石若是投降，跟我們合作，就等於當了石重貴，則中國百姓與各地軍閥必然拒絕再服從他的命令，他委員長位置自然不保。那麼就會有劉知遠與郭威的角色出現！而今中國人還有不少的戰力，在大敵當前之際，必然團結，蔣介石就算垮台，國民黨還會另選他人為主，扛這個抗戰大旗，也就不會出現相互猜疑，互相拆台的局面，屆時我們就可以與堅定抗戰的人合作。像李宗仁，就是一個很好的人選。只是到時候要秘密告訴李宗仁，趕緊跟國民政府切割，孫文的密約若被軍方一曝光，整個國民政府都會是中國百姓的公敵！他若能趁著掌握政權之後，跟孫蔣等人割袍斷義，重組國民黨，才能真正領導全中國抗戰。」迷海說話十分吃力，又喘又咳。

說到此，裕仁已經心領神會，接口說：「朕已明白了，大師身體不適，就先去休息，朕之後還要仰賴大師。」迷海點頭告退。

南京城外。

吳慶堂所屬的營，在大潰退中被衝散，又跟其他建制的殘兵混編，這個營還剩一百多人而已了。高級將領與中央官員紛紛逃走，城外的陣地只剩臨時拼湊的幾個師，站穩陣腳抵擋，吳慶堂被編在最外圍。周邊的幾個營已經被全殲，吳慶堂指揮一百多人，躲在雨花台外陣地架設槍砲，拼死反擊，迫擊砲彈已經全數用光。

李二侉子左手中彈，血流全身，哭著闖入指揮所：「報告營長，第一防線陣地的弟兄們全部陣亡，沒有可以傳令的人。」吳慶堂大喊：「王排長！」答道：「有！」吳慶堂掏出手槍，然後說：「營部所有官兵殺出去！」

剩下三十多名官兵，拿起最後壓箱寶的衝鋒槍，裝填子彈，衝殺出去。面對排山倒海衝過來的日軍，所有官兵的槍枝全部噴火，吳慶堂手槍也拼命扣板機，日軍官兵措手不及，陣亡了一片。但是後面日軍的掩護火力，也接連打死了吳慶堂身邊的官兵。

李二侉子右手抓著衝鋒槍，左手臂忍著痛托起槍口，在吳慶堂前面開火掩護，大喊：「營長！快跑！我們快擋不住啦！」吳慶堂怒道：「住口！我不跑！」

李二侉子大聲反喝說：「我們中國話說，留得青山在，不怕沒柴燒！你在日本沒聽說過嗎？」吳慶堂大為吃驚，他從未說過自己是日本人，自己中國話與中國身分無懈可擊，李二侉子怎麼會知道？忽然一發砲彈打來，李二侉子聽到這聲音悶哼，料知砲彈會在所站地附近爆炸，拉著他跳回地下戰壕，躲過了這一發砲擊。

吳慶堂抖掉全身泥土，喘口氣說：「你怎麼知道，我是日本人？」李二侉子苦笑了一下，然後說：「別把我當傻子，我鼻子可以聞出，誰是日本人。」吳慶堂也苦臉哈哈一笑說：「沒錯，我是日本人，但今天要跟你一起打日本鬼子，一同戰死。」李二侉子搖頭說：「我不知道你為何要幫我們打仗，但你今天可以不死！」然後指著旁邊衝進來被擊斃的日軍士兵屍體說：「你換上日軍士兵衣服，混出去，我掩護你！」吳慶堂看了屍體一眼，說：「為何要救我？不恨我是日本人？」

李二侉子苦笑呵呵說：「你說這什麼話？在上海的時候，我就已經把你當作中國人，別說啦！鬼子兵打來啦！」說罷架起衝鋒槍，對衝殺來的日軍士兵一陣狂掃，吳慶堂眼淚直流，然後說：「謝了兄弟！我出去之後，會繼續替中國人抗戰奮鬥的！」說罷快速換裝。李二侉子掃倒了一片日軍，但忽然向後倒斃，原來他被日軍狙擊手打死。當日軍士兵衝入壕溝時，吳慶堂已經穿上日軍服裝，然後用日本話說：「別開槍！我是日本人！」日軍士兵繼續往前行，衝入南京市區，吳慶堂趁亂往北逃，躲入江邊，就脫掉軍服，換上平民服裝搭木船，遠離戰區。終於逃出去。

南京城內。

一名手持日式輕型機關槍，但身穿中國軍服的人，進入隱蔽的工事。這裡是中國軍隊替『影團』建立的臨時指揮所。但他們對這五十位身分特殊的日本人，非常具有敵意。所幸長官們特別吩咐過，他們是對中國友好的日本朋友，來此地幫助抗戰。松島賢三在指揮室中，帶領了影團戰鬥調略組五十人，準備抗擊自己祖國的大軍。想到自己當年，曾經在中國首都北京抵抗八國聯軍，而今已老邁之軀，又在中國首都南京，抵抗自己祖國大軍入侵，又知道自己的祖先也是南京的中國人，頗感命運弄捉弄。影團得到的上級通知是，日軍官兵在上海一戰被大量的傷亡所激怒，從而打瘋狂的日本軍若進入南京，有可能屠城，以預設好的戰術拖延時間，盡力解救一些人出南京。將這些人的感謝狀與照片，予以『保留』，從安全隱密的管道，寄回東京皇宮。

持槍者為松島健夫，報告：「日本軍開始攻城，據說是朝香宮鳩彥王指揮，我們該怎麼辦？」在一旁的一名影團成員呵呵笑說：「朝香宮？好像跟我也是同宗，竟然我們會被天皇各自派在不同陣營，相互廝殺，這可真諷刺。」

賢三說：「別說了！要搞清楚我們現在的任務！山田，快報告中國軍隊情況。」

山田貞一郎，也剛從外頭探察狀況回來，答道：「中國軍隊防線脆弱，與我接洽的中國上校，才告訴我說，他們多次擊退日本軍的進攻，但是上層指揮相當混亂。蔣介石一下要堅守，一下又說要撤退。守城指揮官唐生智，原本拒絕蔣介石撤退命令，說要死守，不准百姓與軍隊撤退，結果自己卻又先逃跑了。現在群龍無首，軍心大亂，軍民混在一起往拼命向外逃，因為當官的胡亂指揮不負責任。我看中國人是能防守，但卻自己先潰敗了！現在我們這裡，恐怕已經沒有中國軍隊！」

松島賢三攤開整個南京城地圖，眾人圍觀過來，上頭規劃了許多存放武器的據點，他先講解了大體概念，對所有人說：「既然如此，我們整體隊員，在中國軍服的上頭，加

上日本軍的軍服，然後口操日語滲入這裡！按照先前規劃的第九號作戰方式，盡量帶老弱婦孺，往西南方向突圍出去！」

大家一看，竟然要穿越居民區。

松島健夫說：「我們身穿日軍服裝，會不會被中國居民，或是中國殘存死守據點的軍隊攻擊啊？」

松島賢三搖頭說：「不會……因為……我打算等日軍佔領全城之後，再展開行動！倘若他們沒有如上頭所說，軍隊紀律敗壞，惡意屠城，那我們就以第十軍的國崎支隊番號，帶著一批中國難民離開。若是軍隊紀律敗壞，那我們就實行第九作戰計畫，滲入當中，多向突擊，一向掩護民眾撤退。」

眾人頗為驚駭，這可真是置之死地而後生，等日本大軍壓制全城，才全面突擊。松島健夫說：「團長！」他目前只能以職務相稱。「這可非常危險啊！您的年紀！」松島賢三瞪眼說：「忘記影團的宗旨嗎？我若陣亡，副團長接任！日本皇統不滅！誰若抗令，立即處決！」眾人點頭答：「嗨！」於是全都裝備妥當，並導引許多無法離開的五百多名婦女兒童，在此地躲藏。影團五十人當中，有五名日本女戰士，皆經過嚴格訓練，戰技高超，負責組織並導引這五百人平民行動方向。

大家在一間大倉庫內，躲了一天接一天，食物也快用盡，來此躲藏的中國百姓已經近千人，天又亮了，外頭槍炮聲不斷，日軍的屠殺開始，慘無人道，哀號遍野。

十二月十七日，日軍進南京城第五天，大夥兒決定在這一天傍晚向外突圍。

但在突圍前三小時，來了一百多名日本兵，搜索到這一工廠。與先前一樣，兩名影團成員在工廠外，假裝日軍守備隊，用日語說：「這裡是國崎支隊的管轄地，你們到其他地方去！」

一名日本軍官走上前來說：「國崎支隊？現在怎麼會在這？你們的指揮軍官呢？」松島康夫指著自己肩上的軍階說：「沒看到我是大尉嗎？跟你同一個階級！我是松島大尉，就是負責防守這裡的指揮官！」這日本軍官怒目說：「我從來沒聽過，自己的支隊有什麼松島大尉！還有你們的武器，怎麼會有支那人用的衝鋒槍？哪裡繳獲的？到底哪一個單位的？報口令！」

兩人大驚失色，正當松島還在結結巴巴時，在一旁團員大石，緊繃太多天，過於勞累，竟然無法鎮定下來，忽然拿起衝鋒槍大聲說：「我們是天皇的直屬衛隊！天皇萬歲！打倒鬼畜日本軍！」說罷衝鋒槍噴火掃射，掃倒了二十多號人，後頭日本兵踉蹌後退，倉庫上警戒的狙擊手，兩側埋伏的機槍手，見此也同時開火。引來一陣瘋狂掃射，一百多號日本兵措手不及，幾乎全被打死。殘餘三名日軍士兵躲在垃圾堆後面，緊急拉響支援的警報器。

松島賢三出了倉庫門口，聽到了警報器聲音，大聲喊：「快打死殘敵！」松島健夫帶著大石衝殺過去，激烈對射，大石中彈身亡，但所幸松島健夫打死了三名殘餘日兵。松

島賢三見狀不好，回倉庫說：「日軍增援隊伍快來了，我們得全部出發，逃出南京城！」於是由松島賢三等二十五名團員在前開道，五名女團員，帶領近千名老人、婦女與兒童，跟著隊伍後面離開。松島健夫等十九名團員殿後。這些中國老弱婦孺，假裝是俘虜，一個接著一個。

松島賢三身穿日軍中將服裝，手持武士刀，見到日本搜索隊，在前頭吆喝怒罵，剛開始混過了好幾隊，正在燒殺姦淫的日本軍。日軍第六師團已經接到命令，只要是中國人，不管是否婦女兒童，一律殺掉。眼看前方許多日本兵，刺穿嬰兒，強姦母親，強姦後竟然就一刺刀殺死，憤怒的松島賢三衝上去怒罵。這幾名日本兵剛開始以為真的是中將，但隨後跟來大批中國難民，卻沒有面帶驚恐之色。

一日本中尉上前問：「請問，是不是谷壽夫師團長閣下？」松島大怒說：「廢話！八格！不認識我嗎？」馬上賞他兩個耳光，然後說：「現在命令改了！把這些中國難民放出去！不准殺害非戰鬪人員。」中尉見到他身邊也有許多日本兵，都操著日本話，八格怒罵。中尉只能彎腰答道：「嗨！」

結果後面騎著馬的中將，帶領著大批的日本部隊奔來。這才是正牌的谷壽夫，才五十幾歲，後頭還有日本憲兵。他看到這冒牌的老頭子中將，正要上前，松島賢三發現就要穿梆，大喝道：「開火！」

團員們搶佔有利地形瘋狂掃射，谷壽夫踉蹌騎馬逃走，道路對面的日本軍隊立刻組織反擊，不過這一切太過突然，竟然發生日本兵打日本兵，組織十分鬆散，兩百多號人被二十多號人，打得七零八落。後頭的百姓已經開始混亂，也遭流彈打死數十人，女團員用擴音器，講中國話說：「別慌！我們會帶大家出去！」

好不容易鎮定下來，影團殲滅了這隊日軍的抵抗，松島賢三走上前去，看到剛才姦婦女殺嬰兒的一名中尉軍官與幾名日本兵，重傷未死，還想拿武器抵抗。松島賢三一腳踩住他的手，舉起手槍，指著中尉的腦袋。中尉狠狠地瞪他一眼說：「你是支那豬！」賢三笑著回答道：「答錯了！是天皇陛下派來，投靠支那豬的日本內奸！」碰一聲槍響，打死了他。所剩十名團員上前，也接連打死，所有傷重倒地的日本兵。

躲在一旁哭號驚恐的中國婦女，還不知道這到底怎麼回事。松島賢三改用中國話說：「大家快跟我們逃，我們也是中國人，來幫助抗戰的！」她們聽了，才跟著隊伍一起跑。於是隊伍繼續向前奔逃，終於衝到前面殘破的城牆瓦礫，結果後有大批追兵來到。松島健夫採取混亂戰術，派訓練有素的團員，假裝殘兵跑去，用日本話大喊有支那奸細，東拉西扯胡亂引導，等日本兵往前奔殺搜尋，就從背後放冷槍暗殺，繼續混淆敵我的暗殺戰術，製造了日軍大量傷亡與混亂，暫時遲滯了日本追兵。

大批婦幼老人終於到了城外，但好幾方都向來了數十名日本兵，這次他們似乎精明了，知道有人假冒日軍在混亂指揮，口操口令與所屬單位以分辨敵我，且不由分說先對百姓開砲，造成重大死傷。松島賢三只能滲入敵方，投擲高爆炸彈，宰掉這些日本砲兵，

好不容易掩護了五百多人逃出南京，衝到城外，由影團女團員掩護往西遁逃。

越來越多日本兵，跟在裝甲車從後面尾隨追來，松島賢三見到五名女團員，已經掩護百姓們逃到安全地區，身邊只剩下七名團員，且多數帶傷。想到當年在北京支援義和團時，也是如此狼狽，不禁呵呵大笑說：「各位！今天我們要死在這了！你們知道，我們為什麼要保護這批中國難民離開嗎？」一名團員緩氣說：「是天皇的權謀。」松島賢三搖頭說：「若純粹是他的權謀，我不會這麼拚命。是因為我們還是人，不是禽獸！」眾人頻頻點頭。松島賢三說：「看來我兒子也是凶多吉少，我祖上明朝的時候，是中國的南京人，因改朝換代的戰亂逃到日本，今天又因戰亂回來死在這，一定是祖先在招喚我了！大夥兒謝啦！各位想離開的就離開，老人家我，要跟鬼畜禽獸一同下無間地獄！」團員們在南京居住頗久，也有了感情，沒有人願意離開，也大聲喊：「殺鬼畜兵！」

八人縱身殺回，在一片飛蝗子彈中，帶著高爆炸彈，衝向幾台裝甲車，與之同歸於盡。七名團員還沒靠近裝甲車就被打死，但是轟隆一響，松島賢三辦到了，炸毀一台裝甲車後，自己也中彈身亡。至於松島康夫那一個隊伍，團員們也在潛伏混戰中，對第六師團造成重大傷亡後，全軍覆沒，他本人被抓，被憲兵嚴刑拷問。松島康夫只回答說，自己是同情中國的日本人。最後被軍事法庭以叛國罪槍斃，死前大喊天皇萬歲。

第十四章 淞滬慘敗蔣中正思抗戰變位 南京佔領裕仁皇謀戰略轉移

南京屠殺事件後，裕仁意識到危機，迅速調回了，朝香宮鳩彥王、松井石根與谷壽夫。谷壽夫解職轉預備役，朝香宮升官擔任名譽職，不給實際軍務，松井石根提前退休，事後回家鄉熱海市。他造了一間觀音廟面對南京，祭祀供養中日兩國因此戰役死亡的軍民。雖然告慰了自己的良心，但是當朝香宮的替罪羊命運，並沒有離去。屠殺行動最烈的第六師團，自己也傷亡慘重，從此軍紀更加敗壞，犯上作亂事件頻傳，浪費軍用物資最多，寄戰場血腥照片回國，被郵局大規模查扣。逐漸編為日軍中的第三流部隊。

依照先前迷海之言，於是裕仁制定了『不擴大戰局的方針』，並慫恿軍方透國德國人，去對蔣介石勸降。只要蔣介石投降，整個局面就重演契丹人滅亡後晉之故事，公然賣國的蔣介石垮台，把不斷拖裕仁下水的『鬼』除掉，類似李宗仁這樣的堅定抗戰者，就從而能跳出來主導抗戰局勢，裕仁可以暗中跟他合作，解決一切問題。

為此必須先作些政治暖身運動，先讓改任外務大臣的廣田弘毅，在一九三八年底的

除夕中，發表談話：「先前大日本帝國政府，皆採取委曲求全之忍讓態度，然蔣介石政府卻不斷破壞和平，大日本帝國政府不得不採取斷然措施。支那友邦，若能了解日本力求東亞和平之重要觀點，則能免今日之慘痛。大日本帝國政府深願於昭和十三年開始，取得新的和平，解決一切問題！」

仗打得如此之大，政府高層相互還互稱對方為『友邦』，讓其他國家的人都頗感弔詭。於是讓德國大使陶德曼去勸降蔣中正，提出和平條件四項：一，蔣政府必須放棄聯共抗日，承認滿洲國。二，在若干地帶成立非戰區，在此區內設立親日管理機關，如殷汝耕例。三，日、支、滿經濟合作，相互提攜。四，支那必須賠款給日本。

南京被攻破後，裕仁已經知道，整個日本都如咬住餌食的大魚，本性上是不會自動放開的，唯有讓蔣介石這個魚鉤跟整個釣竿斷開，魚才能逃跑。所以要用此四項條件，讓蔣中證上當，被憤怒且戰爭當中的中國人民自己轟下台，魚鉤就跟魚竿分開了。一股形上的力量，提前摸到這個和平條件，知道裕仁還在頑抗，當然不能如他所願。

武漢行營。

蔣中正收到這條件後，滿臉鐵青，但眼神中又吐露希望。陶德曼透過翻譯說：「日方的條件就如外務大臣廣田所言，蔣委員長您也考慮了幾天，不知道答覆如何？」

蔣內心打算接受這些苛刻的賣國條件，不過又不能立馬答應，此時的中國人都瞪大眼盯著他，看他會不會屈膝投降，一但鬆動馬上就會發生政變。裕仁害怕『五一五』與

『二二六』重演，蔣介石也同樣害怕『兩廣抗日兵變』與『西安事變』再次發生。於是扭捏作態說：「議和事關重大，不是我一個人能決定，得交給全中國人公評。」

陶德曼說：「若是蔣委員長真要交給全中國人公評，那麼就立刻讓日本人開的這些條件，見報紙與廣播，緩一緩中國人的抗戰氣氛，我們好討論下一步該怎麼做。不然中國軍民不斷叫囂抗戰，逼著您這樣拖延，也不是辦法。」

蔣介石一聽可急了，這條件若見報紙，肯定輿論譁然，認為他已經跟日本人妥協，會全民都跳出來逼迫他繼續抗戰，於是說：「見報不必！以免有心人士以訛傳訛，破壞了和談氣氛。這些條件不能公開。你回去告訴日本人，只要他們同意撤軍，回到蘆溝橋事變之前的態勢，這些條件再商量即可。」

陶德曼說：「這我可以幫蔣委員長轉告，不過要日本先答應撤退才履約，恐怕有點難度。以目前戰爭的態勢，中國已經被日本打敗，首都南京都被攻佔，蔣委員長只有先答應他們，才有可能撤軍。」

蔣中正繃著臉說：「大使你說戰敗，恐怕還未必，中國軍民還在抵抗，我們不是清朝政府，不會京城被攻破就求和的。這種情況，我不能馬上求和。日本必須要作撤軍的宣告，不然我在國民的面前，怎麼交代？總之你先這樣回答日本人，看他們有什麼反應再說。」此時他已經感覺被兩面夾擊，頗難決斷，只好先如此這般。

陶德曼於是將蔣介石的回答，電報通知東京的德國使館。

而後蔣找來汪精衛、陳立夫、陳果夫、于右任、李宗仁、白崇禧、閻錫山等等各黨政軍要人數十人，一同開會，討論是否答應日本人條件的問題。大夥兒談了許久，取得了一致的共識，認為中國最精銳的部隊，在淞滬一戰慘敗，但國際之間卻沒人理會中國的巴結與求援，希望第三國來幫中國的想法，已經不可能實踐。目前局勢對中國相當不利，用此權當緩兵之計，也未嘗不可。但抗戰局面已經開啟，戰爭還正在進行當中，要答應陶德曼說的投降，也不可能。

尤其誰來出面代表國民政府去接受？這是會背漢奸的罵名，誰都不敢先去碰。蔣介石先前讓張學良，殷汝耕，秦德純，何應欽等人去背黑鍋，現在也需要有人替他背黑鍋。

蔣介石露出些微的微笑，操著寧波口音的北京話道：「既然各位都同意與日本議和，那麼我們就該派出個談判代表，到日方那邊。黨國遭此困難，誰能代表黨國去跟日本人談判，那他就是黨國的英雄，全民族的救星。當然得先強調，和談歸和談，抗戰絕對不能夠停。」說到此，還緊握拳頭，意氣昂揚。

然後掃視眾人說：「請各位自告奮勇，誰願意救國救民，全民族都不會忘記他！」

大家當然都知道，誰跳出來代表去談判，全民族絕對不會忘記他。但絕不是蔣說的，會是英雄救星。而是大家都會把他當作秦檜，一輩子背漢奸罵名，臭到底。大家都看得出來。所以眾人都沉默不語。

氣氛異常詭異凝重，如同老鼠們開會決議給貓掛鈴鐺，卻沒有一隻老鼠願意去做這件事……

在暗暗試探語氣當中，蔣中正都碰了釘子，連意志似乎已經動搖的汪精衛，都搖頭表示，暫時不應當求和，中國還有實力可以一戰。

李宗仁接口說：「廣西已經全民動員，出動軍民百萬人以上，並且兵工廠武器晝夜輪班生產。軍民戰意高昂不減，都要求繼續打下去。倘若這時求和，黨國在全體國民面前都下不了台。從九一八起，蔣委員長也替張學良的不抵抗背了很久的鍋，倘若這時候答應陶德曼的勸降，那蔣委員長在西安事變的事情，在國民面前就落實，誰是不抵抗的始作俑者。這一回，不管什麼代價，都得繼續打下去。」

蔣中正說：「淞滬會戰結果你知道的，全國主力一起上，都沒有贏，反而南京慘案震驚全國，再打下去還有多少實力可戰？」

李宗仁說：「接下來日軍必定攻打戰略要地徐州，我願意指揮這一場。」

蔣中正說：「戰爭還是會繼續打，但是和談作為一種緩兵手段，也是可以的。假設只想著打不講和，百姓沒有做好避難準備，地方官員沒有維持好秩序，那還要多少個南京慘案發生？你們不出面，我另外找人私下去談，但我的抗戰到底的立場，是絕對不會放鬆的，誰也別想扣誰漢奸的帽子。」

眾人於是默默同意和談，但對外沒人肯承認。

東京皇宮。

廣田弘毅將陶德曼的電文，交給裕仁，上頭說蔣介石口頭同意，要考慮接受這四條，裕仁見狀大好，蔣中正快要上當了！只要接下來細細辦妥，讓蔣如當年的後晉石重貴，就可以一舉將這抗戰的禍害搞倒。蔣一倒，國民政府新的領袖上台，就有機會跟孫文切割乾淨，日本則可能重演當年契丹入寇失敗的故事。如此裕仁除掉蔣這個無間道的敵人，自己就能掌握兩國局面的主動權，大利於中國的抗戰局面。

對裕仁而言，蔣太像自己的影子，但這不好說出口。

可惜大道勝術，人墮無間道，本身就是身分混亂，牽連複雜，對手是智慧還是愚蠢，已不重要。跳脫的關鍵只能在自己……

廣田弘毅道：「臣已經遵照陛下指示，把條件在議會公開，並請德國人陶德曼介入勸降。據他回的電報說，蔣介石有意接受這些條件，只是要我日本先撤軍。」

裕仁露出會心地微笑，然後問：「很好，你們的意見呢？」

近衛文磨在場，表達說：「這代表蔣介石已經自知不敵，只要我日本皇軍繼續戰略攻勢，就可以得到更好的條件。若蔣介石不先簽約同意，我們不可先撤軍。」

裕仁聽了收起微笑，轉而臉色緊繃，冷冷地說：「你的意思是還要打仗？那還提這四項條件作什麼？」近衛與廣田兩人對望了一眼，從天皇臉色中，看出了些微端倪。

近衛鞠躬請問：「請陛下明示，是否要臣下跟軍方協調，先撤軍而後簽這四項和談條件。」

裕仁嚴肅著臉，點頭說：「你就跟軍方去協調。從先前不擴大佔領的方針出發，用這四項條件，讓軍方同意先撤軍。」

這一說，讓兩人大感驚訝。

廣田忍不住發言說：「陛下見諒，臣斗膽發表意見。臣以為軍方不會同意，尤其我大日本帝國已經付出不小的代價，才攻佔南京上海。很多軍方派閥，已經在劃分支那國土的地盤，甚至主張在大陸，開始建立我大日本帝國的行政區域，議會也有安排將支那領土，劃為我大日本帝國版圖的討論，很難作出先撤軍而後和談的協議。」

裕仁冷著臉說：「不去嘗試怎麼知道？朕不管軍方肯不肯真的撤軍，只要蔣介石簽約！朕只要蔣介石跳出來公開求饒簽約！朕一切都好說！什麼都可以同意！」

兩人又互看一眼，不懂為何老是圍繞要蔣公開簽約？事到如今，日軍都已經絕對優勢，追打下去不就大獲全勝嗎？但天皇已經開口，只好鞠躬遵命。

果然在議會期間，軍方強烈反彈，拒絕議和的提案，主張繼續戰爭，徹底打倒支那政府。議員們紛紛擾擾主戰主和爭論不休。裕仁得到消息，感到局勢複雜，怕節外生枝。於是繞開議會，要廣田弘毅直接逼蔣公開簽字！只要蔣表示接受這四項條件，裕仁就對內可以阻止日軍繼續大規模進攻，對外則中國輿論譁然，就可以讓蔣犯眾怒，他可暗中結合李宗仁，把這日本軍方的內應，中國的抗戰禍害搞倒。

武漢行轅。

陶德曼又來了，但這位德國人已經被中日兩國的態度，攪擾得一團糊塗。日本已經

節節獲勝，中國人等於被打趴下，沒有戰略反攻的可能，何不直接移民設官，一口吞併？

中國則是既然同意和談，苦求日本停戰，怎麼沒人願意簽約？房門內主張和談的一群大官，出了門竟然就變了臉，對外不斷叫囂要抗戰到底！害得蔣閉口不敢多言……

所以陶德曼已經很不耐煩：「蔣委員長，我們已經就這問題糾纏很多天，電報往返中日兩國也很多次了。日本外務大臣廣田弘毅，已經很明確要求，只要蔣委員長就這四項條件簽約，白紙黑字公開在媒體上，日本政府保證停止戰略進攻，而且兩年內撤軍，甚至可以取消在華的不平等條約還有租界區。光靠一紙協定，可以阻擋敵人進攻，還可以收回一些權益，天底下已經沒有這麼便宜的買賣。」

蔣中正發現，就算他找像張學良一樣，可以背黑鍋的傻子，日本人也不會同意，反而要他自己去簽約，鐵青著臉說：「沒有撤軍就沒有簽約，我不可能先簽約的。萬一日本人反悔，我豈不是被國民圍剿？請大使轉告他們，先撤軍才有簽約！」

陶德曼皺眉頭說：「日本人若反悔，您也就可以公開表示，背信在對方，從而繼續抗戰，中國人能理解您這項抉擇。您先前在九一八事變後六年的時間，不也毫無動作，被國人痛罵嗎？當時您就能不懼人民的批評，以和平為貴，為何現在偏偏想不通這點？」

其實蔣在這點，並沒有想不通，只是陶德曼還糊里糊塗，南京淪陷後，中國人已經都武裝起來，戰意掀起，瞪大眼緊盯蔣，看他是否會對日本人跪地求饒？目前中國人的力量，雖無法打敗日本人，但推翻他的政權可是還有餘力的。蔣中正仍然搖頭說：「不用再多說，你就這樣回答日本人。只有先撤軍才能簽約。只要日本人撤軍，華北的權利劃分，上海的租界，領土問題，我都可以再談，不然我無法同意簽約議和……」

沒錯，就是要繼續打下去，猶豫不肯入主中國的日本天皇，才會被強拖進來。

陶德曼真糊塗了。蔣介石同意割讓華北與上海權利，只要日本人先撤？日本方同意退出華北與上海權利，只要蔣介石先公開簽約？這跟西方國家之間談判，具體利益為先的步驟，大相逕庭，實在無法理解，只好解釋為這些是東方人的談判邏輯。

蔣中正的條件，經間接傳達，進入日本皇宮。

裕仁沒法接受，這代表蔣沒有上當，就算和談，還有可能繼續賴在那個位置上，不會被搞倒，迷海的圈套沒套上蔣中正的脖子。看來裕仁想要用這一項歷史大絕招，除掉蔣這個死拖自己入中國的鬼，已經是很難辦到了。

這讓裕仁忽然間對蔣中正這個人，冒出了無名火，恨不得直接拿刀殺了他，但又無可奈何。蔣死賴著中國殘山剩水，日本軍方開出來的價碼一定很高，而且還會食髓知味，繼續進逼，從而進佔中原也成了事實，大陸政策反而更進一步。即便想藉此撤退，也辦不到。如此一來，大和民族就算不會走蒙元與滿清的後路，也會重演鮮卑人與沙陀人的歷史，問題仍然沒有解決。裕仁恨蔣中正抗戰不力，又不肯跳進倒台的圈套。蔣中正急裕仁態度不明朗，不願意學明治天皇接受中國割土求和，自然談不攏。雙方內鬼，只能坐視戰局越打越大，蔣中正既然不上套，裕仁只能另尋他法。

廣田弘毅報告後，裕仁很不快，但強忍說：「既然這樣，那就先撤軍也可，只要蔣介石簽約！」近衛文麿有些訝異，這簽約真有這麼重要嗎？一紙協定還不是說毀就毀？於是說：「啟奏陛下，中支那已經調集眾多兵力，耗費頗鉅，軍方不會同意先撤的。而且蔣介石向來言而無信，萬一我日本先撤軍，他又重新建立淞滬與華北的防線，豈不是中了緩兵之計？」

裕仁不由得小聲地說：「中計就中計，就是要讓他們重建防線，這很好……不擴大佔領以及撤軍，是當前最重要的。」

近衛文麿與廣田弘毅聽了都很驚訝，互瞄一眼，請示這是何意？

裕仁趕緊轉移話題說：「朕說過朕沒意見，只要蔣中正公開簽約，一切好談。你們這就去議會，跟軍方協調撤軍之事，只要支那事件得以解決！」兩人鞠躬遵命。

又說：「還有！首相！你立刻以和平為中心，發表聲明，聲明內容由你們內閣拿主意。注意！和平！以和平為中心！」聽他不斷強調，近衛文麿瞄了他一眼，鞠躬遵命。

當近衛文麿，把和平的議題拋出去，結果議員們炸開鍋開始吵鬧，接著就是大肆抨擊。說日本政府又回到以往，要對支那軟弱，如此將會喪權辱國。民政黨議員們，發現這一任的內閣，又操弄起日本老政客來回搖擺的舊把戲，讓大家看似向左，實則向右，掉入鬼打牆。紛紛要求政府保証，嗣后決不與支那國民黨政府，討論任何媾和條件。

接著，議員島田俊雄，在議會更是砲聲隆隆，挑明質問近衛文麿：「我大日本帝國與支那的戰爭，打得如此之大，為何不直接對支那宣戰？既然連北平與南京都打下來了，為何不兼併領土？還要討論什麼媾和條件？這代表內閣必然在私底下，不斷跟蔣介石談判，才有這種結果！到底為什麼，內閣就是不宣戰？」

島田俊雄此語一出，眾人紛紛附和，要近衛首相表態。近衛文磨對這些問題，難以具體回答，只能含糊其詞，表示他個人也支持戰爭，然後唬弄過去。他沒有辦法明說，這一切都是上意。只發現自己竟然跟蔣介石一樣，被兩面夾攻，進退維谷。

東京皇宮御政廳。

內閣總理大臣近衛文磨，前來報告北平與南京佔領區的管理問題，此時只有他一人來見天皇。他知道裕仁對佔領中國的基本態度，一直都是曖昧不明，不肯對外透露隻字片語，所以單獨前來最主要目的，還是要趁旁人不在時，問問裕仁，日本到底該不該趁此滅掉中國，直接設立行政區，主宰比日本國土大三十倍的中國大陸。若不能，到底困難何在？其內閣才能設法解決。

近衛坐在側位，先報告完所有事情，裕仁頗為正經地在聽他報告，近衛看時機成熟，切入主題道：「陛下，南京已經被我大日本皇軍佔領，蔣介石手下裝備最精良的主力部隊，在上海一戰，多數都被打垮。我大日本皇軍繼續進兵，節節獲勝，支那軍一敗塗地，徹底滅亡支那只是時間問題，似乎對支那的政策，該是要進入明確表態階段了。」

裕仁變臉說：「明確表態？你們內閣不是已經表態過了？還來問朕作什麼？」

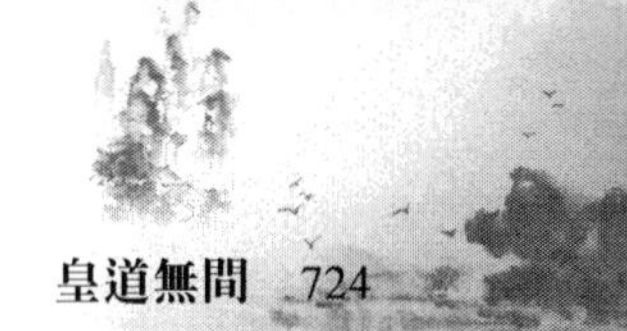

近衛說：「不，臣下的意思是，陛下該有些明確的態度了。不然主和主戰相互糾纏，內閣無所適從。」裕仁說：「議會不是能提供你們意見嗎？」近衛說：「議員們大多支持軍方，要求政府嗣後不得跟支那政府議和，必須繼續對支那用兵。」

裕仁聽了一陣惱怒，代表日本議會已經跟中國的南京城一樣，徹底淪陷，強忍瞪眼說：「朕的工作就是批准政策，既然議會這麼決定，就去辦啊！朕沒意見！」

近衛苦笑著說：「但是臣下發現一個問題無法決定，特來請示陛下。」

裕仁已經猜出他想說什麼，不過還是裝傻地問：「什麼問題？」近衛說：「臣下在議會，被議員島田俊雄嚴厲質問，為何我日本政府不對支那宣戰？只要宣戰下去，所有不利於軍事行動的政治意見，通通都會消失。依據憲法規定，我大日本帝國對外宣戰，與變動疆域版圖，都必須經由天皇批准。臣下以為，既然連支那的首都都打下來了，戰爭規模打到如此之大，兩國都已經全體動員，陛下也是該考慮宣戰！宣戰之後，至少將已攻佔的滿州，華北，內蒙古，南京上海等各佔領區，直接兼併，設立大日本帝國行政區，直接統治，進而滅掉支那。大日本帝國才真是名符其實，成為大國……」

聽到直接兼併，這可是圖窮匕現的事情。若如此，就無法繼續含糊唬弄，裕仁可沉不住氣，立刻怒目打斷他的話說：「宣戰？併入版圖？你們把事情想得太簡單了吧！對支那宣戰可是一件大事，戰要打很簡單，朕不贊成也不反對，但是要宣……」說到此，繃緊嘴，皺著眉頭，不斷搖頭示意。

近衛大感不解！瞄了他一眼，然後鞠躬說：「支那戰力如此之弱，蔣介石又恐懼孫文密約曝光，失去執政合法性，所以不敢對我日本宣戰，臣下能理解。然而島田的質問，臣下卻難以回答，因為臣下也實在不明白，為何我大日本帝國也不對支那宣戰？而今只要發佈一紙文告，把破壞和平的罪責都丟給蔣介石，立刻對支那宣戰，那麼全日本就能上下一心，徹底滅掉支那，設立直屬行政區，兼併大陸領土。不會像現在這樣，眾說紛紜，局面混亂，如何善後捉摸不定。陛下可否明示？」

左一句對支那宣戰，右一句兼併大陸領土，裕仁忍不住再次變臉，站了起來，近衛見此，也馬上起立。大聲道：「中國的問題，你們實在還沒搞懂。要是宣戰下去，那就沒有和平的指望！難道你們滿腦子都是戰爭，不會想到和平嗎？日本的財政資源還能打下去嗎？再打一年，忠臣良民要死多少？日本馬上面臨無法作戰的窘境。東洋的和平難道不重要嗎？」

近衛斗膽地說：「不，臣與大藏大臣，陸軍大臣都討論過，支那的戰爭，打下去絕對沒問題，支那人不是我們的對手，只有政策不明朗的問題，只要陛下宣佈一紙文告，或一紙變動疆域的旨意，把攻佔的領土劃入版圖……」

裕仁瞪眼用力揮手大喝說：「誰說朕政策不明朗？朕現在非常討厭蔣介石！不反對你們打倒蔣介石，同意一切作戰方案，但是要對中國宣戰，沒有那麼簡單，所有人都對戰爭評估錯誤，自稱什麼支那戰略專家的人也都評估錯誤，誤國誤民！你們都太低估中國

人的戰力！國之大事在祀與戎，這朕不能輕率！更沒有併入版圖的事！」語氣十分激動。

近衛文麿一陣氣沮，從滿洲事變到盧溝橋事變，從故都北平到現在首都南京，蔣介石根本不會打仗，中國軍隊一路潰敗，只能不斷往內陸逃跑，哪有什麼戰力？但天皇拼命說中國很危險，戰力被低估，實在無法聽懂。

見到近衛文麿表情，好像頗不以為然，便盯著他說：「虧你近衛文麿，也是後陽成天皇的十二世孫，五攝家宮廷貴族！跟朕有同一個祖先！跟皇室如此親密！你要立刻給朕拿出政治解決的辦法！政治解決，不擴大戰局！你聽懂沒有？朕要蔣介石給我垮掉，死掉，讓中國的其他人來跟我們政治解決，日本與中國是重新和平，你聽懂沒有？至於宣戰，不要去想！直接設行政區，併入版圖，更不要去想！」

見到天皇不悅，而且從支那改口叫中國，近衛文麿不敢再糾纏，只好遵命，行禮退下。不過近衛文麿內心不斷在唸叨，裕仁怎麼每次遇到中國問題，態度就變了樣，所說的話似乎都沒有邏輯。

近衛文麿剛走出皇宮，忽然渾身雞皮疙瘩泛起，他內心深處有一種可怕的疑慮：裕仁天皇處理中國問題的態度，與蔣介石處理日本問題的態度，怎有那麼多相似之處？而蔣介石是有把柄落在日本手上，成為內奸，這種態度可以理解。但裕仁又是為何？沿著這個邏輯下去，就渾身顫抖顯露恐懼，難道天皇也有什麼把柄，落在中國人手上？這到底是什麼政治戲碼？

苦笑著暗唸：「哈哈！這是不可能的！天皇怎麼會跟蔣介石那種人一樣？不可能的！日本的神怎麼會跑去，跟比豬都不如的支那人站在一起？哈！不可能的！哈！」所以他強制壓下自己的這絲恐懼，繼續老老實實辦事。

不過天皇的要求，仔細一想，卻又強人所難，遂找來廣田弘毅到官邸商量。

近衛文麿把天皇的要求說出後，苦臉道：「陛下要蔣介石垮掉，讓支那其他人來跟我們政治解決。我左思右想，這很難辦啊。首先第一點就很難辦，要蔣介石垮掉，那就只有繼續用兵，打到重慶，讓蔣介石沒地方跑。但陛下又說不能擴大戰局！再來，現在誰能跟我們政治解決？」

廣田弘毅說：「老實說，光是不擴大戰局，就不太可能，上海一戰，軍方人馬死傷慘重，他們在支那已經殺紅了眼，繼續追打是肯定的。若真要政治解決，恐怕只有等打下重慶之後，再找人學溥儀一樣。」

近衛文麿苦臉說：「我評估了一下，皇軍要打下重慶是不難，要蔣介石垮也不難。但是重慶一但被攻破，支那的國民黨政權也就瓦解了，全日本人都會認為，支那大陸已經被征服，尤其軍方一定會一致要求兼併領土，屆時哪還需要什麼政治解決？陛下要求的這一切不是很好笑嗎？」

廣田弘毅說：「那就直接兼併領土吧！甚至現在就可以做！乾脆建議陛下遷都北京。」

近衛文麿往後倒了一下，小聲地說：「這是陛下堅決不肯的！陛下要和平，要政治解決，

不准我們往兼併領土的方向去想，更不准提遷都。最好假裝，兩國之間沒有戰爭。」

廣田弘毅吃驚萬分，下巴落了兩公分，瞪大眼急問：「這到底為什麼？」

近衛文麿搖頭說：「真實原因我也不知道，以我是五攝家貴族的角度猜測，是皇家的文化受中國影響很深，希望跟中國人和平共處。這你千萬別說出去，不然難保又鬧出一個『二二六』。總之想辦法弄出一套，大家都可以接受的方案。讓軍方的戰局不要擴大，日本又能佔有大陸資源，又不併吞領土，不直接設官統治，且蔣介石能自行垮掉，最後還能出現一個支那新政府，能跟我日本和好。」

廣田弘毅聽了目瞪口呆，歪著嘴說：「這太困難了吧？」

近衛文麿苦笑說：「面對現在這種尷尬局面，再怎麼困難也得試著去辦。戰場上的事情隨軍方他們去打鬧，我們也管不了，現在當務之急，先找個人出來，跟我們政治解決，那怕是個名不符實的假傀儡也好！」廣田弘毅思索了一下，道：「我聽說，國民黨的副總裁汪兆銘，非常不滿意蔣介石。在南京被我們攻破後，派了人秘密來到日本，跟當年孫文的好友秘密接洽。這人可不可以考慮？」

近衛文麿點點頭，低聲說：「當然可以考慮，陛下這個難題火燒屁股，總要解決。別說汪兆銘，那怕是隨便一個國民黨小人物，都可以考慮考慮，有沒有談政治解決的價值。」

廣田弘毅一聽，好像冬天吃了酸梅，嘴巴一陣溜，倍感寒酸。怎麼日本節節戰勝，日本的內閣總理大臣，還要去找一個節節慘敗的國家，當中沒有實權的一個小人物來談判？

最後還要捧這個沒實權的小人物上台？

昭和十三年，一月十六日。

近衛文磨秉持天皇上意，要下重手干擾戰局，於是代表內閣發表第一次正式聲明，主旨是：「帝國政府今後『不以國民政府為對手』，而期望一個，真能與『帝國合作』之支那新政權之建立與發展，並將與此新政權調整兩國『邦交』。」

聲明一出，大家議論紛紛。多數認為，戰爭節節獲勝，還玩什麼合作？邦交？不跟國民政府當對手，那就直接兼併領土！何必期望一個尚不存在的『支那新政權』？

一月二十九日。

近衛文磨，在議會又被眾多議員質問，為何不對支那宣戰？他強顏笑臉，但啞巴吃黃蓮，還好他仍知道擔任日本首相的最重要任務，就是要替天皇擋子彈。被這一問，他左右觀望，左支右唔，眼神飄忽不定，語氣游移無根，在議會表示：「破壞和平的是支那蔣介石政府，而不是將來支那的新政府，帝國政府既然期待一個支那新政權，那就不應該先行宣戰。」這種毫無邏輯的話，讓人昏倒。

議員們發現他又在玩舊把戲，不是在解決現實問題，反而是在製造問題，模糊焦點，於是又尖銳地質問：「所謂的支那新政府根本還沒有出現，怎麼可以用一個，未來還沒發生的事件，來強迫大家改變一個，現在該做的事情？」

近衛文磨支唔答道：「倘若是如此，宣戰雖然還不會發生，但也並非完全不會發生，

但至少現在還不會發生。總之宣戰之舉仍在考慮中，視支那將來態度為斷。」

此語一出，大家又是一陣喧嘩，議論紛紛。拼命纏著近衛文磨質問，這讓他想到當年的犬養毅。近衛文磨備感壓力，但他沒辦法指著背後的御座告訴大家，是背後有一個不肯現身的黑手，強勢要他做出這些政治宣告的，所以只能左招又擋，東拉西扯一些違背常識的政治嘴砲。

又有議員問：「既然世界各國，都不干預日支兩國的戰爭，是否會將滿洲到南京，已被日軍佔領的大陸領土，直接併入日本領土管轄，移民設官，如同當初併吞琉球，朝鮮與台灣一樣？」

近衛文磨左瞄右看，舉止鬼祟地表示說：「既然沒有宣戰，與支那的關係就還需要政治解決，尚無併入版圖，變更疆域的議程，一切等待支那事件的後續發展而定。」此說一出，眾多議員一片叫嚷，軍方對此也甚表不滿，自己鬧出來的不宣戰，又要以此當原因，認定不該併入版圖。這等於在政治上，自願完全被動，自我打轉，給中國人牽著鼻子走！從而軍方又開始騷動叫罵，讓近衛文磨大為緊張。

為了平息軍方反彈，以免又發生類似二二六的事件，近衛文磨請示裕仁之後，同意了軍方繼續進攻，於是又在議會宣稱：

「未來支那的新政府，必與蔣介石政權不同，日本願意付出一切，以最友好，最誠懇的態度，與支那新政府合作。所以宣戰之舉還需詳細考慮，但是戰爭將會繼續。蔣介石政權是破壞東洋和平的根源！雖暫不對之宣戰，但為求東洋之完全和平，必須繼續用兵將其打倒！為此，日本將不惜犧牲一切代價，長久作戰下去，直到東洋的和平完全到來。」

又不以他為對手，又要用兵打仗，又不肯宣戰，又說要打倒，又想要誠懇態度合作？矛盾的宣示圍繞日本內閣。中國人大喊要長期抗戰還能理解。但日本是明明可以速戰速決的一方，最後竟然也定調要『長久作戰』。兩邊都同時決定要『長久作戰』。

所有議員雖知這是舊把戲，但仍摸不清這當中的竅門何在，於是雖不願意，但還是陷入了『鬼打牆』，被弄得團團轉，走不出政治迷宮。但既然繼續用兵的態度明確，就停止再次政變的可能。可是另外一方面，也記取淞滬會戰教訓，知道中國仍有戰力較強的部隊，會對日軍造成不小的傷亡。而且現實上來看，中國國土廣大，即使沒有多強的抵抗力，仍要動員更多日軍兵力才夠用。所以強迫內閣，要通過全國徵兵總動員命令。

軍方雖然不滿意日本政府的態度，但仍有勝算的把握。他們認為，中國軍隊雖多，但很快就會被打垮。只要掌握住日本輿論，繼續發動戰略進攻，攻佔重慶，擊潰中國抗戰局面。日本政府遲早得面對，變更疆域，領土兼併的事實！

於是激進份子大肆動員宣傳，日本國內四處慶祝攻破中國首都，輿論跟著騷動，都認為很快會征服全中國大陸，日本將獲取大陸資源。日軍在淞滬會戰攻破南京之後，中日兩軍在徐州附近，又將要開打另外一場大規模會戰。而武漢方面，中國集結了近百萬大軍，各省軍閥都增派援軍支援中央軍，顯得越來越團結，日軍也動員越來越大，戰局越發難以收拾，軍方勢必拋棄所謂的『不擴大戰局方針』。

裕仁暗暗評估，日本軍方不少軍官，以『二二六』被槍斃的那些軍官下場為鑑，暫時對天皇無可奈何。但倘若對外跑去跟蔣中正密謀，以佔領中國半壁江山，擴張日本領土到中國大陸，為戰爭之暫時終結。那就代表大陸政策變成分階段『逐步進展』，慢慢把他拖進去，日本百姓也必然受到煽動，壓力逐漸增加，直到他願意入主中國為止。這種慢性熬弄，直到他同意兼併領土。

六門書判—當下對集體意識而言，無論黑化的周公有沒有把裕仁拖入，都已經有了解套的方案，但既然周公黑化，能把裕仁拖入仍然為上策。

無間道運轉後，兩國各自的內鬼，都得安撫底下的軍士，先後展開閱兵。但各自都暗暗叫苦，蔣中正苦於怎樣割地妥協，終止軍事衝突，裕仁苦於怎樣撤軍回國，終止大陸政策。

年初，迷海和尚圓寂了，對阻擋大陸政策的努力，徹底失敗。裕仁招集皇族秘密會議，找來較為親近的皇室成員，討論安排新的謀士。

一九三八年三月底，日本皇宮密室，和式房。

皇族推選出來新任首席祕密參謀，是一個年輕的和尚，法號上星下月，三十四歲，為迷海的徒弟。次席參謀宮間犬二，三十八歲，漢學家兼西學家。外加朝香宮鳩彥王三人，與裕仁密商。

裕仁怒斥朝香宮說：「誰讓你不嚴肅軍紀，靠屠殺多報殲敵數量的？竟然連婦女被姦殺的數量，都當作殲滅中國軍隊的數量，呈報上來，你讓皇家惡名傳揚到全世界都知道，你找死啊你！皇祖父授予你宮號，還跟你聯姻，我看是錯了！」

朝香宮見到裕仁氣急敗壞，趕緊如古禮平伏，道歉說：「陛下處罰！」裕仁說：「當然要處罰！朕要違背皇祖父的旨意，取消你的宮號！」

星月說：「陛下息怒，若此時處罰了朝香宮殿下，軍方必然開始懷疑，恐怕會攪亂了當初迷海大師的佈局。不如所幸讓殿下不管軍務，然後讓解職的松井石根與谷壽夫，去擔當這個責任。」

裕仁緩頰說：「你難道不知道，對我日本來說，中國是最特殊的外邦嗎？皇族會議你

也有參加，你怎麼會跟那些軍人武夫的態度一致，遺忘皇祖皇宗的遺訓？皇統要永遠長存下去，能不顧忌嗎？」

朝香宮以為聽懂了裕仁的上意，辯說：「臣下有罪。不過支那沒有這本事報復我等，世界各國現在也都不敢動作，把這件事情混過去，再嚴肅軍紀，禁止濫殺便可。」

裕仁聽了大怒，竟然變臉，罵出日本民間常用的髒話說：「八格！馬鹿！支那現在衰弱沒這本事報復，但這件事，必然記載於他們的史冊，一百年後呢？兩百年後呢？沒看過中國齊桓公的故事嗎？有仇雖隔十代、二十代還是要報！漢高祖被圍在平城，隔了三百年到東漢，這件事情還是被拿出來，給漢人當做話題來消費，竇憲為了自己的權位，因此回應輿論市場需求，還是要追打北匈奴！迫使北匈奴西逃歐洲！中國人是全世界最會記仇恨，也是最會消費仇恨的民族！你要遺禍子孫嗎？虧你還是皇室，學習過皇家長生要訣！抱著你攻破南京的軍功出去炫耀！朕不會再給你任何實際軍務！」

朝香宮趕緊退出密室，離開皇宮。星月趕緊平伏勸諫，裕仁才息怒。

裕仁急著丟了一堆奏摺在桌上，然後說：「這段時間朕忍了很久，不斷被迫對那些進攻中國的將領們褒獎，他們每打一次勝仗，就是對皇統敲一次喪鐘。中國的首都已經被攻佔，軍方一堆人，甚至是內閣，又有人上奏給朕，要朕立刻遷都北京。還說當年豐臣秀吉遷都北京，一統支、日、朝三國的夢想，而今可以達成等等。當年豐臣秀吉是癡心妄想，現在他們也一樣是癡心妄想！」

接著面有怒容，翻閱著前線送來的軍報，喃喃自語說：「從滿洲到內蒙古長城以北，不打一仗就丟掉……河北平津地區不堪一擊，主力一到就陷落……中原地區兵力衰弱，山西省很快也將被攻破，貧困的陝甘地區與其他邊疆地區更不用說了……精銳主力在上海一戰潰敗，首都南京都丟了…再這樣下去中原很快就陷落，接著就是武漢…屆時四川重慶也無力抵擋…蔣介石這個賤種鬼畜……重慶若再守不住，軍方的大陸政策，就大功告成。」

忽然轉面看著榻榻米上的星月與宮間犬二兩人，怒目說：「迷海是朕的皇叔一輩，雖說智慧為皇族當中最高超者，但不可否認，其阻止大陸政策的策略是失敗的！皇家至今沒有一個能識破中國的底局。你們二位雖非皇族，但也是皇家會議中推薦出來，操作皇家機關者，知道目前神武天皇皇統，面臨兩千年來最可怕的一次危機，快拿出辦法！」

宮間犬二說：「陛下息怒，我等已經研究此事一年有餘，星月法師對此有全方位最深入的剖析，我等已經以性命做擔保，必定要拿出終止一切的策略。」

裕仁轉面看星月，星月雙手合十道：「啟奏陛下，當前局面異常詭異，幾乎無時間，無空間，毫無頭緒可言，若不接受局勢的擺佈，入主中國，就會如佛家所云的墮無間地獄，無時間絕，無空間絕。若要釐清真正的局面，必要慢慢地探索出，日中兩國真正的問題出在何處，才能制定正確的策略。」

裕仁握緊拳頭地說：「你說的問題，迷海早就跟朕提過很多次了！朕甚至比你還理

解，日中兩國真正的核心問題所在！朕現在要的是，具體的辦法！」

星月見其面色不對，暫時無法慢慢詳述，他所看到中國的真正面目。只能另外再找時間說明。趕緊改口說：「貧僧認為，目前只要再多打幾場勝仗，中國高層的人士，必有因此而動搖者。到時候責令軍方的人去籌措，找到幾個檯面人物出來充數，如溥儀之例在南京建立政權，假平衡態勢就可以確立。也就是仗讓軍方自己去打，人要軍方自己去找，政權要軍方自己去籌措，政治陷阱要軍方自己跳下去。以錯誤的政略方針，去打亂軍方正確的戰略方針，如此就能先行緩兵，爭取我們根治問題的時間。此即皇家機關秘術第五十七招『小利誘害，自略末路』。」

裕仁點頭說：「這不用你說朕也知道，這些招數我歷代皇祖皇宗玩得爐火純青，過去對付歷代豪強與幕府將軍，從來沒有失敗過。過去面對再厲害的對手，也只能被皇家操弄在手上！但沒想到，而今面對蔣介石這種賣國的假聖賢，竟然會無可奈何，你們說到底是朕不如歷代祖宗？還是你們不如歷代的皇家參謀？」

星月答道：「啟奏陛下，這都不是，我們面對的表面上是蔣介石，實際上是一個可怕的『局』。是日本兩千歷史從未碰過的『局』。而在這個『局』，讓我們面對真正的敵人，是自己的影像。蔣介石只是投射出來的影子。」

裕仁說：「不要扯這些哲學術語當遁詞，你說出個具體事物出來。」

星月趕緊雙手合十答道：「當年明治維新使日本強盛，中國則衰弱混亂，這個『局』

的起點是我們自己造成的，孫文與蔣介石等中國的那些鬼，只是推波助瀾的形象塑造者，我們面對的局，就是這個強弱的逆差，即使除掉孫蔣等人的密約，中國內部一樣會有其他人遞補過來，繼續推波助瀾。真正的核心就是明治維新富國強兵的政策。」

這說中裕仁先前所想，使他沉靜了一會兒，接著冷沉沉地說：「那就把整個戰略焦點從中國身上移開！再不得已就把明治維新的成果毀棄！」這話一說，星月與宮間兩人，臉色慘白。過去歷代幕府將軍是工具，現在的內閣總理大臣是工具，這些他們都知道。但原來明治維新本身也是工具，倘若出了問題，同樣可以隨時拋棄，用完即丟……

星月抖著手說：「可陛下……明治維新是經過全日本一代人的努力，明治天皇陛下也在當中灌下心血的，怎可以說毀就毀？」

裕仁瞪大眼睛說：「皇祖父固然偉大，但跟神武天皇相比誰大？朕是第一百二十四代天皇，明治維新一代人的努力，與一百二十四代日本人的努力，又是哪一個比較重要？我皇統傳諸萬世不滅！這不只是朕的想法，也是所有皇族核心人物的想法。」

然後手指著門外，怒目大聲說：「去！宮間！去找近衛文磨，要他按照先前的政治計畫去部署！將固奪之必固與之，轉移戰略焦點之前就讓他們去打！告訴中支派遣軍所有將領，讓他們計畫下一波大戰，給我去追打禍國殃民的蔣介石，最好用飛機把大漢奸蔣介石給我炸死，現階段朕完全放手讓他們去打。朕現在是中國天皇，要幹掉通日的漢奸，還要讓他們在戰場上知道，日本只是島夷！中國永遠是天朝上國！中國不可戰勝！中國

一定強！中國不會亡！」

尤其後面的『中國不會亡』，喊得特別大聲。同一時間的武漢街頭，大批的中國愛國大學生也正在遊行，大喊『中國不會亡』，與日本皇宮，無意之間遙相呼應。

中國的抗戰大本營，早已經轉移到日本皇宮。

兩人先前，曾經在迷海那邊，間接聽聞天皇的態度，但沒想到這麼堅決，比中國的愛國學生還要激烈。讓兩人都抖著平伏，共同答道：「謹遵陛下聖斷！」

日軍攻破南京之後，又從山東大舉登陸，山東軍閥韓復渠領著全軍，不戰而逃，全國輿論譁然，以為這韓復渠這第二號不抵抗將軍，又是被蔣中正授意所致，大家以為他又要對日本割地求和。

中國鬼文化的菁華在於，對一個看似荒唐不可能的事件，只要跳出一個鬼去銜接。接著就不止會一鬼接一鬼，還會一鬼玩一鬼，更能一鬼爐一鬼，不斷接棒演繹，不管局面如何複雜，最終都會很自然地去達成，原本不可能會發生的事件。先讓不可能，變成困難，接著從困難，變成容易，再接著從容易，變成不去做也會自動發生。

孫文密約本來無足輕重，根本不可能落實，但驅動了原本日本皇室拒絕的大陸政策，先讓日本軍方不可能的任務變成只是困難執行，蔣中正以各種局勢壓力而濟南妥協，與東北不抵抗政策，來繼承孫文的賣國密約，讓日本小國攻佔廣大的中國，從困難成為很容易的事情。自然也有人玩釜底抽薪，再發揚他蔣中正不抵抗政策，好讓日本人，不用打什麼艱難的仗，也能以最快速度佔領中國，達成兩國合併為一國，原本不可能任務。

當輿論一轟，謠言一傳，說山東不抵抗，也是蔣授意的。蔣如坐針氈，才發現當過賊被抓的人，以後只要有東西遺失，大家就一定會懷疑他。

周公轉世之人，當然不能接受被人刻意栽贓的流言，尤其自九一八事變來，讓張學良，殷汝耕，何應欽等人去背黑鍋。而今竟然有人反過來，讓他去背黑鍋，自然非常憤怒。為了證明自己不是該案的幕後黑手，他堅定轉變為要抗戰，於是準備殺韓復渠。

開封，軍委會會議室。

蔣中正命令，第一與第五戰區團以上軍官來此開會，會議前韓復渠自知不戰而逃，必有禍患，遂先打電話問李宗仁，寒喧幾句後切入正題：「德麟兄，不知濟南這次的事情，委員長是不是對我有甚麼意見？」

李宗仁非常厭惡韓復渠這樣的不抵抗將軍，但怕打草驚蛇，從而投敵，所以帶著幾分詭異的口氣，緩和地說：「向方老弟啊，不是為兄的要說你，你手上二十萬人馬，不放一槍就離開濟南，這確實讓軍委會很難跟國人交代。事情有些尷尬棘手。」

韓復渠苦道：「不能怪我啊，他老蔣給我們地方軍隊的裝備這麼差，所有最好的武器都只給他黃埔學生，難不成讓我的弟兄去送死？我只是戰略轉進，暫時放棄濟南，他老蔣不戰丟掉東北，不戰丟掉熱河與察哈爾，最後南京也丟失，這又怎麼說？德麟兄前些年，不也因此反了老蔣一次嗎？總不能只准州官放火不准百姓點燈。」

李宗仁聽了哈哈一笑，對韓復渠說：「向方老弟別緊張啦，戰場上嘛，進進退退的。接下來開封會議上，你只要以裝備為由，推諉個幾句，我在旁作保，幫你說上幾句好話，敷衍他老蔣，讓他支援你裝備。然後你只要帶領子弟兵反攻山東，一切不都過去了嘛。」

韓復渠聽了高興地說：「謝謝德麟兄，到時候我一定反攻山東，殺得他小日本鬼子片甲不留。」

兩人再客套了幾句之後，對話結束。

韓復渠掛了電話，指著電話機冷冷說：「還反攻山東咧？當日本人是張宗昌那麼好打啊？」

李宗仁掛了電話，一旁的李品仙問：「我們不會真要幫他做保吧？他說的反攻肯定是騙人的。」李宗仁指著電話答道：「當然不幫他，反而該勸老蔣把他槍斃，這種逃跑將軍不槍斃掉，殺一儆百，中國就算再大，抗戰打不用兩年，一樣也會打沒了。」

開封會議開始。蔣中正就顯得非常氣憤。

「抗戰才打不到一年，就已經有人不戰而退，造成濟南丟失這個嚴重的後果。軍委會接下來就要檢討，濟南丟失是誰的責任？」眾人不約而同看了韓復渠，韓復渠自知蔣介石開始要針對他了，轉眼看李宗仁，結果李宗仁繃著臉不做任何態度。

韓復渠自知跑不掉，冷冷地回：「濟南丟失要檢討誰的責任，南京丟失又是誰的責任？」眾人一聽，都打了一個顫，他把大家心照不宣的話說了出來。

蔣中正瞪大眼，嚴厲地說：「南京丟失自然會有人負責，我現在講的是濟南！」接著繼續指責眾人抗戰的意志不堅定，軍委會一定要拿出懲戒辦法等等。

會後，韓復渠走到門外，忽然一大票便衣人員持槍衝上來脅持，如同綁票一樣，把他的隨員架開，把韓復渠押走。最後軍法審判韓復渠死刑，迅速執行槍決，並且給所有媒體大篇幅報導。蔣中正向所有人告知，這一次抗戰是下了血本與決心，與九一八事變到七七事變之間的時日不同，誰都不能再學他先前的不抵抗政策。

話鋒轉向戰場，韓復渠一死，第五戰區李宗仁總算能方便指揮，還真讓戰局有了點小小轉機。

日軍當中，精銳的第五師團主力，進攻到臨沂時，先被龐炳勳與張自忠兩個裝備簡陋的地方雜牌軍擊退，傷亡慘重。師團長坂垣征四郎認為這是奇恥大辱，攻破中國上海、南京重鎮的第一流日本王牌軍，且再三經過加強裝甲與空優後，竟會輸給支那地方雜牌軍。惱羞成怒，連續發動總攻，最後僅剩下一萬人，第三次才攻破了臨沂。龐、張兩部也帶著重大傷亡，退往台兒莊。

另外一支四川趕來的地方雜牌軍，師長王銘章，裝備更差，部隊整編數不夠，趕到滕縣後，給另一支日本王牌部隊，第十師團予以重創。師團長磯谷廉介大為震怒，自己絕對不能像坂垣征四郎一樣，敗給支那雜牌軍。於是下了死命令，一定要攻下滕縣。飛機、坦克、優勢火炮全押上，並且最後步兵衝殺，在滕縣甚至雙方拼了白刃肉搏，戰鬥非常激烈。王銘章最後戰死，滕縣失守。

第十師團長磯谷廉介，嘲笑了坂垣被雜牌軍打敗後，大舉直撲台兒莊，企圖先攻入徐州搶得頭功。結果在台兒莊遭遇西北的雜牌軍，孫連仲部隊。雙方鏖戰十天，皆傷亡慘重，湯恩伯所屬集團軍忽然趕來，大破日軍攻勢，而日軍的援軍卻被阻截，第十師團幾乎面臨被全殲的命運，只能拼全力突圍，加之坂垣派兵接應，遂率殘部敗走。

總指揮李宗仁功不可沒，協調諸多派系軍閥合作，使用低劣的武器裝備，千難萬難之下打了一場勝仗。日本軍陣亡一萬六千人，中國軍陣亡兩萬五千，受傷皆不計算在內。中國報章雜誌大書特書，全國鞭炮慶祝，大聲喝采，報紙頭條就是『台兒莊大捷，坂垣師團潰不成軍』。自蘆溝橋事變以來，頭一次中國軍隊正面擊退日本軍進攻，而且是中國雜牌軍打敗日本精銳王牌軍。報紙輿論認為李宗仁是這次大捷的功臣，李宗仁便在台兒莊拍照留念，寄送給不少黨內外名人。一時之間，不少人認為，抗戰要靠李宗仁才能打贏，已經準備把李宗仁，捧成抗戰英雄，真正能抵抗外侮的軍人。

蔣中正見此，非常憤怒。他明明已經把李宗仁的第五戰區，都改編成地方雜牌軍，武器簡陋，後勤很差，彈藥不足，兵員編制根本不夠，空缺很多，竟然還會打勝仗，被全國追捧！反觀他的黃埔系門生，裝備優良，後勤充足，數量整編眾多，請外國軍事教官訓練過，甚至還有空軍，結果戰績平平，除了剛提拔的黃埔一期學生杜聿明等人，還正在戰場上磨練努力，其餘沒有拿出一個像樣戰績。

六門書判－蔣中正並非真正的日本士官學校，而是與第六門相同的靈異學校中的初中部畢業。第六門則為大學部。這靈異學校有一個特點，校長，老師，學生，甚至校務人員，都只有一個人，或是一個人想像生活中其他人合作，而塑造而成。四先生同意蔣的程度可以直接當外界學制中的大學程度校長，自然是有道理。所以他的所謂『日本士官學校』，是個人精神延伸所成。四先生也是以此，培養其靈氣，成靈龜而拯救整個中華民國烏龜王八局。然而此局太黑，讓靈龜也黑化，此不提。這種所謂『日本士官學校』畢業能當校長，但其缺點是不會打仗。然而我第六門事後想想，確實，他為何要會打仗？是黃埔學生與其他將領要會打仗，你們誰政治不正確，他從後面烏龜背刺，弄掉誰。所以他沒有錯。裕仁現在也是要烏龜背刺整個皇軍。龜局領袖就是如此。

再這樣下去，李宗仁就真的會成為英雄，肯定壓在他頭上，來玩功高蓋主，遲早會再次反蔣，這蔣絕對不能接受，要跳進來背刺，不管戰爭客觀形勢，他堅持一定要把李宗仁打壓下去。

對於他要直接介入中原第五戰區的戰局，蔣甚至私下，悻悻然跟不少黃埔學生挑明說，絕不能讓李宗仁的第五戰區，破壞了『抗戰的基本戰略』。絕不能讓地方將領，另起抗戰爐灶，影響中央的長期抗戰大局。

但對整體中華民族長遠歷史而言，需要鈎大和民族上鉤來同化消費掉，所以目前非常需要蔣中正的攪局。韓復渠山東任務完成，只是讓中原潰敗開個頭彩而已，要使整個中原戰場全面大潰敗，如此重責大任，還是得靠蔣中正才能辦到。

徐州第五戰區司令部。

李宗仁接到電話，滿面怒容，臉上青筋跳動。

原來去軍委會開會的李品仙，回到第五戰區後，打軍用電話來報告緊急戰況：「德鄰兄，不好啦！老蔣要親自到徐州指揮抗戰啦！」

大聲怒道：「什麼？老蔣要來徐州親自指揮？這是為什麼？」

李品仙急著在電話另外一端說：「他在軍委會宣稱，中原戰局攸關武漢存亡，台兒莊是軍委會策劃已久的作戰方案，所以這次要調集武器裝備優良的中央軍，來徐州集結，打一場更大的勝仗。」

李宗仁氣得掛了電話，忍不住大罵：「去他娘的，老蔣真要來攪局了。」

在一旁的白崇禧也呆滯，愁眉苦臉說：「我們都不是第一天認識他老蔣。從北伐開始，他就不斷玩這種把戲。一看到誰戰勝，就馬上跳進來搶功，從背後搞內鬨。只是沒想到，台兒莊不過僥倖一點小勝，他都急著要來端。這一丁點的豬血，竟然也躲不過那隻大蒼蠅……」

李宗仁臉色頓然轉而慘白道：「這下慘了，我們費了九牛二虎之力，才打的一點小勝，給他這一來，這徐州的戰局，我看是完蛋了。」白崇禧說：「還是往好的地方看吧，第五戰區都是雜牌軍，武器裝備很差。他來這補充兵員與裝備，也未必不是好事。」

李宗仁苦臉說：「別太樂觀，有他蔣先生在的戰場，肯定沒好結果。」

沉默一陣，終於沈不住氣，拍桌道：「蔣介石這個流氓！還把這戰爭，當成當年他在上海黑幫混賭場，哪裡勝機大，就往那挹注資金消費。一旦賭輸，就要牽拖別人，死不認賬。他這一來，雖然武器裝備與兵員問題解決，但是日本人也會因此集結重兵，往這裡圍攻！到時候，局勢就會急轉直下，他又會學淞滬戰場那樣，命令他的學生大舉撤退，腳底抹油溜了，然後把爛攤子丟給你我來收拾！」

白崇禧說：「是啊！他不來，日本人不注意這裡，我們還可以利用地形地勢，跟日軍慢慢磨蹭，現在非得見真章，不就醜態畢露？」

李宗仁說：「還不止如此，最毒的還是，要是大軍撤退，編制最後都會打散，一團混亂，他就會趁機藉軍委會命令整編改制，把我們廣西人馬全部調走，架空拆散我們！馮玉祥，張學良，都是被他用這招奸計，打散架空，最後被他除掉。」李宗仁所說，確實是蔣介石一貫的戰爭兵法，從北伐以來他都是靠這招，搶奪其他人的戰功。看來，這下

真的是非敗不可。

又是沈默一陣。

白崇禧低聲說：「罷了，現在全民都要團結抗戰，老蔣聽你建議，槍斃不抵抗的韓復渠，也代表他至少立場，已經跟七七事變之前不一樣。抵抗日本人侵略才是最重要的。你我總不能拒絕他來徐州，不然這抗戰失利的罪，他肯定丟給你我來背。現在只能走一步算一步，見機行事。」明知是毒藥，也得吃下去，兩人一陣氣沮。白崇禧向來號稱小諸葛亮，實際上只是自吹而已。你到底是不是諸葛亮，還真不知道。但他是真正的周公，即便真的諸葛亮來，也得乖乖聽周公的。

果然蔣中正真的到徐州來視察指揮，集中他的黃埔系門生，在徐州集結六十萬大軍，不斷精神喊話，高調對眾人宣佈『徐州會戰計劃展開』。

接著對媒體宣稱，台兒莊大捷是軍委會策劃已久的方案，先前中央增援了不少火砲與彈藥，才有此台兒莊的勝利。國軍真正的戰略意圖就是在此決戰，一雪南京恥辱，痛殲倭寇，創造比台兒莊大捷更大的勝利。

以此一舉把新桂系的抗戰成果，全部收入囊中。李宗仁與白崇禧吃了啞吧虧，怒而難言。日軍將領見狀大好，遂轉變戰略調動，從各方來包圍中國軍隊在徐州的主力。一路，從山東臨沂打來，為佯攻。另一路，從蚌埠沿北淝河北進，接連擊破中國軍隊防線。又一路，破蒙城與永城，向蕭縣進攻，中國軍隊接二連三失利。又一路，向宿縣進攻，擊破中國軍隊層層攔截。幾路大軍對徐州展開大包圍的態勢！山東，江蘇兩省與河南一部份的戰略要地，全部陷入日軍之手。

周公的戰績，當然是靠封建諸侯底下的貴族子弟兵，然而時代不同，蔣公的黃埔子弟過於龍蛇雜處，且優秀者也尚年輕，又無方面授權，所以面對強敵失敗連連。

故此戰，黃埔門生，接二連三慘敗，被打得四處逃竄，請求校長撤軍的電報，不斷傳來時。厚著臉皮，不尷不尬地改口對全國宣佈：「此次徐州會戰，引誘日軍深入撲空，以空間換取時間之戰略目的已經達到，國軍已經獲勝，徐州已經不再重要。國軍將戰略轉進河南與湖北，長久抗戰。」於是下令各部隊放棄徐州。

徐州外圍，中國軍隊又重演一次淞滬會戰的敗況，各路大軍收到撤退命令，以為已經吃了敗仗，各自奪路而逃，士氣低落。所幸此處地形平坦，四通八達，疏散很快，沒有像淞滬會戰，相互推擠踐踏。所以還保住實力。但是徐州自然為日軍所佔，山東江蘇一帶的抗戰局面，全盤垮掉。新桂系組織的台兒莊大捷後續作戰計畫，當然也因蔣此場大敗，全部成了泡影。

各路中國軍隊潰逃，日軍當然緊追不捨，大舉進攻開封，當地守軍潰敗。繼山東與江蘇兩省主要戰略要地失陷之後，河南省也岌岌可危。一旦河南省陷落，中原抗戰局面整個崩盤不提，武漢必然不保。

蔣中正一看日軍對他的主力緊追不捨，打算炸掉鄭州北方，黃河花園口的大堤，做

另外一件禍國殃民的事。

當年宋高宗被金兵追打，也是決堤逃命以自保，而今蔣學宋高宗？

六門書判—宋與民國同為龜局，主要應變氣脈有五。一為轉圜，避開主道，用旁敲側擊之法應對。優點不提，缺失為易陷旁門左道，釀成大禍。宋之聯金滅遼，民國之密約協議連西洋列強制日本。二為縮殼，躲入安全之境，以拖待變。宋之亶淵之盟，民國之不抵抗政策。優點不提，缺失為格局自陷，能人志士不願效力，宵小買辦藉機圖利，盤據政治。三為龜苓膏腐敵，宋之歲幣貢遼、金、西夏等外敵。民國之買辦經濟，洋人在華特權。優點真不想提，缺失為民族羞辱，優汰劣勝，國家久之也不會強大，即便出現能征善戰之人，也會被自己人除掉，如岳飛之狀。四為縮咬，運用有生一切與敵糾纏至殼內，讓自己片面得到風水優勢。這次決堤，就是如此。五為受辱王八戲求和，以拖延策動敵方內部混亂，宋之賈似道之策，民國之九一八不抵抗與播遷到台灣後，與大陸交往之策。其優劣都略過不提。所以，這一切都不奇怪。而龜策抗戰之所以能勝，導入皇道無間狀態，必敗之策而能勝，原因無他，就是日本天皇自己也是走龜局。只要龜首老蔣是靈龜，等級比裕仁高即可。

且先按下戰局後表，隨著戰爭越打越大，而中國經濟在破敗之中，以人多勢眾死咬硬撐，強勢增加了百萬大軍。日本軍方見此，當然也不願意在數字增減上吃虧。日本內閣，應軍方回報要求，若要徹底佔領支那，一定要動員全日本兵員。於是在同年自五月五日起，發佈國家總動員法，正式進入戰時經濟體制，也全力動員，日本的戰略攻擊主力，也因此不減反增。

雖說兩國都在增加兵力。但中國軍隊數量的增加，不過是東拼西湊的烏合之眾，由於重工業地區大多淪陷，對外國的軍火貿易路線也都被切斷。軍火器械嚴重不足，甚至糧食都很難供應，所以兵雖多，戰力並沒有增加。日軍的數量增加，卻有強大的工業支援，甚至可以使用，包括滿洲到長江流域中國淪陷區的工業資源，所以戰力是更加強大。

日本總共增加戰費三十二億兩千萬日元，兩個月內就徵招新兵二十四萬人組成十個師團，與現在派駐華中的精銳師團會合，僅在中國戰場前方可調動者，就有三十五萬陸海空兵力。駐華軍隊超過八十萬以上，武器整裝齊備，掌握制海制空權。以此要是集中力量總攻重慶，必游刃有餘。而且後續的兵力還計畫繼續增加與訓練。中國軍隊在抗戰的戰局上，已經明顯進入敗局。

緊急整軍強化之後，日軍戰力大增，底氣十足，於是軍方再度喊出，要徹底亡華的聲音。

『徹底亡華』的聲音一出，裕仁與蔣介石的內心，同時大為恐慌。對裕仁而言，中國軍隊實質上才是他真正想要指揮的『皇軍』，但真正的『皇軍』，被他手下的皇軍打得幾乎無法招架，接二連三潰敗，再不下重手介入，等重慶被攻破，中國抗日局面就要瓦解，全中國就要被佔領。到時候軍方與內閣必然聯合要求他遷都，全日本百姓也會被煽動，陷入征服中國，變成世界超級大國的狂喜。到那個時候，他天皇一人就成了孤家寡人，就算有一千個一萬個不願意，也拿不出理由搪塞。